SOMMAIRE

Introduction 4
· À quoi sert ce guide ? 4
· Les rubriques du guide 5
· Notre philosophie 6
· Notre secret 8
· Comment ça marche ? 10
· Le mémo des stratégies 17
· Le LAB' Savoirs & pratiques 19

Bienvenue ! 31

Suivez le guide ! 34

Unité 1 : C'est qui ? 38
Test, corrigés, grille, transcriptions 62

Unité 2 : On fait quoi ce week-end ? 66
Test, corrigés, grille, transcriptions 87

Unité 3 : On va où cet été ? 92
Test, corrigés, grille, transcriptions 114

Unité 4 : On mange quoi cette semaine ? 120
Test, corrigés, grille, transcriptions 142

Unité 5 : C'est arrivé quand ? 146
Test, corrigés, grille, transcriptions 169

Unité 6 : Alors, ton nouveau travail ? 174
Test, corrigés, grille, transcriptions 194

Unité 7 : Pourquoi déménager ? 200
Test, corrigés, grille, transcriptions 222

Unité 8 : Il y a un problème ? 228
Test, corrigés, grille, transcriptions 249

Corrigés de l'épreuve du DELF A1 255

Outils de la classe : Vidéo lab' (corrigés) 262

Outils de la classe : Phonétique, Grammaire (corrigés) ... 267

4 jeux de cartes à imprimer 271

D1437730

À QUOI SERT CE GUIDE ?

Faites-nous confiance !

→ À **faciliter** la découverte et l'utilisation de **L'atelier A1**.

→ À vous **accompagner** dans votre quotidien d'enseignant de FLE.

→ À vous **aider** dans votre pratique de classe à l'aide de conseils et d'exemples concrets.

→ À vous **suggérer** des variantes d'activités pour personnaliser vos cours.

→ À **rythmer** votre pratique de classe, en vous invitant à des moments de détente ou d'enrichissement culturel.

À l'intérieur du guide, retrouvez :

– Des conseils didactiques
– Le mémo des stratégies
– Des tableaux de classe
– Des gestes pédagogiques
– Des fiches outils pour la classe
– Des activités en +
– Des tests
– Des jeux

LES RUBRIQUES DU GUIDE

LA MINUTE PÉDAGOGIQUE

Des principes pédagogiques auxquels l'enseignant peut choisir ou non d'adhérer.

Bonne pratique

Des pratiques de classes auxquelles l'enseignant peut choisir ou non de se conformer.

➕ +

Des variantes aux activités que l'enseignant peut choisir ou non de suivre.

❯ cahier

Des prolongements ou compléments d'activités dans le cahier d'activités.

Au tableau !

Des exemples de réalisations au tableau.

#culture

Des savoirs culturels à partager ou non en classe.

LA MINUTE PÉDAGOGIQUE

Apprendre ensemble, c'est commencer par se regarder. Le regard permet d'établir le contact et la communication.

Bonne pratique

Il n'est pas nécessaire que les apprenants lisent la consigne car le vocabulaire peut être compliqué.

➕ +

❯ cahier

Activités 1 à 7 et 9 p. 4 et 5.

Au tableau !

	Singulier	Pluriel
masculin	Il est français. Il est canadien.	Ils sont français. Ils sont canadiens.
féminin	Elle est anglaise. Elle est canadienne.	Elles sont anglaises.

#culture

L'Union européenne est une association politique et économique créée en 1992 qui repose sur le traité de Maastricht. En 1999, certains des États de l'Union européenne s'associent pour créer la zone Euro et unifier leur monnaie. En 2018, le Royaume-Uni décide de quitter l'Union européenne (Brexit)

Intro
Unité 1
Unité 2
Unité 3
Unité 4
Unité 5
Unité 6
Unité 7
Unité 8
Outils

NOTRE PHILOSOPHIE

→ Les principes

◼ LE PLAISIR d'apprendre

Assurer une progression **pas à pas**
Inviter à des moments de **détente**
Jouer avec des mots, des sons, des jeux
Découvrir des documents qui font **sourire**

◼ LA CURIOSITÉ de la découverte

Varier les contextes et les documents
S'inviter dans **la culture** des autres
Rencontrer des **expressions imagées**
Suggérer d'aller plus loin ! **#culture**

◼ L'apprentissage POSITIF & Collaboratif

Créer des temps de travail **en groupes**
Apprendre à s'**encourager**
Inviter au partage des **stratégies**
Ensemble, résoudre des **missions**

◼ LE SAVOIR apprendre

Favoriser l'apprentissage **en spirale**
Proposer des **astuces** pour mieux travailler
Encourager **la réflexivité** linguistique
Suggérer de **s'exercer**

◼ L'intelligence COLLECTIVE & MULTIPLE

Faire surgir **l'idée** des uns des autres au sein du groupe d'apprenants
En groupe, on **coopère**, on **coécrit**, on **coéchange** pour produire
Coopérer, c'est faire appel à **l'intelligence** multiple.

Intro
Unité 1
Unité 2
Unité 3
Unité 4
Unité 5
Unité 6
Unité 7
Unité 8
Outils

→ **En pratique**

AGIR COOPÉRER APPPRENDRE

AGIR

- des questions pour agir dès les **titres** d'unités
- des moments d'**échange** dans l'unité
- des temps d'« **action** »

COOPÉRER

- des **projets culturels** à créer ensemble
- des **ateliers** pour produire à l'écrit et à l'oral à plusieurs
- des **missions** à résoudre

APPRENDRE

- des **stratégies** à partager
- des **réflexions collectives** à mener
- des pages **Mémo** pour s'exercer, s'approprier et mémoriser

NOTRE SECRET

→ **Mission & médiation**

Une **mission**, c'est une tâche confiée à un groupe de personnes avec un but précis.

Au niveau A1, ces missions restent **simples** : elles sont pratiques au quotidien.

La mission est **modérée** par l'enseignant & les apprenants au sein du groupe.

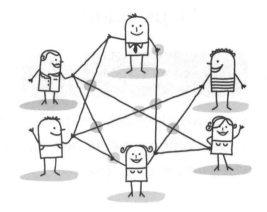

■ La mission a plusieurs objectifs :

✔ **linguistique** : mettre en pratique un ou des points linguistiques vus dans l'unité ;

✔ **communicatif** : mettre en contexte un ou des points communicatifs vus dans l'unité;

✔ **coopératif** : mettre les apprenants en équipe ;

✔ **organisationnel** : laisser les apprenants s'organiser entre eux ;

✔ **pragmatique** : donner un but à l'unité.

■ Avant de commencer la mission

L'enseignant :

✔ rappelle le **but** (= le titre de l'unité) ;

✔ constitue ou fait constituer des **groupes** ;

✔ lit les **étapes** qui guident le groupe dans son travail ;

✔ indique le **temps** imparti ;

✔ encourage les équipes.

■ Pendant la mission

L'enseignant s'efface et reste disponible pour répondre aux questions.

■ Après la mission

L'enseignant peut proposer qu'un apprenant du groupe ou que le groupe :

✔ lise le texte qu'il a écrit ;

✔ résume ce qui a été échangé en groupe ;

✔ présente le résultat de la réflexion collective ;

✔ expose le travail collectif sous une forme particulière.

NOTRE SECRET

APPRENDRE SUR SOI, DES AUTRES **& AVEC LES AUTRES !**

**On joue ensemble à construire un puzzle d'apprentissage
de manières diverses :**

> Chacun apporte une pièce du puzzle parce chacun est unique.

> Chacun travaille sur une pièce du puzzle parce que chacun
  a ses compétences.
  On fera le puzzle ensemble.

> On travaille ensemble parce que l'idée de l'un fait surgir
  l'idée de l'autre.

> On travaille ensemble parce qu'ensemble, on va plus loin !

> L'enseignant médiateur encourage et favorise le travail en équipe !

La médiation en pratique

Le rôle du médiateur est de faire le lien entre une personne qui donne une information
et une autre qui reçoit l'information. C'est aussi une compétence sociale car le médiateur
est en outre celui qui facilite la communication entre deux personnes qui ont du mal à
« s'entendre ». Cela ne relève pas encore du A1.

Les différents rôles de la médiation :
modérateur – présentateur – rapporteur – traducteur/interprète.

Par exemple :
Le modérateur peut animer les échanges, expliquer les différents rôles des participants
lors d'un travail collectif, donner des consignes, aider à définir les objectifs d'un travail
d'équipe et comparer les différentes façons de les atteindre pour choisir la meilleure.

Le présentateur prend des notes et fait oralement le compte rendu des échanges à
l'ensemble de la classe.

**Pour approfondir vos connaissances de la compétence de médiation linguistique, vous
pouvez consulter le volume complémentaire du *CECRL* de 2018 :**
https://rm.coe.int/cecr-volume-complementaire-avec-de-nouveaux-descrip-
teurs/16807875d5

COMMENT ÇA MARCHE ?

→ L'organisation générale du manuel

■ 1 unité de bienvenue + 8 unités de 14 pages

- **Bienvenue ! Suivez le guide !**
- **Unité 1 :** C'est qui ?
- **Unité 2 :** On fait quoi ce week-end ?
- **Unité 3 :** On va où cet été ?
- **Unité 4 :** On mange quoi cette semaine ?
- **Unité 5 :** C'est arrivé quand ?
- **Unité 6 :** Alors, ton nouveau travail ?
- **Unité 7 :** Pourquoi déménager ?
- **Unité 8 :** Il y a un problème ?
- **Épreuve Delf complète**

Une double page = une séquence !

■ Outils de la classe

- 8 fiches Vidéo lab' p. 135-138
- La phonétique p. 139-142
- La grammaire et des exercices en + p. 143-155
- La conjugaison p. 156-157
- Index des contenus p. 158-159
- Les transcriptions p. 160-166
- La carte de la France et des 13 régions dans la couverture
- La carte de la francophonie p. 167

→ Le cahier d'activités

- Des activités de compréhension orale, écrite, de grammaire/conjugaisaon, de lexique et de phonétique
- Un bilan linguistique et une préparation au DELF par unité

Une double page = une séquence du livre !

COMMENT ÇA MARCHE ?

→ Les étapes d'apprentissage

UNITÉ

ÉVALUER

Écouter les solutions aux missions

8 tests linguistiques & compétence (Guide)

Pause
Remédiation

S'ÉVALUER

Coopérer pour une mission

S'exercer (cahier)

Mémo & Bilan (cahier)

Pause
Mémorisation

S'APPROPRIER

S'exercer

Mener un projet culturel

Interagir

COMPRENDRE

Accueillir

S'informer

Découvrir

CONCEPTUALISER

Observer

Réfléchir

Appliquer

Pause
Détente

Intro

Unité 1

Unité 2

Unité 3

Unité 4

Unité 5

Unité 6

Unité 7

Unité 8

Outils

COMMENT ÇA MARCHE ?

→ L'ouverture de l'unité : l'accueil

La première double page

Chaque MISSION correspond à la question posée dans le titre de l'unité

C'est qui ?

Choisissez une couleur (bleu, vert, rose, jaune, violet...) et faites des groupes par couleur.

3 situations de communication en contexte

S'exercer dans un bain de culture

UNITÉ 1

18
SITUATIONS

1 Se présenter et présenter quelqu'un | p.18
2 Dire sa nationalité | p.20
3 Demander et donner des informations | p.22

24
LAB' LANGUE & CULTURE

Projet

Présenter la fiche d'identité d'un pays francophone | p.25

Réviser, mémoriser et réemployer les outils

26
ATELIERS

S'exprimer poliment | p.26
Remplir un formulaire | p.27

28
MÉMO

Mission
C'est qui ? | p.29

Des stratégies à identifier et à mettre en œuvre dans 2 ateliers communicatifs

Coopérer pour produire avec une mission en 3 étapes

dix-sept **17**

12

COMMENT ÇA MARCHE ?

Intro
Unité 1
Unité 2
Unité 3
Unité 4
Unité 5
Unité 6
Unité 7
Unité 8
Outils

→ **3 situations = 3 objectifs communicatifs**

La 2ᵉ, 3ᵉ et 4ᵉ double page

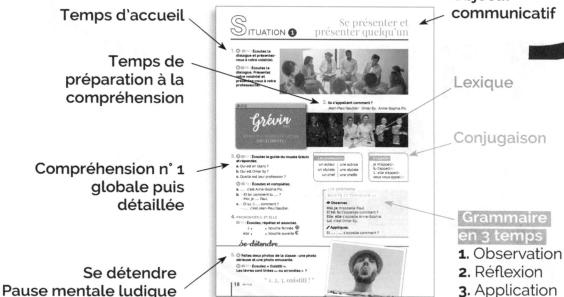

Temps d'accueil

Objectif communicatif

Temps de préparation à la compréhension

Lexique

Conjugaison

Compréhension n° 1 globale puis détaillée

Grammaire en 3 temps
1. Observation
2. Réflexion
3. Application

Se détendre
Pause mentale ludique

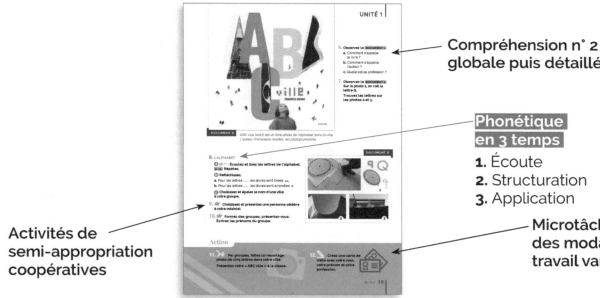

Compréhension n° 2 globale puis détaillée

Phonétique en 3 temps
1. Écoute
2. Structuration
3. Application

Activités de semi-appropriation coopératives

Microtâches avec des modalités de travail variées

→ **Et un code couleur !**

GRAMMAIRE

LEXIQUE

PHONÉTIQUE

COMMENT ÇA MARCHE ?

La 5e double page

→ Le LAB' Langue et Culture

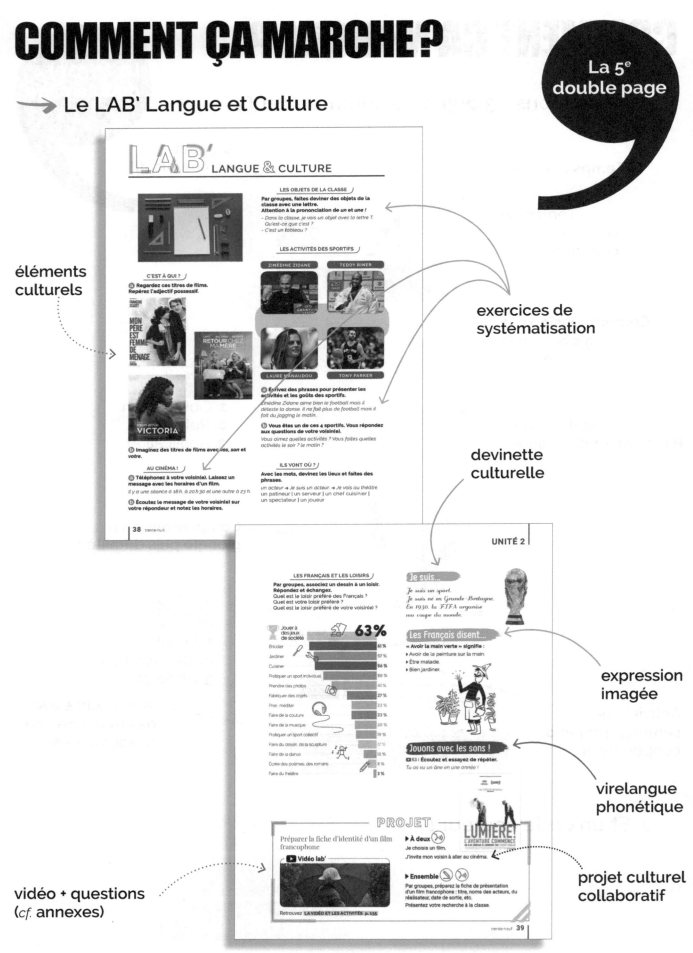

éléments culturels

exercices de systématisation

devinette culturelle

expression imagée

virelangue phonétique

vidéo + questions (*cf.* annexes)

projet culturel collaboratif

COMMENT ÇA MARCHE ?

→ **Les ATELIERS**

L'atelier est scindé en deux temps.

1. Compréhension :
– d'un document écrit appuyé par un visuel;
– d'un mini document écrit accompagné d'un visuel
- d'un document oral ou écrit principal accompagné de questions de compréhension qui portent sur la forme et sur le fond.

2. Expression :
– un temps de préparation à deux ou à plusieurs;
– une production écrite individuelle.

Ateliers — S'exprimer poliment

PRIX DU CAFÉ EN TERRASSE
* UN CAFÉ : .... 7€
* UN CAFÉ, S'IL VOUS PLAÎT. ...... 4,15€
* BONJOUR, UN CAFÉ, S'IL VOUS PLAÎT. 1,40€

DOCUMENT 1

COMPRÉHENSION

1. **Lisez le** DOCUMENT 1.
   a. Combien coûte un café ?
   b. Quels sont les mots de politesse ?
   c. Combien coûte un café avec les mots de politesse ?

2. **Regardez le** DOCUMENT 2.
   Ce sont des :
   ▶ chanteurs. ▶ acteurs. ▶ serveurs.

3. ▣34 | **Écoutez le document.**
   a. La femme ne dit pas :
   ▶ bonjour ▶ bonsoir ▶ salut
   b. Vous entendez :
   ▶ ouistiti ▶ merci ▶ samedi
   c. Retrouvez l'expression finale dans l'encadré.

S'exprimer poliment
Je voudrais... s'il vous plaît.	Pardon !
Merci.	(Je suis) désolé(e).
De rien.	Je vous en prie.
Excusez-moi, madame / monsieur !	

DOCUMENT 2 ▣

▶◀ **EXPRESSION**

4. ⓐ ▣35 | **Écoutez et notez si la voix monte ↗ ou si elle descend ↘.**
   a. Un ca fé .
   b. Un ca fé , s'il vous plaît .
   c. Bon jour , un ca fé , s'il vous plaît .
   ⓑ **Vrai ou Faux ? Répondez.**
   La voix monte à la fin de la phrase.

5. ▣36 | **Écoutez et réagissez à ces phrases.**

Apprendre
Je fais attention à ma voix.
Elle peut monter ↗ ou descendre ↘ sur la syllabe accentuée.

6. **Jouez au jeu des 7 familles avec l'alphabet.**
   - Je voudrais le « A jaune ».
   - Tiens !
   - Merci. C'est à toi !
   - Je voudrais le « C vert ».
   - Désolé, pioche !

   Guide pratique de classe

UNITÉ 1

Remplir un formulaire

Apprendre
LE FRANÇAIS PARTOUT
NOMADE

Se connecter
▪ Identifiant   ▪ Mot de passe

Identifiants
Courriel : rlopez@yopmail.com
Mot de passe : ●●●●●●●●
Confirmez le mot de passe : ●●●●●●●●

Données personnelles
Civilité : ● Mr ○ Mme
Prénom : Rafael
Nom : LOPEZ
Date de naissance : 12 / Janvier / 1991
Langue : Espagnol

COMPRÉHENSION

1. **Lisez et répondez aux questions.**
   a. Qu'est-ce que c'est ?
   ▶ Un passeport. ▶ Une carte d'identité.
   ▶ Un formulaire.
   b. Comment s'appelle le site Internet ?
   c. C'est pour quoi ?

2. ⓐ **Soulignez les éléments suivants : nom, prénom, date de naissance. Puis répondez aux questions.**
   a. Il s'appelle comment ?
   b. Quelle est sa date de naissance ?
   c. Il parle quelle langue ?
   ⓑ **Surlignez le courriel**
   ⓒ **Entourez le titre de la partie 2 du formulaire.**

Apprendre
Repérer aide à comprendre.
Pour repérer, je peux :
souligner (entourer) surligner

⊘ **EXPRESSION**

3. **Complétez votre formulaire sur le site.**

4. **Votre voisin(e) n'a pas Internet. Posez des questions à votre voisin(e) pour compléter son formulaire.**
   Quel est votre nom ?
   Quelle est votre date de naissance ?

vingt-sept **27**

Chaque atelier comprend :
une rubrique « **Apprendre** » avec une stratégie à identifier et à mettre en œuvre.

→ Le MÉMO

Réviser, mémoriser et réemployer les outils linguistiques et communicatifs

La 7ᵉ double page

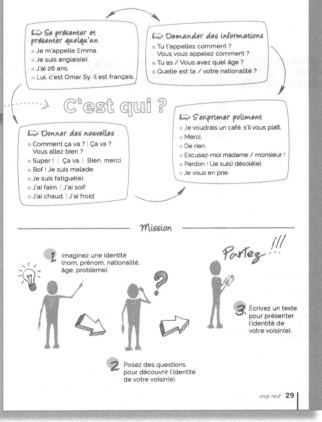

un encadré récapitulatif du point de grammaire ;

un encadré récapitulatif du lexique ;

un encadré récapitulatif de la phonétique.

une courte activité de synthèse et de révision de deux points linguistiques

Page de gauche

– le titre de l'unité ;
– les objectifs communicatifs de l'unité ;
– une mission coopérative en trois étapes

▶ Résoudre **ensemble** ◀
des MISSIONS du quotidien
pour répondre à des besoins
concrets

Page de droite

LE MÉMO DES STRATÉGIES

Intro

Unité 1

Unité 2

Unité 3

Unité 4

Unité 5

Unité 6

Unité 7

Unité 8

Outils

Apprenez à apprendre !

→ Compréhension orale

Apprendre Unité 2, p. 40
Je fais attention au fond sonore et aux bruits pour comprendre le contexte.

Apprendre Unité 3, p. 54
Avant l'écoute, je regarde le visuel pour comprendre la situation.

Apprendre Unité 6, p. 96
Une conversation est organisée. Je fais attention aux différentes étapes.

→ Expression orale

Apprendre Unité 1, p. 26
Je fais attention à ma voix. Elle peut monter ↗ ou descendre ↘ sur la syllabe accentuée.

Apprendre Unité 5, p. 82
Quand je joue un dialogue, je fais attention au vouvoiement et au tutoiement.

Apprendre Unité 4, p. 68
Je fais attention à ma voix : elle monte ↗, c'est une question ; elle descend ↘, c'est une affirmation.

Apprendre Unité 7, p. 110
Au téléphone, je fais attention à parler clairement et à articuler.

Apprendre Unité 8, p. 124
Pour jouer un dialogue, je respecte les formules de politesse.

LE MÉMO
DES STRATÉGIES

Apprenez à apprendre !

→ **Compréhension écrite**

Apprendre **Unité 1, p. 27**

Repérer aide à comprendre.
Pour repérer, je peux :

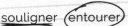 souligner (entourer) surligner

---

Apprendre **Unité 5, p. 83**

Sur une affiche, je regarde les symboles :
ils indiquent une action clé.

Apprendre **Unité 4, p. 69**

Pour comprendre une appréciation,
je repère les adjectifs.

→ **Expression écrite**

Apprendre **Unité 2, p. 41**

La ponctuation
Une phrase commence par une majuscule
et se termine par un point : . / ! / ?

Apprendre **Unité 6, p. 96**

Un document écrit est organisé.
Je fais attention à sa structure.

Apprendre **Unité 3, p. 55**

Une carte postale comprend des éléments
essentiels. Je repère ces éléments pour
reproduire facilement.

Apprendre **Unité 7, p. 111**

Avant d'écrire, je relis la consigne une
dernière fois.
Je vérifie les informations à donner.

Apprendre **Unité 8, p. 125**

Quand j'écris un courriel, je respecte sa
forme : formule d'appel et salutations.

LE LAB' SAVOIRS & PRATIQUES

Le cours parfait n'existe pas !

10 fiches pratiques

Fiche 1 : Mon premier cours 20

Fiche 2 : Coopérer 21

Fiche 3 : Gérer son tableau 22

Fiche 4 : Enseigner la phonétique 23

Fiche 5 : Jouer en classe 24

Fiche 6 : Enseigner la grammaire 25

Fiche 7 : Être enseignant-médiateur 26

Fiche 8 : Accompagner les stratégies 27

Fiche 9 : Évaluer 28

Fiche 10 : Ma check-list des bonnes pratiques 29

Fiches

Unité 1

Unité 2

Unité 3

Unité 4

Unité 5

Unité 6

Unité 7

Unité 8

Outils

Fiche 1 | Mon premier cours

1. Avant le cours, bien (se) préparer pour être en confiance

Avoir son matériel
- > Le livre et le cahier
- > Une trousse (stylos de couleurs pour le tableau & pour soi ; ciseaux ; dés ; surligneur...)
- > Connaître la salle & son équipement
- > ...

Connaître les apprenants
- > Leurs noms & prénoms (liste)
- > Leur nationalité
- > Leurs besoins
- > ...

Définir la progression du cours
- > Ouvrir le guide pédagogique
- > Fixer les étapes du cours
- > Avoir une montre dans la tête
- > ...

2. Répéter ses premiers mots & gestes

La rencontre
- Avoir & garder le sourire
- Dire « Bonjour ! »

Les consignes
- Écoutez !
- Regardez !
- Lisez !
- Écrivez !

3. En classe accepter...
- le silence
- la différence
- la difficulté

RESTER CALME & Répétez ! AR-TI-CU-LEZ ! Gesticulez ! Souriez !

4. Après le cours, faire un point avec soi-même

Qu'est-ce que je sais bien faire ?

Qu'est-ce que je peux mieux faire ?

Note à soi-même

Tu peux être fier de toi !

20

Fiche 2 | **Coopérer**

1. Avant le cours, comprendre les éléments constitutifs du groupe

Une somme d'individualités

> L'apprenant a (des besoins de) des compétences et des connaissances.

> L'apprenant a un sac à dos (= une identité).

Des objectifs

> Produire un travail individuel à finalité commune.

> Produire un travail commun à finalité individuelle.

Des relations

> L'apprenant connaît/aime un peu/bien/beaucoup son/a voisin(e).

Un fonctionnement

> Chacun a un rôle précis et défini ensemble.

2. En classe, favoriser un climat coopératif

Favoriser

> le travail en groupe (espace, structure...)
> l'échange
> la bonne humeur
> le questionnement
> la motivation

3. En classe, accepter...

Ils vont y arriver !

Je peux m'effacer !

Waouh, ils m'impressionnent !

4. Faire un point avec la classe pour...

 Écouter les difficultés ressenties

❷ Trouver ensemble des solutions

Note à soi-même

1 + 1 = 1

Fiche 3 | Gérer son tableau

1. Écrire la date

2. Tracer un trait vertical pour écrire le lexique

3. Tracer un trait horizontal pour la conjugaison

4. Lister le ou les objectif(s)

5. Utiliser des couleurs, des dessins, des formes

Lundi 14 janvier

o Exprimer une émotion

Avoir la banane ≡

Il a la banane

Lexique
un chanteur
une chanteuse
une couleur
les couleurs (noir, bleu...)
avoir la banane

Aimer
j'aime
tu aimes
il / elle aime

| **Note à soi-même**

Bravo ! C'est super organisé !

Fiche 3 | Gérer son tableau © Didier - 2019

Fiche 4 | Enseigner la phonétique

1. Avant le cours, bien (se) préparer pour être en confiance

Réviser
> le schéma articulatoire (page 139).

Pen> l'ouverture
> la position des lèvres
> la position de la langue
> s'amuser ! 😊
> ...

Trouver
> le bon exemple> l'astuce qui change tout (le crayon dans la bouche ; l'élastique...)
> ...

2. En classe, donner le « la » !

Favoriser
> la musicalité
> l'articulation excessive
> la gestualité
> le mimétisme
> ...

3. En classe, savoir encourager chaque apprenant

Super !

Bravo !

Essaie encore ! 😊

4. En classe, prendre le temps d'écouter chaque apprenant

Ou leur demander de s'enregistrer pour les écouter après la classe.

Ou leur demander de s'enregistrer pour qu'ils se réécoutent.

| Note à soi-même

Patience... le meilleur est à venir !

Fiches
Unité 1
Unité 2
Unité 3
Unité 4
Unité 5
Unité 6
Unité 7
Unité 8
Outils

23

Fiche 5 | Jouer en classe

1. Avant la classe, bien (se) préparer pour être en confiance

L'activité : le jeu
> L'objectif : à quel objectif répond cette activité ?
> La règle : comment la simplifier ?
> Comment l'expliquer ?
> ...

Le matériel
> Le jeu : combien de groupes ?
> Les accessoires : dés, pions, plateau ?
> ...

La mise en place
> L'espace : quelle disposition ?
> Les groupes : combien ?
> La durée : combien de temps jouer ?
> Le moment dans la séquence de travail
> ...

2. En classe, favoriser l'attitude ludique

On va rire & se découvrir, apprendre & s'amuser, perdre & grandir

3. Les rôles de l'enseignant pendant le jeu

Favoriser
> Animer
> Arbitrer
> Dynamiser
> Faciliter
> Observer

4. Faire un point sur l'activité

> Objectifs linguistiques ou communicatifs atteints ?
> Plaisir à jouer ensemble ?
> Jeu adapté ?
> Matériel suffisant ?
> Activité perfectible ?

Note à soi-même

Je ne perds jamais. Soit je gagne, soit j'apprends !

Fiche 5 | Jouer en classe © Didier - 2019

Fiche 6 | **Enseigner la grammaire**

1. Avant la classe, bien (se) préparer pour être en confiance

en 3 questions-clés

> C'est quoi ?

> À quoi ça sert ?

> Comment ça se forme ?

2. Avant le cours, préparer sa démonstration

> Faire un **schéma**

> Mettre des **couleurs**

> Choisir un bon **exemple**

> Surligner, souligner, entourer

> Reformuler

> Doser le métalangage

> ...

3. En cours, démontrer au tableau & poser des questions

Ce matin nous avons mangé le professeur. oups ☺

Le passé composé (1)

Hier
Ce matin
Le week-end dernier
...

avoir + participe passé

manger → mangé

4. Après la démonstration, évaluer, remédier & compléter

Et vous, vous avez mangé quoi ce matin ?

Et vous avez bu quoi ?
(geste à faire = boire)
(participe à ajouter au tableau = bu)

Et vous avez fait quoi ? (etc.)

Note à soi-même

Difficile n'est pas impossible !

Outils   Unité 8   Unité 7   Unité 6   Unité 5   Unité 4   Unité 3   Unité 2   Unité 1   Fiches

25

Fiche 7 | Être enseignant-médiateur

1. Langue étrangère
⇕
Apprenants

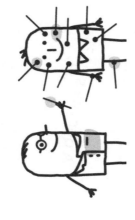

L'enseignant

> gesticule
> articule
> décompose
> lie à un mot connu
> explique
> ...

2. Apprenants
⇕
Savoir

L'enseignant

> aide à la construction de sens
> propose des stratégies d'apprentissage
> crée des activités de remédiation
> ...

3. Apprenants
⇕
Apprenants

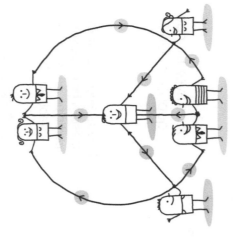

L'enseignant

> crée un cadre bienveillant
> instaure une ambiance coopérative
> aide à gérer les interactions
> ...

Note à soi-même

Les obstacles permettent d'avancer !

Fiche 8 | Accompagner les stratégies

1. Comprendre une stratégie

2. En classe, multiplier les stratégies possibles

3. Proposer des stratégies possibles & laisser s'exercer

4. Échanger ensemble pour s'enrichir

Quand vous lisez un texte, vous faites quoi ?

stratégie n.f
pédagogie
L'apprentissage est un processus constitué d'étapes.
En fonction de son profil, un apprenant choisit des actions, des procédures et des techniques pour « prendre avec lui » (= apprendre).

accompagner
v. tr.
1. Se déplacer avec quelqu'un.
2. Servir de guide à une personne.
3. Soutenir par un accompagnement.

Ateliers

Apprendre

Repérer aide à comprendre.
Pour repérer, je peux :
souligner — entourer — surligner

Apprendre

Avant l'écoute, je regarde le visuel pour comprendre la situation.

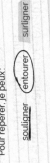

mémo

⌄ **Je m'organise**

J'APPLIQUE LES STRATÉGIES

ⓑ 🔊4 | **Écoutez le document et entourez le mot que vous entendez.**
Bonjour ! | Bonsoir ! | Au revoir ! | À demain !

ⓒ **Lisez la phrase et soulignez le verbe.**
Les enfants sont très contents.

ⓓ **Parmi ces mots, surlignez l'intrus.**
rose | vert | orange | tomate | bleu

| **Note à soi-même**

Je vais essayer une autre stratégie !

27

Fiche 9 | Accompagner l'évaluation

1. Comprendre l'évaluation

en 5 questions-clés

Pourquoi évaluer ?

Quand évaluer ?

Quoi évaluer ?

Une note ?

Et après ?

2. Préparer aux évaluations & informer

Nous allons faire une évaluation lundi / mardi prochain pour connaître **votre niveau / maîtrise / capacité à** …

Je vous conseille de **réviser**…

3. Corriger ensemble

Conseils

Tout corriger si on a le temps.

ou

Repérer les erreurs communes et fréquentes : les expliquer ensemble et faire la correction au tableau. Déposer une correction globale du test sur plateforme.

➤➤ La correction de l'évaluation permettra de **prendre une décision commune** (continuer / remédier) et permettra à **chaque apprenant**, d'identifier des axes de remédiation.

4. Faire un point sur l'activité

➤ Aider à identifier les difficultés

➤ Proposer des exercices ou activités ciblés

➤ Favoriser la coopération

➤ Favoriser un climat de solidarité

➤ Servir de ressource pédagogique

➤ S'adapter à chacun

➤ Encourager

| Note à soi-même

L'apprentissage de demain se nourrit de l'erreur d'hier !

28

Fiche 10 | **Check-list des bonnes pratiques**

Le savoir

✔ Ouvrir, lire, suivre les conseils du guide pédagogique
✔ Prendre le temps de préparer son cours
✔ Approfondir l'explication grammaticale
✔ Plonger dans le dictionnaire
✔ S'ouvrir à la culture / aux cultures

Le savoir-faire

✔ Faire des liens entre les outils (manuel, cahier, guide, outils, applis...)
✔ S'adapter aux besoins / à la progression de l'apprenant
✔ Apprendre des apprenants et avec les apprenants
✔ Savoir s'effacer

Le savoir-être

✔ Sourire et garder le sourire
✔ Être patient
✔ Rire et faire rire
✔ Prendre ce qui vient de l'apprenant
✔ Respecter chacun

Le savoir-apprendre

✔ Discuter avec les collègues
✔ Prendre le temps de l'échange
✔ Accepter de ne pas tout savoir
✔ Écouter les stratégies de chacun

| Note à soi-même |
Une bonne pratique peut en cacher une autre !

29

UNITÉ ⓪

Agir

BIENVENUE !
SUIVEZ LE GUIDE !

OBJECTIFS
❶ Se présenter
❷ Saluer, prendre congé
❸ Communiquer en classe

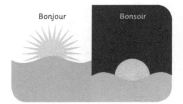

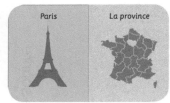

Grammaire	Lexique	Phonétique	Culture
• *S'appeler* au présent (1)	• Saluer • Se présenter • Les jours de la semaine • Les couleurs (1) • Les consignes de la classe • Les chiffres (1) de 1 à 10	• L'alphabet pour épeler (1) ((📱)) Vidéo phonétique	• Faire la bise • Se serrer la main • *Tu/Vous*

BIENVENUE !

LA MINUTE PÉDAGOGIQUE

> L'apprentissage d'une langue étrangère est un moment de plaisir. Il revient à l'enseignant, dans son rôle de médiateur, de faire découvrir cette nouvelle langue-culture de façon enthousiaste.
> Prononcé avec des yeux pétillants et un grand sourire, le premier « Bonjour » donnera l'exemple à suivre. 😊

page 12

⏳ 5 minutes

> **Bonne pratique**
> Je pense à accueillir les apprenants avec le sourire.

Activité 1

– Disposer les chaises de manière que la classe soit en cercle. Laisser les apprenants s'asseoir où ils veulent.
– Pointer ses yeux avec son index pour indiquer et dire : *Regardez !*
– Inviter les apprenants à regarder le visuel.
– Pointer son oreille avec son index pour indiquer et dire : *Écoutez !*
– Faire écouter l'enregistrement.
– Faire répéter les mots tous ensemble : *Bonjour ! / Bonsoir !*
– Faire répéter les mots aux apprenants, l'un après l'autre.

> ▶️ Piste 2
> – Bonjour !
> – Bonsoir !

page 12

⏳ 10 minutes

Activité 2

– Mimer « Regardez » et dire : *Regardez, c'est un croissant.*
– Poser sa main sur son ventre, masser, et faire : *Hum !* de satisfaction pour dire que vous aimez les croissants. Faire la même chose avec le macaron.
– Pointer l'index vers un étudiant. Prononcer : *croissant, macaron.* Inviter l'apprenant à répéter un des deux mots. Faire la même chose avec d'autres apprenants du groupe.
– Mimer et dire : *Écoutez !*
– Faire écouter l'enregistrement.
– Faire répéter les phrases tous ensemble : *Bonjour monsieur Croissant ! / Bonsoir madame Macaron !*
– Insister sur « monsieur » et « madame » tout en pointant l'écrit pour faire observer le lien avec l'écrit : *M. / Mme.*

> ▶️ Piste 3
> – Bonjour M. Croissant !
> – Bonsoir Mme Macaron !

page 12

⏳ 20 minutes

Activité 3

Dans un premier temps

– Pointer son oreille avec son index pour indiquer « écouter » et dire : *Écoutez !*
– Écouter l'enregistrement.
– Faire associer les visuels aux voix : une femme ; une petite fille.
– Indiquer à l'aide des dessins qui parle à quel moment.
– Écouter à nouveau.
– Pointer chaque visuel, l'un après l'autre. Commencer la phrase « Elle s'appelle… ». Attendre que les apprenants répondent.

Dans un second temps

– Lire la consigne avec le groupe : *Écoutez* (pointer son oreille vers son index), *et associez* (indiquer un fléchage avec son index pour associer les éléments entre eux).
– Faire écouter à nouveau.

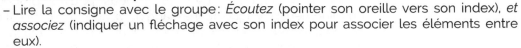

Bonne pratique

Je laisse les apprenants pratiquer sans corriger. L'essentiel, à ce stade de l'apprentissage, est que les apprenants s'expriment.

– Laisser les apprenants associer les éléments, de façon individuelle.
– Faire écouter à nouveau si nécessaire.
– Corriger et insister sur le «tu» de la femme à la petite fille et sur le «vous» de la petite fille à la femme.
– Répéter le dialogue à voix haute, ensemble.

Dans un troisième temps

– Proposer aux apprenants de se mettre par deux.
 – Pointer «Bonjour madame!» et préciser: *ou bonjour monsieur*, selon à qui l'on s'adresse.
– Les laisser répéter le dialogue avec leurs prénoms.

Corrigé: 1. b – **2.** a – **3.** c

> ▶ Piste 4
>
> – Bonjour madame!
> – Bonjour! Comment tu t'appelles?
> – Je m'appelle Noémie. Et vous, vous vous appelez comment?
> – Moi, c'est Marie.

---

page 12

⏳ 5 minutes

Activité 4

– Pour faire comprendre «Au revoir!», faire semblant de quitter la classe et dire: *Au revoir!*
– Faire semblant de revenir et dire: *Bonjour!*
– Répéter l'opération et faire répéter.
– Proposer à deux apprenants de jouer le même scénario.
– Indiquer la possibilité de «Salut!» à la place de «Bonjour».
– Jouer le scénario avec l'un des apprenants mais refuser le «Salut!» d'un geste de la main pour préciser que celui-ci est réservé à un usage entre amis ou collègues.
– Demander: *Et chez vous, on dit comment?* Montrer un pays ou dire une nationalité et aider les apprenants à répondre.

> ▶ Piste 5
>
> – Salut!
> – Au revoir!

---

page 12

⏳ 20 minutes

Activité 5

– Pointer son oreille avec son index pour indiquer «écouter» et dire: *Écoutez!*
– Écouter l'enregistrement.
– Répéter les voyelles. Exagérer votre articulation:
  • un A, bouche grand ouverte
  • un E, langue en avant et bouche arrondie
  • un I, lèvres tirées
  • un O, langue en arrière et bouche arrondie
  • un U, langue en avant et bouche arrondie
  • un Y (i-grec).
– Procéder de la même façon pour les consonnes.
– Faire une chaîne dans la classe pour dire l'alphabet en entier: un apprenant dit A, puis un autre B, etc.

> ▶ Piste 6
>
> A E I O U Y
> B C D F G H J K L M N P Q R S T V W Z

Avant de commencer l'activité 5, vous pouvez proposer aux apprenants un entraînement physique: le massage du visage. L'objectif est de détendre la mâchoire. On peut s'amuser à faire répéter l'alphabet par séquence en allant de plus en plus vite. Une séquence est alors attribuée à un groupe dans la classe. Cela devrait provoquer quelques fous rires!

Séquence 1: A/B/C/D/E/F/G
Séquence 2: H/I/J/K/L/M/N/O/P
Séquence 3: Q/R/S/T/U/V
Séquence 4: W/X/Y/Z

page 13
⏳ 10 minutes

Activité 6

- Pointer le doigt vers le visuel de gauche et, en faisant le geste de lancer la boule de pétanque, répéter une à deux fois: *la pétanque*.
- Faire de même avec le visuel de droite et, en faisant le geste de jouer aux cartes, répéter une à deux fois: *la belote*.
- Écouter l'enregistrement en entier.
- Écouter à nouveau seulement la première lettre et l'écrire au tableau: P.
- Indiquer aux apprenants de faire de même en pointant l'index vers eux et en disant: *À vous!*
- Écouter à nouveau la piste en entier.
- Corriger ensemble.

▶ Piste 7

P - O - Q - U - E - B - N - T - A

#culture

La pétanque est un jeu de boules populaire dans le Sud mais pratiqué partout en France. C'est le 11e sport le plus pratiqué en France. Les boules sont en métal et le terrain est plat. Le premier joueur lance une petite boule en bois appelée «cochonnet» et chaque joueur essaye de placer ses boules le plus près possible du cochonnet.

La belote est un jeu de cartes qui se joue à quatre par équipes de deux. La belote est un jeu à contrat, dans le sens où l'une des deux équipes s'engage à faire plus de points que l'adversaire, et dont l'échec est sévèrement pénalisé.

page 13
⏳ 5 minutes

Activité 7

- Faire observer le visuel de gauche et répéter: *se serrer la main*.
- Faire de même avec «la bise».
- Dire combien de bises on peut faire en France, en mimant dans le vide!
- Demander aux apprenants si on fait la bise dans leur pays.

#culture

En France, on se fait 2, 3 ou 4 bises sur les joues. Cela dépend des régions et des gens. *Cf.* http://www.combiendebises.com/

page 13
⏳ 5 minutes

Bonne pratique
Je pense à faire l'exercice avec les apprenants.

Activité 8

- Mettre les chaises et les tables de côté pour faire de la place ou aller dans un espace ouvert, si possible.
- Faire observer le visuel de gauche et taper dans vos mains comme pour applaudir une seule fois. Ce sera le signal!
- Faire observer le visuel de droite et faire de même. Ce sera le signal!
- Montrer l'exemple: taper dans les mains et marcher. Puis taper dans les mains, faire une pause et dire: *Bonjour, je m'appelle Marie* (donner son prénom). *M-A-R-I-E* (l'épeler).
- Inviter les apprenants à faire de même. Marcher avec eux et donner le signal. Il y aura plusieurs rencontres. Le fait de participer permet de vérifier leurs acquis.

Unité 0
Unité 1
Unité 2
Unité 3
Unité 4
Unité 5
Unité 6
Unité 7
Unité 8
Outils

SUIVEZ LE GUIDE !

L'apprentissage peut être visuel. On mémorise à l'aide d'images. L'apprentissage des couleurs, par exemple, peut facilement se faire à l'aide d'objets.

L'apprentissage peut être auditif. On mémorise grâce à l'écoute. L'apprentissage des jours de la semaine peut, par exemple, facilement être rythmé par le « di » final et de début de mot « dimanche ».

page 14

⏳ 5 minutes

Activité 1

– Dire *Où ?* et poser sa main sur son front pour montrer qu'on cherche quelque chose.
– Pointer ses yeux avec son index pour indiquer « Regarder » et dire : *Regardez !*
– Inviter les apprenants à regarder le visuel de Paris.
– Demander : *Vous connaissez Paris ?* Faire « oui » avec la tête et dire : *oui.*
– Montrer la tour Eiffel et demander : *La tour Eiffel, vous connaissez ?* Faire « oui » avec la tête et dire : *oui.* Inciter les apprenants à faire de même.
– Sur la deuxième partie du visuel, montrer la partie en jaune et dire : *Paris.* Puis montrer le reste de la carte et dire : *La province.*
– Montrer de nouveau Paris et faire répéter « Paris », puis « La province ».

> **#culture**
>
> **La province** correspond à l'ensemble des régions de France à l'exception de Paris. La prononciation est proche de « Provence » qui est une région du sud de la France.

– Demander : *Vous connaissez des villes de province ?* et montrer la carte. Donner un exemple : Bordeaux. Écrire le nom de la ville et demander à nouveau : *Vous connaissez des villes françaises ?*
– Écrire au tableau les villes citées par les apprenants et inviter les apprenants à les placer sur la carte.

page 14

⏳ 20 minutes

Activité 2

ⓐ

– Dire *Quand ?* et faire le geste de regarder sa montre.
– Faire le geste et dire : *Écoutez !*
– Faire écouter « Lundi » et répéter : *lundi.* Mettre la main contre l'oreille puis inciter les apprenants à répéter. Dire à nouveau *lundi* et laisser les apprenants répéter. Faire la même chose pour les autres jours de la semaine. Demander aux apprenants de frapper dans les mains à chaque fois qu'ils entendent le son « di ». Ils remarqueront que les jours se ressemblent.
– Si nécessaire, faire écouter et répéter une deuxième fois.
– Indiquer le jour de la semaine en écrivant la date, par exemple : lundi 3 septembre.

> ▶ Piste 8
>
> lundi – mardi – mercredi – jeudi – vendredi – samedi – dimanche

 ⓑ

– Montrer la liste des jours de la semaine de l'activité 2a. Faire le geste et dire : *Écoutez !* Puis dire un jour de la semaine, *samedi* par exemple et entourer « samedi ».
– Refaire le geste et dire : *Écoutez !* puis faire écouter l'enregistrement.
– Si nécessaire, faire écouter une deuxième fois.
– Corriger ensemble. Demander : *Lundi, oui ou non ?*

– Attendre que les apprenants disent «non».
– Puis, recommencer avec les autres jours de la semaine et entourer les jours entendus.
– Si nécessaire, faire écouter à nouveau pour permettre aux apprenants de vérifier la correction.

Corrigé : mardi – samedi – jeudi – lundi

> ▶ Piste 9
>
> mardi – samedi – jeudi – lundi

 C

– Tracer au tableau une ligne de temps et écrire :
  • «matin» avec les horaires (par exemple, 7 h - 9 h),
  • «midi» avec les horaires (par exemple, 12 h - 14 h),
  • «soir» avec les horaires (par exemple, 19 h - 21 h).
– Faire regarder le visuel et dire *samedi soir* en insistant sur «soir». Mimer la fête avec du champagne !
– Faire de même avec «dimanche matin» en insistant sur «matin». Mimer le lendemain de fête avec des bâillements et un café.
– Lire les propositions de l'exercice et montrer qu'il faut associer.
– Mimer et dire : *Écoutez !* Faire écouter une première fois l'enregistrement.
– Corriger. Féliciter les apprenants pour leurs réponses.

> ▶ Piste 10
>
> dimanche midi – vendredi matin – mercredi soir

> **#culture**
>
> En France, on cite les jours de la semaine en commençant par lundi.

Bonne pratique
Je pense à encourager les apprenants en les félicitant.

page 14
⏳ **20 minutes**

Activité 3
– Dire *Comment ?* et faire un geste les mains ouvertes.
– Montrer le béret et dire : *rouge*. Puis, montrer d'autres objets rouges dans la classe.
– Montrer le tee-shirt bleu et dire : *bleu*. Faire répéter «bleu». Inciter les apprenants à trouver des objets bleus.
– Mimer et dire : *Écoutez !* Faire écouter l'enregistrement. Demander : *Quelle est la couleur ? Bleu ou rouge ?* Répéter la réponse : *bleu*.
– Faire écouter de nouveau. Demander : *Vous connaissez les Bleus ?* Montrer le tee-shirt. Dire : *football*. Attendre que les apprenants disent le nom d'un joueur : Griezmann, Mbappé, Lloris, Pogba, etc. Montrer une image de joueurs célèbres français. Répéter : *Allez les Bleus !*
– Demander : *Et dans votre pays, c'est comment ?* Citer le ou les pays des apprenants. Les inciter à montrer un objet de la couleur de l'équipe de leur pays et nommer les couleurs.

Corrigé : 1. Bleu. – **2.** Des supporters français.

> ▶ Piste 11
>
> Allez les Bleus ! Allez les Bleus ! Allez les Bleus !

> **#culture**
>
> Les joueurs de l'équipe de France de football sont appelés les «Bleus» en référence à la couleur de leur maillot. Ils ont gagné la Coupe du monde de football en 1998 et en 2018.

Unité 0
Unité 1
Unité 2
Unité 3
Unité 4
Unité 5
Unité 6
Unité 7
Unité 8
Outils

On peut constituer deux équipes dans la classe: les Bleus et les Rouges. Les Bleus commencent en disant trois fois «Allez les Bleus!». Les Rouges répondent en disant plus fort «Allez les Rouges!». Les équipes se répondent en parlant de plus en plus fort.

page 15

⧖ 10 minutes

Activité 4

 a

– Dire *Quoi?* et mimer plusieurs actions (lire, écrire…) en répétant: *quoi?*
– Montrer le visuel. Lire chaque mot et faire répéter plusieurs fois.

 b

– Dire *Écoutez!* et faire écouter l'enregistrement. Après chaque consigne, montrer les dessins et demander: *C'est quel dessin?* Demander aux apprenants de montrer le dessin.
– Faire associer un objet à chaque consigne.
– Par deux, un apprenant mime une consigne, le deuxième dit la consigne.

Corrigé: Écoutez! (casque) – Parlez! (micro) – Lisez! (livre) – Écrivez! (crayon)

> ▶ Piste 12
>
> Écoutez! Parlez!
> Lisez! Écrivez!

page 15

⧖ 20 minutes

Activité 5

a

– Dire *Combien?* et faire semblant de compter sur ses doigts.
– Demander aux apprenants de regarder le visuel. Montrer l'escargot et dire: *un escargot.* Lever le pouce et répéter: *un.*
– Montrer les macarons et dire: *dix macarons.* Montrer les 10 doigts et répéter: *dix.*
– Faire répéter «un» puis «10».
– Dire: *Écoutez!* Faire écouter les chiffres et les faire répéter un à un.
– Répéter les chiffres jusqu'à cinq, puis jusqu'à dix.

> ▶ Piste 13
>
> zéro – un – deux – trois – quatre – cinq – six – sept – huit – neuf – dix

b

– Faire répéter tous les chiffres de plus en plus vite à toute la classe, puis individuellement pour les apprenants qui le souhaitent.
– On peut aussi demander aux apprenants de compter dans le sens inverse: 10, 9, 8, 7, etc.

c

– Dire: *Écoutez!* et montrer les chiffres. Donner un exemple, *dix*, et entourer le mot «dix».
– Dire à nouveau: *Écoutez!* Faire écouter l'enregistrement. Si nécessaire, faire une deuxième écoute.
– Corriger.

Corrigé: 3 – 6 – 8 – 0 – 10

> ▶ Piste 14
>
> trois – six – huit – zéro – dix

d

Ensemble, compter les étudiants de la classe. Un apprenant se lève, dit «un» et s'assoit, le suivant se lève, dit «deux» et s'assoit, etc.

> **#culture**
>
> En France, on compte en levant les doigts les uns après les autres en commençant par le pouce. On compte sur les deux mains.

+ +

On peut s'amuser à faire compter les apprenants avec les gestes français. Pas facile de faire le geste «4»! On peut aussi demander à un apprenant de montrer un chiffre avec ses doigts et les autres trouvent le chiffre.

page 15

⏳ 10 minutes

Activité 6

– Dire *Qui ?* et montrer plusieurs personnes dans la classe.
– Montrer l'encadré avec «Moi» et dire une phrase pour se présenter: *Je m'appelle...*
– Mimer l'acte d'écrire et demander aux apprenants d'écrire une phrase pour se présenter.
– Constituer des binômes et les laisser lire les phrases.
– Mimer l'acte de dessiner son/sa voisin(e). Laisser les apprenants dessiner leur voisin(e).

UNITÉ 1

C'est qui ?

Agir

OBJECTIFS
❶ Se présenter et présenter quelqu'un
❷ Dire sa nationalité
❸ Demander et donner des informations (âge, nationalité, langues parlées, coordonnées)

ATELIERS D'EXPRESSION
· S'exprimer poliment
· Remplir un formulaire

Coopérer

PROJET CULTUREL
Présenter la fiche d'identité d'un pays francophone

➡ MISSION
Découvrir une identité

Apprendre

STRATÉGIES *p. 26-27*

MÉMO
Réviser ✚ S'exercer, *p. 28*
J'agis, je coopère, j'apprends
Cahier, p. 10-11

ÉVALUATION
· Bilan linguistique *Cahier, p. 12-13*
· Préparation au DELF *Cahier, p. 14-15*

Grammaire	Lexique	Phonétique	Culture
· Les pronoms sujets et toniques (1) : *moi, toi, je, tu*, etc. · La négation (1) : *ne... pas* · Les articles définis devant les noms de pays : *le, la, les* · L'accord des adjectifs de nationalité · Les questions (1) avec *quel...*	· Les professions (1) · L'alphabet (2) · Les couleurs (2) · Les nombres (2) de 11 à 69 · Les noms de pays · Les nationalités · Les sensations : *j'ai froid, j'ai faim...*	· *Il / Elle* · L'alphabet (2) · La syllabe accentuée · La liaison (1) ·  Vidéo phonétique	· La Francophonie · Des personnalités francophones · Des prénoms 

▶ La langue française dans le monde

CONJUGAISON
· Avoir
· Être
· S'appeler (2)

p. 16-17

OUVERTURE DE L'UNITÉ

page 16

⏳ 15 minutes

Titre de l'unité

– Montrer un apprenant à l'ensemble de la classe et demander : *C'est qui ?*
– Laisser les apprenants répondre.
– Répéter l'opération.

> **Bonne pratique**
> Il n'est pas nécessaire que les apprenants lisent la consigne car le vocabulaire peut être compliqué.

Illustration

– Montrer l'illustration à l'ensemble de la classe. Montrer une couleur en particulier (le bleu est déjà vu dans l'unité «Bienvenue») et demander : *C'est quelle couleur ?* Laisser les apprenants répondre.
– Continuer avec les autres couleurs : jaune, rose, violet, vert.
– À la fin, écrire les 5 couleurs au tableau. Faire répéter les apprenants.
– De la main, tapoter sur son torse pour montrer que l'on va donner une indication sur soi. Ensuite, préciser sa couleur : *jaune*. Montrer un étudiant du doigt : *Et toi ?* Laisser l'apprenant répondre. Attendre qu'un apprenant réponde une autre couleur.
– Se mettre dans un coin de la pièce. Dire : *jaune*.
– Montrer à l'apprenant précédent d'aller dans un autre coin de la classe, etc. Faire faire ainsi des groupes de couleur.
– Rester en groupes ainsi constitués en vue de la double-page suivante.

➕ ⁺

Prolonger l'activité en nommant les couleurs basiques à l'aide de papiers de couleurs différentes.
Avec des apprenants à l'aise, proposer : *Moi, j'aime le bleu. / Moi, j'aime le vert.* On peut écrire la phrase au tableau et dessiner un symbole en dessous de «j'aime».

p. 18-19

SITUATION ❶   Se présenter et présenter quelqu'un

LA MINUTE PÉDAGOGIQUE

Apprendre ensemble, c'est commencer par se regarder. Le regard permet d'établir le contact et la communication.

page 18

⏳ 15 minutes

Activité 1

– Écouter le dialogue une première fois.
– Écouter une deuxième fois et faire répéter à toute la classe : *Bonjour, je m'appelle… .*
– Compléter la phrase avec son prénom : *Bonjour, je m'appelle X.*
– Demander aux étudiants de se présenter, d'abord à son/sa voisin(e) de gauche, puis à son/sa voisin(e) de droite.

> ▶ Piste 15
>
> – Bonjour, je m'appelle Émilie. Et toi, comment tu t'appelles ?
> – Moi, je m'appelle Paul.

b

– Écouter le dialogue une première fois.
– Écouter une deuxième fois et faire répéter à toute la classe : *Moi, c'est…*
– Compléter la phrase avec son prénom : *Moi, c'est X. Et vous ?* Interroger quelques apprenants pour vérifier la compréhension de «Moi, c'est…».

– Écrire les deux phrases au tableau, l'une sous l'autre, pour indiquer qu'elles sont identiques : «Je m'appelle…» / «Moi, c'est…».
– Inviter les apprenants à se présenter en sous-groupes.
– Montrer un apprenant de sexe masculin à la classe et dire : *Il s'appelle comment ?* Laisser les étudiants répondre.
– Montrer un apprenant de sexe féminin à la classe et dire : *Elle s'appelle comment ?* Laisser les étudiants répondre.
– Écrire au tableau : «Il s'appelle…» / «Elle s'appelle…».
– Inviter les apprenants à présenter le groupe à la classe.

> ▶ Piste 16
>
> – Moi, c'est Jules. Et vous ?
> – Moi, c'est Aurélia et elle, elle s'appelle Claire.

page 18

⏳ 5 minutes

Activité 2

– Montrer le visuel du musée Grévin aux apprenants. Leur demander : *Vous connaissez ?*
– Pointer chaque personne célèbre et demander : *C'est qui ?* ou *Il s'appelle comment ?*
– Laisser les apprenants répondre. Donner les réponses, si nécessaire.

Corrigé : (de gauche à droite) Omar Sy, Anne-Sophie Pic, Jean-Paul Gaultier.

Allez sur le site du musée Grévin et posez des questions à la classe sur les personnes célèbres du musée : *Il s'appelle comment ? / Elle s'appelle comment ?*

> **#culture**
>
> **Le musée Grévin** est un musée de cire à Paris. Il est dans le 9ᵉ arrondissement. Il a été créé en 1882. Des reproductions en cire de personnes célèbres y sont exposées. Site internet : https://www.grevin-paris.com/
> **Anne-Sophie Pic** est une cheffe cuisinier issue d'une famille de chefs réputés. Elle a trois étoiles au guide Michelin depuis 2007 pour son restaurant la *Maison Pic* à Valence. Sur l'ensemble de ses établissements, elle cumule sept étoiles. Elle fait donc partie des chefs les plus étoilés au monde.
> **Omar Sy** est un acteur et humoriste français. Il a débuté sa carrière comme humoriste avec un duo appelé «Omar et Fred». Il est devenu célèbre grâce à son rôle dans le film *Intouchables*. En 2016, il est choisi comme personnalité préférée des Français.
> **Jean-Paul Gaultier** est un grand couturier français. Il est connu notamment pour ses marinières aux rayures bleues et blanches et pour faire porter des jupes aux hommes. Il est considéré aujourd'hui comme une icône de la mode française.

page 18

⏳ 15 minutes

> **Bonne pratique**
> À droite du tableau, je tire un trait vertical pour faire une colonne. J'indique en haut de la colonne le titre «Lexique».

Activité 3

– Faire écouter le dialogue.
– Lire les questions et expliquer les mots nouveaux : «blanc» = montrer le tableau ou une page blanche ; «profession» = de la main, tapoter sur son torse pour montrer que l'on va donner une indication sur soi et dire : *Moi, je suis professeur(e).*
– Faire écouter le document une deuxième fois.
– Répondre collectivement, à l'oral, aux questions posées.
– Au tableau, dans la colonne «Lexique», écrire : *une cheffe, un acteur, un styliste.*
– Ensemble, observer l'encadré lexical et faire noter la différence entre «un» et «une» en désignant à nouveau les personnes célèbres.

Corrigé : a. Anne-Sophie Pic est en blanc. **b.** Omar Sy est à gauche. **c.** Omar Sy est acteur. Anne-Sophie Pic est cheffe cuisinier. Jean-Paul Gaultier est styliste.

> – Regardez! Elle, en blanc, c'est Anne-Sophie Pic.
> – Qui?
> – Anne-Sophie Pic. Elle est cheffe cuisinier.
> – Et lui, en bleu et blanc, il s'appelle comment?
> – Lui, c'est Jean-Paul Gaultier. Il est styliste. Et là, il y a Omar Sy.
> – Qui?
> – Omar Sy, l'acteur!

 b

– Faire écouter le dialogue.
– Faire compléter individuellement. Si nécessaire, faire écouter une deuxième fois.
– Corriger collectivement au tableau.
– Ensemble, lire l'encadré de conjugaison. Insister sur les terminaisons.

Corrigé : a. Elle. **b.** t'appelles. – m'appelle. **c.** s'appelle. – Lui.

 Piste 18

> **a.** Elle, c'est Anne-Sophie Pic.
> **b.** Et toi, comment tu t'appelles?
>   Moi, je m'appelle Paul.
> **c.** Lui, il s'appelle comment?
>   Lui, c'est Jean-Paul Gaultier.

page 18

⏳ 10 minutes

Grammaire : Les pronoms sujets et toniques

– Lire les phrases à voix haute en insistant sur le pronom tonique.
– Demander aux apprenants de compléter la phrase de la partie «Appliquez» et corriger en montrant le lien entre le pronom sujet et le pronom tonique.

Corrigé : Et elle, elle s'appelle comment? Et lui, il s'appelle comment ?

page 18

⏳ 5 minutes

Activité 4

– Faire écouter les pronoms. Demander aux apprenants de répéter.
– Faire observer la forme de la bouche et relier ensemble les pronoms à la forme de la bouche qui correspond.

Corrigé : il: bouche fermée . – elle: bouche ouverte .

Piste 19

> – Il s'appelle comment?
> – Elle, c'est Claire.

page 18

⏳ 5 minutes

Bonne pratique
Je fais une pause! Les apprenants ont déjà bien travaillé. 😊

Activité 5

a

– Proposer aux apprenants de faire une photo de classe: l'une sérieuse et l'autre amusante.
– Les poster sur le réseau social de la classe.

b

– Écouter le document.
– Faire répéter les apprenants: *Ouis-ti-ti*. Insister sur les lèvres pour montrer qu'elles sont tirées pour mieux sourire .

Corrigé : les lèvres sont tirées .

Piste 20

> 1, 2, 3, ouistiti!

Faire d'autres photos de la classe et les publier sur le réseau social de la classe. Faire des photos de groupes et proposer aux étudiants de choisir une photo de groupe et d'écrire la légende : « Il s'appelle… / Elle s'appelle… »

> cahier

Activités 1 à 7 et 9 p. 5.

page 19

⏳ 5 minutes

Activité 6

– Montrer le document 1 et dire : *C'est un livre.* Pour s'assurer de la compréhension, montrer le livre «L'Atelier» et dire : C'est un livre. Montrer à nouveau l'image et demander : *Comment s'appelle le livre ?*
– Laisser les apprenants répondre. Si nécessaire, montrer les lettres sur la couverture du livre et faire lire les apprenants : «ABC ville». Puis montrer l'information dans la légende de l'image.
– Demander : *Comment s'appelle l'auteur ?* Mimer une personne qui écrit et répéter la question.
– Laisser les apprenants répondre et répéter la réponse.
– Demander : *Quelle est sa profession ?* Faire des propositions de réponse sur le ton de l'interrogation : *acteur ? chef ?*
– Laisser les apprenants répondre et montrer la réponse dans la légende de l'image.

Corrigé : a. ABC ville. **b.** Francesco Acerbis. **c.** photojournaliste.

> **#culture**
>
> **Francesco Acerbis** est un photographe d'origine italienne qui vit à Paris. Il s'est beaucoup intéressé à la question des réfugiés dans les Balkans et à la question de l'eau au Kenya. Depuis 2002, il travaille pour l'agence Editing à Paris.

Bonne pratique
Je fais attention à bien répéter les réponses et je montre où les trouver dans le document.

page 19

⏳ 5 minutes

Activité 7

– Faire écouter les lettres de l'alphabet de l'activité 8.
– Montrer le document 2. Montrer la lettre «Q» et tracer la lettre sur l'image pour qu'elle soit bien visible.
– Montrer l'image 2 et demander à un apprenant de tracer la lettre qu'il voit avec son doigt. Faire prononcer la lettre ou la prononcer soi-même.
– Répéter la démarche pour l'image 3.

Corrigé : Photo 2 : U. – **Photo 3 :** T.

page 19

⏳ 20 minutes

Faire écouter et répéter les lettres de l'alphabet une à une. Insister sur les lettres qui peuvent poser problème en fonction de la langue maternelle des apprenants. Par exemple : J/G pour les anglophones, R/L pour les nippophones, etc.

▶ Piste 21

```
a – b – c – d – e – f – g – h – i – j – k – l – m – n – o – p – q – r –
s – t – u – v – w – x – y – z
```

Écrire une lettre au tableau et demander aux apprenants de la lire. Puis, proposer à un apprenant de venir écrire des lettres au tableau pour les faire lire à la classe. Dicter des lettres aux apprenants pour épeler des mots simples et connus «Merci», «Bonjour»…

b

– Mimer les lèvres tirées ▬ et prononcer la lettre «i». Au tableau, écrire «i» avec une virgule et montrer à nouveau les lèvres tirées ▬. Attendre que les apprenants proposent d'autres lettres. En proposer une deuxième, si nécessaire.
– Faire la même chose avec les lèvres arrondies ●.

Corrigé : les lèvres tirées ▬ **:** i, j **les lèvres arrondies** ● **:** a, e, o, u

c

– Choisir une ville. Épeler le nom de la ville et le faire écrire aux apprenants.
– Corriger (exemple : B.O.R.D.E.A.U.X.).
– Demander aux apprenants de répéter la même activité en petits groupes.

✚ ✛

Afficher une carte de France ou de pays francophones, demander aux apprenants de choisir une ville. Chacun épelle le nom de la ville qu'il a choisie et les autres écrivent le nom puis, après avoir épelé le nom, ils regardent où se situe la ville sur la carte.

> **Bonne pratique**
> Je donne un exemple plutôt que de lire la consigne.

page 19

⏳ 5 minutes

Activité 9

Présenter une célébrité déjà évoquée (Anne-Sophie Pic, etc.) et demander aux apprenants de choisir des célébrités et les laisser répéter l'activité par deux.

Proposition de corrigé: Il s'appelle Mika. C'est un chanteur. Elle s'appelle Sophie Marceau. C'est une actrice.

PRÉPARER SA CLASSE

Pour créer des groupes de manière aléatoire, utiliser un jeu de cartes. Choisir le nombre de cartes et de figures selon le nombre d'apprenants. Les rois forment un groupe, les reines forment un deuxième groupe, etc.

page 19

⏳ 10 minutes

Activité 10

– Répartir les apprenants en groupes (de préférence en modifiant le placement dans la classe).
– Se présenter et faire écrire son prénom à la classe. Puis, montrer un apprenant et l'inviter à faire la même chose.
– Quand la consigne est comprise, laisser les groupes échanger.

page 19

⏳ 20 minutes

Activité 11

– Montrer les images du document 2. Dire : *C'est dans une ville*. Donner des exemples de villes : *Paris, Marseille, Toulouse*… Montrer les formes des lettres.
– Montrer les apprenants de la main et leur dire : *Vous allez chercher les lettres dans la ville*. Mimer l'action de chercher et de prendre une photo.
– Si possible, repérer une ou plusieurs lettres avec les objets dans la classe et prendre des photos. Puis, constituer des groupes et demander aux apprenants de faire la même chose dans la ville.
– Mettre les photos en commun et afficher l'ABC de la ville dans la classe.

✚ ✛

Si l'activité ne peut pas être faite dans la ville, prendre des photos à partir des objets de la classe ou dans l'établissement. Inciter les apprenants à regarder autrement leur environnement.

PRÉPARER SA CLASSE

Préparer des feuilles de la dimension d'une carte de visite.

Activité 12

– Dessiner sa carte de visite et la présenter aux apprenants.
– Les inviter à créer leur carte personnelle.

Faire la liste de toutes les professions qui ont été nommées pendant la séquence. Faire écrire les professions sur des petits papiers. Distribuer les papiers aux apprenants et leur demander de créer une carte de visite correspondante.

Proposition de corrigé :

> *cahier*
Activités 8, 11 et 12 p. 5.

---

p. 20-21   Ⓢ ITUATION ❷   Dire sa nationalité

Activité 1

– Montrer le document 1 et dire : *C'est une affiche.* Demander aux apprenants quelles couleurs ils voient sur l'affiche : rouge, jaune, vert, marron, etc.
– Lire les questions et laisser les apprenants répondre. Corriger en montrant où se trouvent les éléments de réponse.

Corrigé : a. un festival. **b.** Bruxelles.

Activité 2

Ⓐ
– Faire ouvrir le livre à la page 167 et demander à chaque apprenant de choisir un pays francophone. Expliquer que c'est un pays où on parle français.

Ⓑ
– Nommer un pays (exemple : le Maroc). Laisser les apprenants qui ont choisi ce pays constituer un groupe et répéter *le Maroc*. Leur demander d'épeler le nom du pays.
– Choisir un deuxième pays, puis un troisième et répéter la démarche.
– Répéter la démarche jusqu'à ce que tous les pays choisis aient été appelés.

Ouvrir le livre à la page 167. Choisir un pays francophone et l'épeler à la classe (exemple : Algérie). Faire écrire le nom du pays puis demander aux apprenants de le retrouver sur la carte. Inviter les apprenants à refaire l'activité en petits groupes.

Activité 3

– Écrire les articles « le », « la », « les », « l' », les prononcer et les faire prononcer par les apprenants.
– Dire : *Écoutez !* et *Complétez !* en mimant les actions.
– Faire une première écoute du document. Écouter à nouveau si nécessaire.
– Corriger en montrant à chaque fois l'article qui convient au tableau. Insister sur la différence de prononciation entre « le » et « les ».
– Au moment de la correction, situer les pays sur une carte du monde.

Corrigé : le Canada, la Belgique, le Luxembourg, la Suisse, la France, l'Algérie, la Guinée, le Mali, le Sénégal, les Comores, les Seychelles, le Vietnam.

Ça, c'est le Canada. Et là, la Belgique, le Luxembourg, la Suisse, la France, la Guinée, le Mali, le Sénégal, les Comores, les Seychelles, l'Algérie et là, le Vietnam.

page 20

⏳ 10 minutes

Grammaire : Les articles devant les noms de pays

– Faire observer les exemples. Laisser les apprenants compléter la partie « Réfléchissez » et corriger en soulignant le lien entre le féminin et le « e » final, le pluriel et le « s » final, la voyelle initiale et le « l' ».
– Faire compléter la partie « Appliquez ».

Corrigé : la Russie, le Japon, les États-Unis, l'Argentine, la Colombie, l'Iran, le Sénégal, les Pays-Bas.

page 20

⏳ 10 minutes

Activité 4

– Au tableau, écrire : « Union européenne = … ». Puis ajouter un pays suivi d'une virgule : « France, … »
– Laisser les apprenants écrire le nom des pays qui constituent l'Union européenne.
– Corriger et expliquer que Chypre et Malte n'ont pas d'article car ce sont des îles.

Corrigé : l'Allemagne, l'Autriche, la Belgique, la Bulgarie, Chypre, la Croatie, le Danemark, l'Espagne, l'Estonie, la Finlande, la France, la Grèce, la Hongrie, l'Irlande, l'Italie, la Lettonie, la Lituanie, le Luxembourg, Malte, les Pays-Bas, la Pologne, le Portugal, la République Tchèque, la Roumanie, le Royaume-Uni, la Slovaquie, la Slovénie, la Suède. Chypre et Malte n'ont pas d'article, ce sont de îles.

> **#culture**
>
> **L'Union européenne** est une association politique et économique créée en 1992 qui repose sur le traité de Maastricht. En 1999, certains des États de l'Union européenne s'associent pour créer la zone Euro et unifier leur monnaie. En 2018, le Royaume-Uni décide de quitter l'Union européenne (Brexit).

➕ +

Pour compléter, les apprenants peuvent s'aider d'une carte d'Europe. L'enseignant peut aussi proposer de vérifier le choix de l'article à l'aide d'un dictionnaire des noms propres.
L'activité peut aussi être réalisée en petits groupes.

> **Bonne pratique**
> Je dessine la virgule dans une autre couleur pour montrer qu'elle est nécessaire pour distinguer les éléments.

page 20

⏳ 10 minutes

Activité 5

– Écrire une lettre au tableau et lister plusieurs noms de pays qui commencent par cette lettre avec les apprenants. Pour chaque pays, demander aux apprenants si c'est l'article « le », « la », « les » ou « l' ».
– Former des groupes et donner une première lettre. Les apprenants cherchent des pays et ajoutent les articles. Recommencer avec d'autres lettres.

Proposition de corrigé : E : l'Éthiopie, les États-Unis, les Émirats-Arabes, l'Égypte, etc.
C : le Cameroun, la Chine, la Corée, la Colombie, le Canada, le Chili, les Comores, etc.
S : les Seychelles, le Sénégal, le Sri-Lanka, la Suisse, la Suède, etc.

page 20

⏳ 10 minutes

Activité 6

a

– Montrer les drapeaux et dire : *Ce sont des drapeaux*. Écrire le mot « un drapeau » au tableau.
– Pour chaque drapeau, demander : *C'est quel pays ?* Laisser les apprenants répondre.

Corrigé: Sénégal, Belgique, Pays-Bas, Algérie.

 b

Demander: *C'est quelle couleur?* Laisser les apprenants nommer les couleurs des drapeaux.

Corrigé: Sénégal: vert, jaune, rouge
Belgique: noir, jaune, rouge
Pays-Bas: rouge, blanc, bleu
Algérie: vert, blanc, rouge

 c

– Montrer le drapeau blanc. Montrer des feutres de couleur et demander aux apprenants de dessiner le drapeau d'un nouveau pays en petits groupes. Donner un exemple.
– Demander à chaque groupe de montrer le drapeau, de nommer les couleurs et les symboles utilisés. Écrire les nouveaux mots au tableau.

Proposition de corrigé: l'Aspon.

> **cahier**
> Activités 1 à 5, p. 6.

page 21
⏳ 10 minutes

Activité 7

 a b

– Montrer les photos du document 2 et lire les noms des célébrités.
– Demander: *Quelle est leur nationalité?* Laisser les apprenants répondre. Accepter toutes les réponses et ne pas confirmer.

Corrigé: Alain Ducasse est français. Emma Watson est anglaise. Kylian Mbappé est français. Roger Federer est suisse.

> ▶ Piste 23
>
> – Regarde ! Lui, c'est Alain Ducasse. Il est français ! Et elle, c'est…
> – Emma Watson ! Mais elle n'est pas française ?
> – Elle est anglaise mais elle est née à Paris.
> – Et lui, c'est qui ?
> – C'est Kilian Mbappé, il est français.
> – Et puis, Roger Federer. Il est suisse.

page 21
⏳ 15 minutes

Bonne pratique
J'utilise des couleurs et des symboles pour faciliter la compréhension.

Activité 8

– Lire la première question et laisser les apprenants répondre. Écrire la réponse au tableau.
– Pour chaque personnalité, demander: *Quel est son pays?* Laisser les apprenants répondre. Écrire les réponses au tableau.
– Pour chaque personnalité, demander: *Quelle est sa profession?* Laisser les apprenants répondre et écrire les réponses au tableau.

Corrigé: a. Non, elle est anglaise. **b.** La France, l'Angleterre, la Suisse. **c.** Alain Ducasse est chef. Emma Watson est actrice. Kylian Mbappé est joueur de foot / footballeur. Roger Federer est joueur de tennis.

page 21
⏳ 10 minutes

Grammaire: L'accord des adjectifs de nationalité

– Faire observer les phrases de l'encadré grammatical. Les lire à voix haute pour marquer les différences de prononciation des adjectifs au féminin et au masculin.
– Écrire les phrases au tableau pour faciliter la compréhension. Utiliser des symboles et des couleurs pour faire repérer les sujets des verbes.
– Compléter ensemble la partie « Réfléchissez », puis « Complétez ».

Au tableau !

	Singulier	Pluriel
masculin	(Il) est français. Il est canad<u>ien</u>.	Ils sont français. (Ils) sont canadiens.
féminin	Elle est anglais<u>e</u>. (Elle) est canadien<u>ne</u>.	Elles sont anglais<u>es</u>. (Elles) sont canadien<u>ne</u>s.

➜ + ...   pour une femme

➜ + ...   pour le pluriel

⚠ français

➜ + ...   au féminin pour -ien

Corrigé : + e pour une femme, + s pour le pluriel, + ne au féminin pour -ien. Elles sont canadiennes.

Pour s'assurer de la compréhension grammaticale, demander aux apprenants d'écrire quelques adjectifs aux quatre formes.

page 21

⏳ **10 minutes**

Activité 9

a

– Écrire le mot « Algérien » et le prononcer en comptant les syllabes (3) sur les doigts.
– Dire aux apprenants : *Écoutez et comptez !* Écoutez le document. Si nécessaire, proposer une deuxième écoute.
– Répéter les mots en comptant les syllabes pour corriger.

Corrigé : Canada : 3 syllabes – Italie : 3 syllabes – Luxembourg : 3 syllabes – Comores : 2 syllabes.

▶ Piste 24

Canada, Italie, Luxembourg, Comores

Bonne pratique

La phonétique, c'est comme la musique. On peut chanter le mot sans les sons (sur lalala…) pour montrer qu'une syllabe est plus longue ou accentuée.

b

– Reprendre l'exemple « Algérien » et le prononcer. Faire remarquer que la dernière syllabe est accentuée. Souligner la dernière syllabe.
– Dire : *Écoutez !* Faire écouter les mots et demander aux apprenants de les répéter. Faire remarquer en les prononçant que la dernière syllabe est accentuée.
– Écrire les mots au tableau et souligner les syllabes accentuées.

Corrigé : a. fran<u>çais</u>. **b.** fran<u>çaise</u>. **c.** an<u>glaise</u>. **d.** sénéga<u>laise</u>.

▶ Piste 25

a. français **b.** française **c.** anglaise **d.** sénégalaise

c

– Proposer un exemple pour l'activité : l'Italie – italien.
– Écrire les mots au tableau et les lire en accentuant bien la dernière syllabe.
– Demander à un étudiant de choisir un pays et une nationalité puis continuer avec d'autres apprenants.

Grammaire : La négation

- Reprendre les images du document 2. Demander *Emma Watson, elle n'est pas française ?* et laisser les apprenants répondre *Non, elle est anglaise.*
- Faire observer les phrases de l'encadré sur la négation. Les écrire au tableau et ajouter «Non» devant chaque phrase. Entourer les deux mots qui marquent la négation dans chaque phrase. Souligner le «e» du verbe «est» pour expliquer l'apostrophe. Ajouter les autres voyelles.

Corrigé : ne /n'... pas

Au tableau !

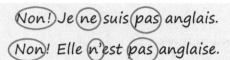

Non ! Je ne suis pas anglais.

Non ! Elle n'est pas anglaise.

Écrire deux phrases à la forme affirmative et demander aux apprenants de les écrire à la forme négative. Par exemple : Tu es canadien. ➜ Tu n'es pas canadien. / Ils sont italiens. ➜ Ils ne sont pas italiens.

Activité 10

- Faire lire l'encadré «Quelques nationalités».
- Écrire au tableau : «Dans le monde, il y a...» et compléter la phrase «des Français».
- Montrer un étudiant de la main et l'inciter à lire la phrase et à la compléter, puis lui faire répéter la première proposition : *Dans le monde, il y a des Français* et lui faire ajouter sa proposition *des Italiens.*
- Montrer un deuxième étudiant et poursuivre l'activité.

L'activité peut aussi être faite sur un mode de compétition par groupes. Les étudiants répètent de mémoire les propositions les unes après les autres. Quand un étudiant fait une erreur, il a un point. L'activité reprend alors au début. Le but est d'avoir le moins de points possible.
Pour un fonctionnement collaboratif, on peut remplacer le système de points par un objectif commun : créer la plus longue proposition de mémoire sans erreur.

Activité 11

- Écrire «réseaux sociaux» au tableau et donner un exemple. Demander aux apprenants de citer plusieurs réseaux sociaux.
- Expliquer qu'on va faire une vidéo et donner un exemple : *Je m'appelle Annie Allain. Je suis française. Je suis professeure.*
- Écrire au tableau : nom, prénom, nationalité, profession.
- Laisser quelques minutes aux apprenants pour se préparer et répéter leur présentation par deux.
- En binômes, laisser les apprenants se filmer. Avec l'accord des apprenants, partager les vidéos de présentation sur le réseau social de la classe.

Bonne pratique

Avant de proposer une production écrite, je sensibilise les étudiants à la forme de l'écrit demandé.

Activité 12

- Dire aux apprenants qu'ils vont écrire un courriel.
- Réfléchir ensemble aux éléments à utiliser pour rédiger les différentes parties d'un courriel : Bonjour / Salut / À bientôt / Bises.
- Si nécessaire, donner un exemple pour le corps du texte : *Dans ma classe, il y a Hanna. Elle est allemande. Elle est pianiste.*
- Laisser quelques minutes aux apprenants pour écrire leur texte.
- Ramasser les productions pour les corriger.

Après la production, proposer aux apprenants de relire les productions par deux. Indiquer des objectifs de relecture : vérifier la conjugaison du verbe *être* et l'accord des adjectifs de nationalité.

> *cahier*
Activités 6 à 16, p. 7.

p. 22-23

 ITUATION ❸   Demander et donner des informations

LA MINUTE PÉDAGOGIQUE

Un support de cours est un document ou un objet qui permet d'introduire des outils linguistiques et des activités. L'atelier est un support de cours dont je me sers quand j'en ai besoin.

PRÉPARER SA CLASSE

Pour faire un rappel des chiffres et introduire les nombres, tourner les pages du livre ensemble et compter jusqu'à 22.

page 22
⏳ 10 minutes

Activité 1

– Montrer l'image du document 1. Demander : *Ils ont quel âge ?* Puis, écrire sous l'image du bébé « 1 an », sous l'image de l'enfant « 5 ans ».
– Inciter les apprenants à continuer individuellement.
– Comparer les propositions des apprenants et lire les âges écrits par les apprenants.

Corrigé : 1 an, 5 ans, 11 ans, 30 ans, 50 ans, 80 ans.

page 22
⏳ 10 minutes

Activité 2

Montrer l'encadré « Les nombres de 11 à 69 ». Dire : *Écoutez et répétez.* Faire écouter et répéter les chiffres. Inciter les apprenants à compléter avec certains des chiffres manquants (vingt-trois, vingt-quatre…, trente-deux, trente-trois…).

> ▶ Piste 26

> onze, douze, treize, quatorze, quinze, seize, dix-sept, dix-huit, dix-neuf, vingt, vingt et un, vingt-deux, trente, trente et un, quarante, cinquante, soixante, soixante-neuf

Par deux, un apprenant lit un chiffre, l'autre l'écrit.

page 22
⏳ 5 minutes

Activité 3

– Montrer l'image du document 2. Demander aux apprenants : *Ils ont quel âge ?* Laisser les apprenants répondre. Accepter plusieurs propositions pour chaque personne. Écrire les propositions au tableau.
– Lire l'encadré « avoir ».

page 22
⏳ 20 minutes

Activité 4

ⓐ
– Demander aux apprenants d'écrire les nombres qu'ils vont entendre. Faire écouter le document une première fois.
– Lire ensuite les questions avec les apprenants et s'assurer qu'ils ont compris l'information recherchée. Écouter une deuxième fois.
– Reprendre les questions une par une et corriger. S'appuyer sur la photo pour expliquer qu'il y a deux enfants. Indiquer l'âge des enfants et de la femme sur la photo.

Intro | Unité 1 | Unité 2 | Unité 3 | Unité 4 | Unité 5 | Unité 6 | Unité 7 | Unité 8 | Outils

Corrigé : a. Ils ont deux enfants. **b.** Les enfants ont trois et sept ans. La femme a 37 ans. **c.** Il est américain.

b

– Demander de compléter les phrases. Faire réécouter le dialogue. Ajouter une écoute si nécessaire.
– Corriger en écrivant les informations au tableau.
– Après la correction, faire réécouter le dialogue en lisant la transcription. Puis, demander aux apprenants de relire le dialogue par deux.

Corrigé : a. Elle a quel âge ? Elle a 37 ans. **b.** Quelle est sa nationalité ? Il est américain.

> ▶ Piste 27
>
> – Regarde, c'est ma sœur avec ses deux enfants.
> – Ils ont quel âge ?
> – 3 ans et 7 ans.
> – Et elle, elle a quel âge ?
> – Elle a 37 ans.
> – Et là, c'est son mari ?
> – Oui, il n'est pas français.
> – Quelle est sa nationalité ?
> – Il est américain.
> – Et il parle français ?
> – Oui, il parle français et anglais.

Bonne pratique

Avant un exercice de compréhension orale, je m'appuie sur les illustrations pour aider les apprenants à faire des hypothèses.

page 22

⏳ 5 minutes

Grammaire : Les questions (1) : *quel ?*

– Faire observer les 4 phrases. Faire relever les différentes formes de l'adjectif interrogatif *quel*, puis souligner les noms en lien avec l'adjectif interrogatif. Pour chaque phrase, demander si le nom est masculin, féminin, singulier ou pluriel.
– Laisser quelques minutes pour faire l'activité « Réfléchissez et associez ». Puis, corriger.

Au tableau !

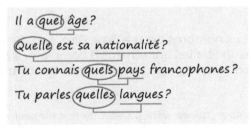

Il a (quel) âge ?
(Quelle) est sa nationalité ?
Tu connais (quels) pays francophones ?
Tu parles (quelles) langues ?

Corrigé : quel : masculin et singulier
quels : masculin et pluriel
quelle : féminin et singulier
quelles : féminin et pluriel.

page 22

⏳ 5 minutes

Activité 5

a

– Demander aux apprenants de lire les deux propositions et faire remarquer les lettres soulignées.
– Faire écouter. Montrer les lettres soulignées et demander aux apprenants s'ils les entendent.

Corrigé : a. Oui, on l'entend. Elle est prononcée [z]. **b.** Oui, on l'entend. Elle est prononcés [z].

> ▶ Piste 28
>
> **a.** deux enfants
> **b.** trois ans

b

– Faire écouter et répéter la première phrase. Écrire la phrase au tableau et montrer la liaison. Faire répéter une nouvelle fois.
– Faire écouter et répéter les autres phrases. Si nécessaire, les écrire au tableau pour mettre en évidence les liaisons.

Corrigé : a. Il a six ans. **b.** Elle a vingt ans. **c.** J'ai deux enfants. **d.** Il a un enfant.

> ▶ Piste 29

a. Il a six ans. **b.** Elle a vingt ans. **c.** J'ai deux enfants. **d.** Il a un enfant.

page 22
⏳ 5 minutes

Activité 6

– Montrer une photo à la classe à partir de son portable (si les apprenants ne peuvent pas utiliser de portable, apporter des photos sur papier) et présenter brièvement la personne. Exemple : *Elle s'appelle Séverine. Elle a trente-deux ans.*
– Demander aux apprenants de faire l'activité en binôme.

page 22
⏳ 10 minutes

Activité 7

– Demander à chaque apprenant de prendre une feuille.
– Puis, donner une instruction : *Écrivez le nom d'une personne.* S'appuyer sur l'exemple donné : *Elle s'appelle Lise Faure.* Insister pour que les apprenants fassent une phrase.
– Montrer aux apprenants qu'ils doivent plier le haut de la feuille pour cacher leur phrase et passer ensuite la feuille à leur voisin(e) de gauche.
– Donner une deuxième instruction : *Écrivez son âge.* Insister pour que les apprenants rédigent une phrase. Les apprenants plient de nouveau la feuille et la passent à leur voisin(e) de gauche.
– Renouveler l'opération plusieurs fois de manière à reprendre les éléments déjà étudiés : nom, âge, couleur, profession, nationalité.
– Après la dernière instruction, faire déplier les feuilles et faire lire les portraits ainsi créés.

> **#culture**
>
> **Le cadavre exquis** est un jeu d'écriture collectif imaginé vers 1925 par les surréalistes, notamment Yves Tanguy, Jacques Prévert et André Breton.
> Ce jeu consiste à composer une phrase, un dessin ou un texte par plusieurs personnes sans qu'aucune d'elles ne puisse tenir compte de la collaboration ou des collaborations précédentes. La première phrase créée ainsi fut : « Le cadavre – exquis – boira – le vin – nouveau ». Elle donna le nom au jeu.
> Le surréalisme est un mouvement artistique du XXᵉ siècle qui cherche à s'affranchir de la raison, de la réalité.

> *cahier*
>
> Activités 1 à 9 et 11, p. 8 et 9

page 23
⏳ 5 minutes

Activité 8

– Faire observer les photos du document 3 et associer un geste à chaque sensation.
– Lire les phrases 1, 2, 3, 4 et les faire répéter aux apprenants.
– Demander aux apprenants d'associer une photo à la première phrase. Corriger, puis continuer avec les autres phrases.

Corrigé : a. 4. **b.** 3. **c.** 2. **d.** 1.

➕ ⁺

En groupe, un apprenant mime une des situations, les autres disent la phrase qui correspond.

> **Bonne pratique**
> Pour le vocabulaire nouveau, j'écris l'expression en entier au tableau. Par exemple, « avoir soif », « être fatigué ».

Activité 9

ⓐ

– Écrire les 3 prénoms au tableau. Montrer le prénom de Simon et demander: *Comment va Simon?* Répéter la démarche avec les deux autres prénoms puis demander d'écouter.
– Faire écouter les dialogues une première fois. Si nécessaire, faire écouter une deuxième fois.
– Corriger en associant un geste à chaque situation. Par exemple: fatigué = laisser tomber les bras; en forme = lever les bras; avoir faim = passer la main sur l'estomac.

Corrigé: Simon est fatigué. Delphine est en forme. Félix a faim.

ⓑ

– Montrer les dialogues à compléter. Dire: *Écoutez et complétez* en y associant les gestes.
– Faire écouter une ou deux fois selon les besoins.
– Corriger en écrivant les réponses au tableau.
– Faire écouter de nouveau les dialogues en lisant la transcription.
– Faire lire les dialogues par binôme.

Corrigé: 1. – Ça va? – Je suis fatigué. **2.** – Tu vas bien? – Super! Je suis en forme. **3.** – Tu es fatigué? – J'ai faim.

> ▶ Piste 30

1.
– Ça va Simon?
– Oh là là, je suis fatigué!
2.
– Bonjour Delphine. Tu vas bien?
– Super! Je suis en forme!
3.
– Tu es fatigué, Félix?
– Non, non, j'ai faim!

PRÉPARER SA CLASSE
Mettre les tables et chaises de côté ou aller dans un grand espace (hall, jardin…).

Activité 10

– Marcher de manière aléatoire dans la classe et demander aux apprenants de faire la même chose.
– Mimer un clap de cinéma et demander à la personne en face de soi: *Ça va?* Inciter la personne à répondre. Continuer le dialogue avec une des expressions étudiées: *Moi, je suis fatigué(e).* Demander aux apprenants de faire la même chose.
– Recommencer à marcher et faire l'activité.

Activité 11

– Écrire au tableau une addition en toutes lettres.
  Par exemple: *trente-trois + vingt-cinq = …*
– Demander à un apprenant de venir écrire la réponse en toutes lettres.
– Constituer des binômes. Laisser les binômes écrire des additions et écrire le résultat en toutes lettres.

La même activité peut être répétée à l'oral.

> *cahier*
Activités 10 et 12 à 14, p. 9

LAB' LANGUE & CULTURE

page 24
⏳ 10 minutes

Qui sont-ils ?

– Montrer la photo de Stromae et demander : *C'est qui ?* S'assurer que les apprenants répondent en faisant une phrase complète. Montrer les amorces « Il s'appelle… Il est… », les noms et les professions. Répéter la réponse.
– Montrer les autres photos et répéter la question. Laisser les apprenants répondre.

Corrigé : Il s'appelle Stromae et il est chanteur. Elle s'appelle Léa Salamé et elle est journaliste. Il s'appelle Pierre Hermé et il est pâtissier. Il s'appelle Camille Lacourt et il est nageur.

> ### #culture
>
> **Léa Salamé** est une journaliste franco-libanaise. Elle anime des émissions de télévision et participe à la matinale de France Inter (7 h – 9 h), principale station de radio publique.
>
> **Stromae** est un chanteur et compositeur belge. Son nom d'artiste correspond à « Maestro » en verlan, un argot qui inverse les syllabes. Il s'intéresse à la pop, à l'électro house et au hip-hop. Il est notamment connu pour ses chansons, *Alors on danse* et *Papaoutai* (Papa où t'es ?) qui fait référence à la disparition de son père pendant le génocide au Rwanda.
>
> **Pierre Hermé** est un pâtissier français d'origine alsacienne. Il est issu d'une famille de pâtissiers-boulangers. Il a reçu le prix du meilleur pâtissier du monde en 2016. Il a conçu entre autres de nouveaux genres de macarons.
>
> **Camille Lacourt** est un nageur français cinq fois champion du monde et d'Europe. Il détient le record d'Europe de 100 mètres dos depuis 2010.

Faire écrire les phrases pour chaque personnalité.

page 24
⏳ 10 minutes

Ils sont connus

– Lire la première phrase, souligner l'élément de réponse « marocaine », puis écrire « …? » au tableau. Inciter les apprenants à formuler la question. Corriger.
– Renouveler la démarche pour les deux autres phrases.

Corrigé : a. Quelle est la nationalité de Leïla Slimani ? **b.** Elle s'appelle comment ?
c. Mads Mikkelsen parle quelles langues ?

> ### #culture
>
> **Leïla Slimani** est une journaliste et écrivaine franco-marocaine. En 2016, elle a reçu le prix Goncourt pour son roman *Chanson douce*.
>
> **Charlotte Gainsbourg** est une chanteuse et actrice franco-britannique. Elle débute comme actrice puis interprète des chansons écrites par son père, Serge Gainsbourg.
>
> **Mads Mikkelsen** est un acteur danois. En 2008, il joue le rôle de l'amant de Coco Chanel et se prépare en apprenant le français de manière intensive.

page 24
⏳ 10 minutes

Les prénoms et l'alphabet

ⓐ

– Faire lire à voix haute les deux lettres proposées en 1. Puis faire écouter le premier prénom. Demander quelle lettre les apprenants ont entendue.
– Faire la même chose avec les autres propositions puis corriger.

Corrigé : 1. u – **2.** s – **3.** g – **4.** a – **5.** i – **6.** r

– Faire écouter chaque prénom l'un après l'autre.
– Faire répéter les prénoms et les faire épeler.
– Faire écrire chaque prénom.

> ▶ Piste 31
>
> **1.** Hugo, H-U-G-O
> **2.** Sylvie, S-Y-L-V-I-E
> **3.** Grégory, G-R-E accent aigu-G-O-R-Y
> **4.** Léa, L- E accent aigu -A
> **5.** Lisa, L-I-S-A
> **6.** Rémi, R- E accent aigu -M-I

Demander aux apprenants s'ils connaissent des prénoms français. Les faire épeler.

---

page 24
⏳ 10 minutes

Non, je ne suis pas...

– Lire les amorces de phrases. Dans chaque phrase, insister sur la négation.
– Montrer un étudiant et demander: *Et toi?* Le laisser se présenter. S'il n'utilise pas la négation, modifier la phrase pour utiliser une négation.
– Quand les apprenants ont compris le principe, leur demander de se présenter à l'écrit en utilisant la négation.
– Ramasser les feuilles pour les corriger.

Proposition de corrigé: Non, je ne suis pas coréenne. Je ne m'appelle pas Rosalie. Je n'ai pas vingt-cinq ans. Je ne suis pas actrice. Ma couleur préférée n'est pas le vert.

---

page 24
⏳ 10 minutes

Les articles et les pays francophones

– Lire la première proposition: *Sénégal.* Demander aux apprenants: *le, la ou les?* Laisser les apprenants répondre et répéter la bonne réponse: *le Sénégal.*
– Demander aux apprenants de choisir les articles pour les autres pays, puis corriger.

Corrigé: le Sénégal – la France – le Maroc – le Liban – la Belgique – le Luxembourg.

– Reprendre l'exemple du Sénégal. Écrire l'amorce « Il est... » et laisser les apprenants compléter. Répéter la démarche avec « Elle est... », puis écrire la réponse.
– Demander aux apprenants de reprendre chaque pays et de compléter les amorces. Puis, corriger.

Corrigé: Il est sénégalais. Elle est sénégalaise.
Il est français. Elle est française.
Il est marocain. Elle est marocaine.
Il est libanais. Elle est libanaise.
Il est belge. Elle est belge.
Il est luxembourgeois. Elle est luxembourgeoise.

---

page 24
⏳ 5 minutes

La francophonie en quelques chiffres

– Faire lire chaque phrase par un apprenant en insistant sur les chiffres.
– Montrer le logo de l'Organisation internationale de la Francophonie. Faire nommer chaque couleur par les apprenants.

Corrigé: rouge, violet, vert, jaune, bleu.

#culture

L'Organisation internationale de la Francophonie a été créée en 1970 et rassemble aujourd'hui 84 États et gouvernements, 274 millions de locuteurs autour de la langue française. Elle a pour but de favoriser la coopération entre ces États pour promouvoir la langue française, l'éducation, le respect des droits de l'homme et le développement durable.

page 25

⏳ 5 minutes

Ça va?

– Faire observer le SMS. Demander : *Qui écrit ?*
– Puis, demander aux apprenants d'écrire un message de réponse à Ahmed.

– Demander à un apprenant de lire sa réponse et choisir l'émoticône qui correspond à sa réponse.
– Demander aux autres apprenants de faire de même.
– Ramasser les feuilles pour les corriger.

Proposition de corrigé : Bonjour Ahmed ! Ça va, je suis en forme. 😊

page 25

⏳ 10 minutes

Les jeux et les chiffres en France

– Montrer l'image et expliquer que c'est un jeu de loterie (le loto).
– Demander aux apprenants d'écrire les chiffres de la photo et faire écouter le document.
– Laisser quelques minutes aux apprenants pour écrire les chiffres en lettres.
– Corriger en écrivant les chiffres au tableau.

Corrigé : Grille 1 : 7 – 14 – 23 – 33 – 41 (sept, quatorze, vingt-trois, trente-trois, quarante et un)
Grille 2 : 9 – 12 – 16 – 21 – 35 (neuf, douze, seize, vingt et un, trente-cinq)
Grille 3 : 2 – 11 – 30 – 38 – 47 (deux, onze, trente, trente-huit, quarante-sept)

 Piste 32

Grille 1 : 7 – 14 – 23 – 33 – 41
Grille 2 : 9 – 12 – 16 – 21 – 35
Grille 3 : 2 – 11 – 30 – 38 – 47

#culture

En France, c'est la **Française des Jeux** (détenue à 70% par l'État) qui possède le monopole des jeux de hasard et d'argent depuis 1975. Il est interdit pour les mineurs de jouer à des jeux d'argent. En revanche, le loto avec les cartes est un jeu qui peut être organisé par des associations dans le but de financer des activités. Les prix doivent alors être des lots et non de l'argent.

Jouer au loto dans la classe. Demander aux apprenants de dessiner une grille de 3 lignes et 9 colonnes. Pour chaque ligne, demander de griser une case au choix. Puis, demander d'écrire des chiffres entre 1 et 100 dans la grille (sans répéter le même chiffre).
Ouvrir un générateur de chiffres sur Internet (http://www.infowebmaster.fr/outils/generateur-nombre-aleatoire.php). Demander à un apprenant de générer un chiffre et de le lire à la classe. Les apprenants qui ont ce chiffre sur leur grille barrent le chiffre. Un deuxième apprenant vient générer un autre chiffre et le lit à la classe, et ainsi de suite. Lorsqu'un apprenant a barré tous les chiffres d'une même ligne, il gagne le jeu.

Je suis...

– Demander aux apprenants de regarder l'image et d'observer les objets.
– Lire la description à voix haute et demander aux apprenants de souligner ou de relever les mots qu'ils comprennent.
– Demander : *C'est qui ?*

Corrigé : Marie Curie.

#culture

Marie Curie (1967-1934) est une chimiste et physicienne originaire de Pologne et naturalisée française. En 1903, elle a obtenu, avec son mari et Henri Becquerel le prix Nobel de physique pour leurs recherches sur les radiations. En 1911, elle reçoit le prix Nobel de chimie pour ses recherches sur le polonium et le radium.

Les Français disent...

– Demander aux apprenants de regarder le dessin. Lire : « avoir la frite » et demander : *Qu'est-ce que c'est ?*
– Lire les propositions et demander aux apprenants d'en choisir une.

Corrigé : Être en forme.

Jouons avec les sons !

– Faire écouter la première phrase puis demander aux apprenants de s'entraîner à la dire en binôme de plus en plus vite.
– Laisser les apprenants s'amuser en répétant les mots même s'ils ont des difficultés à les prononcer. L'exercice est difficile même pour les francophones.

▶️ Piste 33

Cinq skis secouent, six scies scient, sept sottes sautent.

▶️ **Vidéo lab'**

PROJET

– Faire visionner la vidéo. Faire relever plusieurs noms de pays et chiffres. Expliquer que, dans ces pays, des personnes parlent français.
– Montrer que ces chiffres correspondent à des informations clés.
– Si nécessaire, montrer les informations de l'activité « La francophonie en quelques chiffres » et expliquer qu'il s'agit d'informations clés.
– Proposer de faire les activités p. 135.

 ▶ **À deux**

– Constituer des binômes. Expliquer le mot *francophone* (= une personne qui parle français).
– Imaginer un francophone et le présenter à la classe. Laisser les apprenants répéter la démarche en binômes.

Proposition de corrigé : C'est Timothée. Il est québécois. Il a 25 ans. Il est étudiant.

 ▶ **Ensemble**

Constituer des groupes. Faire une liste commune de pays francophones. Laisser chaque groupe choisir un pays et chercher les informations nécessaires pour écrire cinq informations clés.

Proposition de corrigé : Le Congo
Trois couleurs : vert, jaune, rouge
Le continent africain
5 261 000 habitants
La capitale : Brazzaville
Deux langues : le français et le kikongo

Ateliers S'exprimer poliment

page 26

⏳ 5 minutes

Activité 1

– Demander aux apprenants de lire le document 1. Lire les trois phrases sans donner le prix.
– Demander le prix d'un café. Laisser les apprenants répondre en regardant le document.
– Demander aux apprenants : *Quels sont les mots de politesse ?* Les entourer ou les écrire au tableau.
– Demander avec les mots de politesse combien coûte un café.

Corrigé : a. sept euros. **b.** Bonjour – s'il vous plaît. **c.** un euro quarante.

page 26

⏳ 5 minutes

Activité 2

– Demander aux apprenants de regarder le document 2. Montrer les accessoires des personnages (un plateau, des verres, une serviette…).
– Lire la question et les propositions. Laisser les apprenants répondre.

Corrigé : serveurs.

page 26

⏳ 5 minutes

Activité 3

– Faire écouter le document. Lire les questions **a** et **b** et proposer une deuxième écoute.
– Corriger les questions **a** et **b**.
– Lire l'encadré « S'exprimer poliment » et demander quelle expression ils entendent à la fin. Proposer une dernière écoute et corriger.
– Écouter le dialogue avec la transcription.

Corrigé : a. Bonjour. **b.** Merci. **c.** Je vous en prie.

> ▶ Piste 34
>
> – Un café !
> – Bonjour !
> – Euh, excusez-moi, un café, s'il vous plaît.
> – …
> – Et voilà !
> – Merci.
> – Je vous en prie.

➕ ✦

Demander à un apprenant *Un crayon !* en tendant la main. S'assurer que l'apprenant refuse de prêter son crayon. Puis, demander *Je voudrais un crayon, s'il vous plaît* et encourager l'apprenant à donner son crayon. En binôme, les apprenants font des demandes polies et impolies. Ils ne répondent à la demande que si elle est polie.

page 26

⏳ 15 minutes

Activité 4

– Écrire « un café » au tableau. Le lire une première fois avec la voix qui monte (le montrer par un geste de la main et dessiner une flèche qui monte), puis avec la voix qui descend.
– Demander aux apprenants d'écouter et d'indiquer si la voix monte ou descend.
– Faire écouter les propositions, puis corriger.

Corrigé : a. ↗ **b.** ↗ – ↘ **c.** ↗ – ↗ – ↘

– Montrer la fin de chaque phrase et demander : *À la fin de la phrase, la voix monte ou descend ?* en l'accompagnant des gestes.
– Corriger et faire répéter les phrases avec la bonne intonation.

Corrigé : Faux.

page 26

⧖ 5 minutes

Activité 5

– Dessiner un personnage qui parle au tableau. Faire écouter la première proposition aux apprenants. Dessiner un deuxième personnage et demander : *Qu'est-ce qu'il dit ?* Laisser les apprenants réagir.
– Faire écouter les propositions les unes après les autres et laisser les apprenants réagir.

Corrigé : **a.** Merci ! **b.** Je vous en prie. **c.** Pardon ! **d.** Bonjour !

page 26

⧖ 20 minutes

Activité 6

– Le jeu des 7 familles a pour but de :
  • reconnaître des lettres de l'alphabet ;
  • mettre en relation des sons et des lettres ;
  • consolider le vocabulaire des couleurs ;
  • découvrir quelques mots pour jouer ;
  • avoir plaisir à jouer ensemble, en français.
– Le jeu est composé de 42 cartes. Il y a 7 familles et 6 lettres par carte. On joue à 4 joueurs. Le but est de composer le plus de familles possible.
– Chacun son tour, un joueur demande une carte (en indiquant la lettre et la couleur) à un autre joueur qu'il a choisi dans le groupe. Si le joueur a la carte, il la lui donne. Sinon, le joueur pioche. « *Emma, je voudrais le A rouge.* » « *Pioche !* »
– Consulter la fiche pédagogique du jeu p. 271.
– Ce moment de détente doit avoir lieu après avoir fait les activités de la page 26.

> **Bonne pratique**
> Je ne corrige pas les erreurs de langue sur une activité de détente mais je privilégie la transmission du sens et l'exposition à la langue.

Ateliers Remplir un formulaire

page 27

⧖ 5 minutes

Activité 1

– Demander aux apprenants d'observer le document. Demander *Qu'est-ce que c'est ?* et lire les propositions. Laisser les apprenants choisir la bonne proposition.
– Demander comment s'appelle le site Internet, puis demander : *C'est pour quoi ?* Si les apprenants hésitent, faire des propositions : *Pour chercher un travail ? Pour visiter une ville ?*
– Corriger en montrant les informations sur le document (nom du site, titre «Apprendre le français»).

Corrigé : **a.** Un formulaire. **b.** Didier Nomade. **c.** Pour apprendre le français.

Activité 2

– Lire l'encadré «Apprendre» et montrer la différence entre les trois verbes: souligner, entourer, surligner.
– Demander aux apprenants d'observer le document et de souligner les éléments: nom, prénom, date de naissance.
– Demander aux apprenants de lire les questions **a**, **b**, **c** et d'y répondre.
– Corriger en montrant les informations sur le document.

Corrigé: a. Il s'appelle Rafael Lopez. **b.** le 12 janvier 1981. **c.** Il parle espagnol.

Lire la consigne. Corriger.

Corrigé: rlopez@yopmail.com

Demander aux apprenants d'entourer le titre de la deuxième partie sur le formulaire. Corriger.

Corrigé: Données personnelles

Activité 3

– Si le matériel le permet, proposer aux apprenants d'aller sur le site «didierfle nomade» et de compléter le début de l'inscription. Didierfle Nomade (https://www.didierfle-nomade.fr) est un site qui permet d'obtenir des ressources pour l'enseignement-apprentissage du française langue étrangère en ligne. Il complète notamment les manuels et cahiers d'exercices utilisés en classe.
– Sinon, leur demander de compléter le formulaire avec leurs informations personnelles sur une feuille de papier.

Activité 4

– Expliquer que les apprenants vont s'inscrire sur le site. Créer des binômes et indiquer qu'un des apprenants a un ordinateur et l'autre non.
– Mimer une personne qui a un ordinateur et demander à un apprenant: *Quel est votre nom?* Faire semblant d'inscrire le nom dans l'ordinateur.
– Demander aux apprenants de jouer la scène pour s'inscrire.

Proposition de corrigé:
– Quel est votre nom?
– Depierrepont.
– Pardon?
– Depierrepont. D.E.P.I.E. 2R.E.P.O.N.T.
– Et votre prénom?
– HUGO. H.U.G.O.
– Quelle est votre date de naissance?
– Le 10 octobre 1999.
– Vous habitez où?
– 2, rue de Vincennes à Aix-en-Provence.
– Quel est votre courriel?
– hdeppt@gmail.com
– Quel est votre mot de passe?
– HU89D3.

Intro · Unité 1 · Unité 2 · Unité 3 · Unité 4 · Unité 5 · Unité 6 · Unité 7 · Unité 8 · Outils

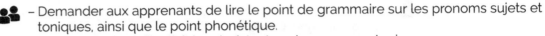

mémo

LA MINUTE PÉDAGOGIQUE

> Le mémo permet aux apprenants de revoir les principaux outils linguistiques de l'unité. Ils peuvent prendre connaissance des informations puis les mettre en application dans les activités proposées.

page 28

⏳ 5 minutes

Activité 1

– Demander aux apprenants de lire le point de grammaire sur les pronoms sujets et toniques, ainsi que le point phonétique.
– Lire l'exemple de l'activité en insistant sur les pronoms toniques.
– Demander aux apprenants de se présenter et de présenter un(e) ami(e) en binôme. S'ils ont une photo de leur un(e) ami(e), leur proposer de la montrer à leur binôme.

Proposition de corrigé : Moi, je m'appelle Sophie. Elle, c'est Emma. Elle a 25 ans.

page 28

⏳ 5 minutes

Activité 2

– Demander aux apprenants de lire le point de grammaire sur les articles devant les noms de pays, ainsi que le lexique avec des noms de pays.
– Regarder les pays de l'activité 2. Demander : *Pays-Bas, le, la ou les ?* Laisser les apprenants répondre. Corriger *les Pays-Bas*, puis demander aux apprenants de continuer l'activité.
– Corriger l'activité puis dire : *Il y a quelque chose de bizarre. Qu'est-ce que c'est ?* Laisser les apprenants réfléchir, puis corriger.

Corrigé : Les Pays-Bas, l'Irlande, les Comores, l'Angleterre, la Suède, l'Australie, le Brésil, Paris, le Canada, la Mauritanie, les Philippines.
L'intrus est « Paris ». C'est une ville et non un pays.

Activité 3

page 28

⏳ 5 minutes

– Demander aux apprenants de lire le point de grammaire sur les adjectifs de nationalité ainsi que le point de phonétique sur l'accent de mot.
– Demander aux apprenants d'écrire les adjectifs au féminin.
– Corriger en demandant aux apprenants d'accentuer la dernière syllabe.

Corrigé : anglaise, allemande, américaine, suédoise, canadienne, suisse, gabonaise, nigérienne, française.

page 28

⏳ 5 minutes

Activité 4

– Demander aux apprenants de lire les nombres, ainsi que le point de phonétique sur la liaison.
– Demander à un apprenant : *Vous avez quel âge ?*
Le laisser répondre.
– Demander aux apprenants de faire l'activité en binôme.

Proposition de corrigé :
Vous avez quel âge ?
J'ai 35 ans.

> **Bonne pratique**
>
> Si des apprenants peuvent être gênés par une activité (donner son âge…), je leur propose d'imaginer une réponse. Ce détournement évite la gêne et peut apporter de l'humour dans la classe.

page 28

⧖ 5 minutes

Activité 5

– Demander aux apprenants de lire le point grammatical sur la négation, ainsi que le lexique des professions.
– Lire l'exemple et demander aux apprenants de créer les phrases par deux.

Proposition de corrigé :
Il s'appelle Omar Sy. Il n'est pas chanteur, il est acteur.
Il s'appelle Alain Ducasse. Il n'est pas chef, il est pâtissier.
Il s'appelle Kylian Mbappé. Il n'est pas acteur, il est footballeur.
Il s'appelle Roger Federer. Il n'est pas photographe, il est joueur de tennis.
Elle s'appelle Léa Salamé. Elle n'est pas écrivaine, elle est journaliste.

page 29

⧖ 15 minutes

⇨ Mission

LA MINUTE PÉDAGOGIQUE

La mission reprend l'ensemble des objectifs communicatifs étudiés dans l'unité. Les apprenants les mettent en œuvre pour répondre à un besoin concret en contexte. Elle favorise la collaboration entre les apprenants.

– Lire le titre de la mission « C'est qui ? » (= titre de l'unité) avec différentes intonations et gestuelles. Ex : 1. Faites comme si vous cherchiez quelqu'un qui est caché dans la classe ; 2. Faites comme si quelqu'un était coupable de… ; 3. Regardez quelqu'un comme si vous ne l'aviez jamais vu…
– Demander aux apprenants de fermer les yeux. Lire le point 1 avec une intonation à suspense. Vous pouvez modifier légèrement le texte. « Imaginez une personne : son nom, son prénom, sa nationalité, son âge. » Laisser quelques minutes et continuer : « Cette personne a un problème. Quel problème ? »
– Leur laisser quelques minutes pour écrire des idées.
– Les accompagner dans la partie « Quel problème ? » en proposant quelques idées ou en regardant avec eux l'objectif communicatif « Donner des nouvelles ».
– Inviter les apprenants à se mettre par deux. De préférence, les encourager à ne pas se mettre avec leur voisin habituel. Cela permettra de casser la routine dès la première unité.
– Lire le point 2 et demander aux apprenants de relever les informations essentielles pour poser des questions. Faire un rappel au tableau, si nécessaire.
– Leur laisser le temps de se poser des questions et de découvrir l'identité imaginaire.

– Lire le point 3 et laisser les apprenants rédiger leur texte. Ramasser le texte, le corriger et faire un panneau des identités imaginaires de la classe.

➕ +

Faire lire à voix haute quelques textes à la classe. Pendant ce temps, proposer à des apprenants de dessiner au tableau l'identité imaginaire.

Proposition de corrigé :
Il s'appelle Marcel Proust. Il a 29 ans. Il habite à New-York. Il est serveur. Aujourd'hui, il est très fatigué.

> *cahier*
Activités du Mémo, p. 10 et 11
Bilan linguistique, p. 12 et 13
Préparation au DELF, p. 14 et 15

TEST

GRAMMAIRE

1 Écrivez au féminin. 5 points

1. Marc est français. Lucie est ....
2. Markus est allemand. Ruth est ....
3. Franz est belge. Lisa est ....
4. Seounghyuk est coréen. Seo Young est ....
5. Kento et Hideki sont japonais. Yumiko et Kaori sont ....

2 Écrivez les phrases à la forme négative. 5 points

1. Je suis italien. ➜ ....
2. John habite à Boston. ➜ ....
3. Elle parle italien. ➜ ....
4. Mon nom est « Vannier ». ➜ ....
5. Ils sont acteurs. ➜ ....

3 Complétez avec *quel* ou *quelle*. 5 points

1. Tu as .... âge ?
2. .... est ta nationalité ?
3. .... est votre profession ?
4. Vous habitez dans .... ville ?
5. .... est votre nom ?

4 Complétez avec un pronom tonique : *moi, toi, lui, elle, nous*. 5 points

1. ...., elle étudie le français.
2. ...., je suis japonais.
3. ...., tu t'appelles comment ?
4. ...., il a 18 ans.
5. ...., nous habitons à Barcelone.

LEXIQUE

1 Ça va ? Écrivez une phrase pour répondre. 5 points

1. .... 2. .... 3. .... 4. .... 5. ....

2 Quelle est leur profession ? 5 points

Elle est .... Elle est .... Elle est .... Il est .... Il est ....

3 Complétez avec les nationalités. 5 points

1. Farida, elle vient du Maroc. Elle est ....
2. Paola, elle vient d'Italie. Elle est ....
3. Abby est originaire des États-Unis. Elle est ....
4. Ling vient de Chine. Elle est ....
5. Roberto est originaire d'Espagne. Il est ....
6. Irina vient de Russie. Elle est ....

PHONÉTIQUE

1 ▶2 | Écoutez. Écrivez *il* ou *elle*. 5 points

1. .... 2. .... 3. .... 4. .... 5. ....

2 ▶3 | Écoutez. Écrivez les lettres que vous entendez. 5 points

1. .... 2. .... 3. .... 4. .... 5. ....

3 ▶4 | Écoutez. Indiquez les liaisons. 5 points

1. Il a trois ans.
2. Ils ont neuf ans.
3. Tu as des enfants ?
4. Elle a deux enfants.

Compréhension de l'oral

▶5 | Écoutez et complétez.

	1	2	3	4
Nom				
Âge				
Profession				
Ville				
Nationalité				

Compréhension des écrits

10 points

Lisez le document et répondez aux questions.

Évangeline Lilly est une actrice canadienne. Elle parle anglais mais aussi très bien français. Elle joue parfois des rôles en français. Mais elle est aussi écrivaine. Son père est professeur d'économie et sa mère est esthéticienne. Aujourd'hui, elle a quarante ans et elle a deux enfants. Elle fait du surf et de l'aérobic. Depuis 2009, elle habite à Honolulu.

1. Elle s'appelle comment ? (1 point)

....

2. Quelles sont ses professions ? (2 points)

3. Elle parle quelles langues ? (2 points)

4. Elle habite où ? (1 point)

....

5. Elle a quel âge ? (1 point)

❑ 30 ans ❑ 40 ans ❑ 45 ans ❑ 50 ans

6. Quelle est sa nationalité ? (1 point)

....

7. Elle a combien d'enfants ? (1 point)

❑ 1 ❑ 2 ❑ 4 ❑ 5

8. Quelle est la profession de son père ? (1 point)

....

Production écrite

15 points

Vous écrivez à un(e) ami(e) francophone. Vous présentez une personne de votre famille (nom, âge, profession, ville...). Écrivez entre 20 et 30 mots.

....
....
....

Production orale

15 points

Vous êtes dans un café. Vous commandez une boisson de manière polie. Vous payez votre boisson.

Total : ...... /100 points

Corrigés du test

GRAMMAIRE

1. 1. française 2. allemande 3. belge 4. coréenne 5. japonaises
2. 1. Je ne suis pas italien. 2. John n'habite pas à Boston. 3. Elle ne parle pas italien. 4. Mon nom n'est pas «Vannier». 5. Ils ne sont pas acteurs.
3. 1. quel 2. Quelle 3. Quelle 4. quelle 5. Quel
4. 1. Elle 2. Moi 3. Toi 4. Lui 5. Nous

LEXIQUE

1. 1. Je suis content(e). 2. Je suis fatigué(e). 3. Je suis triste. 4. J'ai faim. 5. J'ai peur.
2. 1. Elle est actrice. 2. Elle est styliste. 3. Elle est journaliste. 4. Il est architecte. 5. Il est pâtissier.
3. 1. marocaine. 2. italienne. 3. américaine. 4. chinoise. 5. espagnol. 6. russe.

PHONÉTIQUE

1. 1. elle 2. il 3. elle 4. il 5. il
2. 1. p 2. v 3. g 4. e 5. r 6. b 7. t 8. u 9. d 10. i
3. 1. Il a trois ans. 2. Ils ont neuf ans. 3. Tu as des enfants ? 4. Elle a deux enfants.

COMPRÉHENSION DE L'ORAL

	1	2	3	4
Nom	Hector Dumas	Luidgi	Renate Busse	Tomomi
Âge	27 ans	21 ans	68 ans	35 ans
Profession	Écrivain	Serveur	Pâtissière	Architecte
Ville	Paris	Moscou	Berlin	Tokyo
Nationalité	Français	Russe	Allemande	Japonaise

COMPRÉHENSION DES ÉCRITS

1. Elle s'appelle Évangeline Lilly.
2. Elle est actrice et écrivaine.
3. Elle parle anglais et français.
4. Elle habite à Honolulu.
5. Elle a 40 ans.
6. Elle est canadienne.
7. Elle a 2 enfants.
8. Il est professeur d'économie.

PRODUCTION ÉCRITE

Grille d'évaluation

L'apprenant sait faire une phrase complète pour présenter le nom d'une personne.	.... /3
L'apprenant sait faire une phrase complète pour présenter l'âge.	.... /3
L'apprenant sait faire une phrase complète pour présenter la profession.	.... /3
L'apprenant sait faire une phrase complète pour présenter la nationalité.	.... /3
L'apprenant peut ajouter une information complémentaire à la présentation (langues parlées, domicile, couleur…).	.... /3

Intro

Unité 1

Unité 2

Unité 3

Unité 4

Unité 5

Unité 6

Unité 7

Unité 8

Outils

Proposition de corrigé :

Il s'appelle Matéo. Il est étudiant et musicien. Il a vingt-quatre ans. Il habite à Laval. Il est français. Sa couleur est le bleu. Il parle français et anglais.

PRODUCTION ORALE

Grille d'évaluation

L'apprenant sait utiliser les salutations.	…. /3
L'apprenant sait faire une demande polie (*je voudrais… s'il vous plaît*).	…. /3
L'apprenant sait remercier.	…. /3
L'apprenant sait faire les liaisons nécessaires.	…. /3
L'apprenant sait dire les chiffres (prix de la boisson).	…. /3

Proposition de corrigé :

– Bonjour monsieur,
– Bonjour,
– Je voudrais un café, s'il vous plaît.
– Voilà !
– Merci.
– C'est un euro quarante.
– Voilà, un euro quarante.
– Merci.
– Au revoir !

Transcriptions du test

PHONÉTIQUE

1 ▶ Piste 2

1. Elle est italienne. **2.** Il s'appelle Ahmid. **3.** Elle parle espagnol ? **4.** Lui, il parle anglais. **5.** Il a 16 ans.

2 ▶ Piste 3

1. p **2.** v **3.** g **4.** e **5.** r **6.** b **7.** t **8.** u **9.** d **10.** i

3 ▶ Piste 4

1. Il a trois ans. **2.** Ils ont neuf ans. **3.** Tu as des enfants ? **4.** Elle a deux enfants.

COMPRÉHENSION DE L'ORAL

▶ Piste 5

1. Je m'appelle Hector Dumas, D.U.M.A.S. J'ai 27 ans et je suis écrivain. J'habite à Paris et je suis français.

2. Je m'appelle Luidgi. Ça s'écrit L.U.I.D.G.I. J'ai 21 ans. Je ne suis pas italien, je suis russe mais je parle bien italien. J'habite à Moscou et je suis serveur dans un café.

3.
– Nom ?
– BUSSE. B.U.S.S.E.
– Prénom ?
– Renate. R.E.N.A.T.E.
– Nationalité ?
– Allemande.
– Âge ?
– 68 ans.
– Ville ?
– Berlin
– Profession ?
– Pâtissière.

4. Moi, c'est Tomomi. Ça s'écrit T.O.M.O.M.I. Je suis japonaise. J'ai 35 ans, je suis architecte et j'habite à Tokyo.

UNITÉ 2

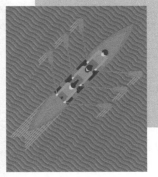

On fait quoi ce week-end ?

Agir

OBJECTIFS
❶ Identifier des objets
❷ Parler de ses goûts
❸ Sortir

ATELIERS D'EXPRESSION
· Souhaiter quelque chose à quelqu'un
· Demander un programme par courriel

Coopérer

PROJET CULTUREL
Préparer la fiche d'identité d'un film francophone

⇨ MISSION
Identifier la sortie du week-end

Apprendre

STRATÉGIES p. 40-41

MÉMO
Réviser ➕ S'exercer, p. 42
J'agis, je coopère, j'apprends Cahier, p. 22-23

ÉVALUATION
· Bilan linguistique *Cahier, p. 24-25*
· Préparation au DELF *Cahier, p. 26-27*

Grammaire	Lexique	Phonétique	Culture
· La négation (2) : *ne… plus* · Les articles indéfinis : *un, une, des* · Les adjectifs possessifs (1) · L'article contracté et les prépositions *à* et *de* (1) et (2)	· Des objets · *Mais* · Les verbes d'appréciation : *aimer, adorer, détester* · Les formes · Des sports · Des lieux de loisirs · Des loisirs · L'heure · Les moments · Des idées de sortie	· *Un et une* · L'élision	· Des sportifs · Les Français et les loisirs · Des films français

CONJUGAISON
· Faire
· Vouloir
· Aller

((•)) Vidéo phonétique

▶ Bécassine, la bande-annonce du film

OUVERTURE DE L'UNITÉ

page 30

⧖ 10 minutes

Titre de l'unité et illustration

– Dire avec un air interrogateur : *On fait quoi ce week-end ?* Montrer l'illustration à l'ensemble de la classe.
– Montrer les bateaux et demander : *On fait du kayak ?*
– Mimer une autre activité (par exemple, le football) et demander : *On fait du football ?*
– Demander à un apprenant : *On fait quoi ce week-end ?* L'inciter à mimer une activité. Nommer l'activité. Répéter la démarche plusieurs fois.

p. 32-33

SITUATION ❶ Identifier des objets

LA MINUTE PÉDAGOGIQUE

L'apprentissage d'une langue étrangère demande également de faire des efforts. L'effort peut être physique. C'est le cas lorsque l'apprenant prononce les sons d'une langue nouvelle : sa mâchoire fait de la gymnastique ! C'est à l'enseignant d'accompagner l'apprenant dans son effort.

page 32

⧖ 15 minutes

Activité 1

 a

– Choisir des objets dans la classe et les disposer sur une table, visibles de tous.
– Inviter les apprenants à s'approcher de la table où sont disposés les objets.
– En nommer un ou deux. Laisser les apprenants nommer les objets qu'ils connaissent.
– Faire répéter les mots nouveaux.

b

– Retirer un objet et demander : *Quel objet n'est plus sur la table ?* Laisser les apprenants répondre et insister pour qu'ils disent une phrase complète, par exemple : *Le stylo n'est plus sur la table.*
– Reposer l'objet sur la table et répéter la démarche plusieurs fois.
– Quand les apprenants sont plus à l'aise, demander à un apprenant de retirer un objet et de poser la question.

> **Bonne pratique**
> Je laisse peu à peu les apprenants mener l'activité et s'effacer.

page 32

⧖ 5 minutes

Activité 2

a

– Faire observer l'image du document 1. Demander aux apprenants de nommer les objets qu'ils connaissent.
– Ajouter le nom de certains objets.

Corrigé : un tableau, un sac, des ciseaux, un ordinateur, un café, une lettre, des lunettes, une souris…

b

– Lire le texte à voix haute puis laisser quelques minutes aux apprenants pour le lire en silence. Leur proposer de repérer les mots qu'ils comprennent.
– Demander aux apprenants de lire le titre à voix haute.
– Poser la question : *Quel est le problème ?* Laisser les apprenants répondre. Corriger.
– Mimer l'action de perdre un objet. Puis, demander : *Qu'est-ce que nous perdons ?* Corriger en montrant l'information dans le texte. Expliquer le sens des différents mots.

Corrigé : a. Où sont mes clés ? **b.** On cherche nos affaires. **c.** Nous perdons des sacs, des appareils numériques, des portefeuilles, des pièces d'identité, des clés, des lunettes, des doudous.

c

– Projeter l'image en grand et demander aux apprenants de s'approcher.
– Faire écouter « Ça, c'est un téléphone » et montrer le téléphone.
– Faire écouter chaque proposition une par une et laisser les apprenants montrer les objets sur l'image en reprenant le début de la phrase : *ça, c'est…*
– Continuer l'activité en demandant à des apprenants de faire des propositions et laisser les autres montrer les objets et dire : *ça, c'est…*

> ▶ Piste 39
>
> – Ça, c'est un téléphone. Et ça, des lunettes.
> – Ça, c'est un ordinateur. Et ça, une banane !
> – Ça, c'est un cahier. Et ça, un ballon.
> – Ça, c'est un cartable. Et ça, c'est quoi ?
> – Je ne sais pas !

#culture

Un doudou est une peluche ou un morceau de tissu qui accompagne les petits enfants. Il rassure les enfants, notamment lorsqu'ils sont séparés de leurs parents pendant la journée.

page 32

⏳ 10 minutes

Grammaire : Les articles indéfinis

– Lire la question : *Qu'est-ce que c'est ?* Puis, lire une première réponse : *C'est un téléphone.* Répéter la question avant de lire les autres phrases d'exemple.
– Dessiner les symboles – un homme, une femme, plusieurs hommes – pour masculin, féminin et pluriel.
– Demander aux apprenants de compléter la partie « Réfléchissez » et corriger ensemble.
– Demander aux apprenants d'appliquer la règle dans les phrases.

Corrigé : *un* + nom masculin, *une* + nom féminin, *des* + nom pluriel. C'est une gomme et ce sont des stylos.

page 32

⏳ 10 minutes

Activité 3

a

– Écrire « un » et « une » au tableau. Faire écouter la première proposition et demander aux apprenants quel article ils ont entendu.
– Faire écouter les autres propositions et laisser les apprenants écrire leurs réponses.
– Réécouter les propositions pour corriger.

Corrigé : 1. un. **2.** une. **3.** une. **4.** un.

> ▶ Piste 40
>
> **1.** Tu as un stylo noir ?
> **2.** Tu as une agrafeuse ?
> **3.** Dans mon sac, il y a une trousse.
> **4.** Dans mon sac, il y a un agenda.

b

– Prononcer *un* et *une* en demandant aux apprenants d'observer la bouche.
– Faire écouter les propositions une par une et demander aux apprenants de répéter. Leur faire placer un doigt sur chaque extrémité de la bouche quand ils prononcent.
– Faire associer un article à une position.

Corrigé : un = lèvres tirées ▬ – une = lèvres arrondies ●.

> ▶ Piste 41
>
> un - une

page 32

⏳ 10 minutes

Activité 4

– Écrire au tableau «Dans mon sac, il y a…». Sortir un objet d'un sac, par exemple un stylo, et compléter la phrase. Ajouter une virgule et demander aux apprenants de continuer à compléter la phrase.
– Ramasser les productions pour corriger.

Proposition de corrigé : Dans mon sac, il y a une trousse, des stylos (verts, bleus, rouges), un téléphone, un cahier, un livre, des lunettes, un portefeuille, etc.

On peut aussi demander aux apprenants d'ajouter un objet insolite à la description. Chacun lit sa liste d'objets et les apprenants doivent trouver l'intrus.

---

page 32

⏳ 10 minutes

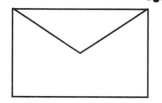

Activité 5

– Au tableau, dessiner les différentes formes (rectangle, carré, rond, triangle) et demander : *Qu'est-ce que c'est ?* Aider les apprenants à les nommer en s'appuyant sur l'encadré.
– Dessiner un rectangle et ajouter des traits pour dessiner une enveloppe. Demander aux apprenants : *Qu'est-ce que c'est ?* Écrire la solution au tableau.
– Proposer à un apprenant de venir au tableau pour dessiner un objet à partir d'une forme. Laisser la classe deviner de quel objet il s'agit.
– Créer des groupes et laisser les apprenants continuer à jouer.

> *cahier*
Activités 1 à 8, p. 16-17

---

page 33

⏳ 10 minutes

Activité 6

 ⓐ

Montrer le document 2 et demander : *Qu'est-ce que c'est ?*

Corrigé : C'est une valise.

 ⓑ

– Avant l'écoute, expliquer les trois questions : *C'est où ? / Quel est le problème ? / C'est la valise de l'homme ou de la femme ?*
– Faire écouter l'enregistrement une première fois. Si nécessaire, proposer une deuxième écoute. Puis, corriger. Expliquer les réponses en insistant sur les pronoms possessifs.

Corrigé : a. À l'aéroport.   **b.** La femme cherche sa valise.   **c.** À l'homme.

> ▶ Piste 42
>
> – Excusez-moi monsieur, mais ce n'est pas votre valise !
> – Pardon ?
> – Ce n'est pas votre valise !
> – Ah si, si, c'est bien ma valise. Regardez !
> – Ah ! Désolée.

---

page 33

⏳ 15 minutes

Activité 7

– Montrer l'image du document 3. Demander aux apprenants de nommer les objets qu'ils voient.
– Lire le titre.
– Pour expliquer le mot «sondage», dire : *un sondage* en montrant les cases à cocher sur le document.
– Lire l'amorce de phrase et les trois propositions. Expliquer «C'est nul !» en faisant un geste du pouce vers le bas. Demander aux apprenants de choisir une réponse. Demander à plusieurs apprenants leurs réponses.

Grammaire : Les adjectifs possessifs (1)

– Lire la phrase **a**. Demander en faisant un geste vers soi : *La valise est à moi ?* Puis, en regardant un apprenant, demander : *La valise est à toi ?* Laisser les apprenants répondre.
– Lire la phrase **b**. Demander en faisant un geste vers soi : *La valise est à moi ?* Puis, en montrant un apprenant et en s'adressant aux autres : *La valise est à lui/elle ?* Laisser les apprenants répondre.
– Laisser les apprenants compléter les phrases de la dernière partie avec les pronoms possessifs puis corriger.
– On peut proposer un tableau récapitulatif pour donner des repères aux apprenants.

> **Bonne pratique**
> Pendant la correction, je donne tous les indices qui permettent d'appliquer la règle. Je souligne le raisonnement qui permet de trouver le bonne réponse.

	à moi	à toi	à lui/elle	à vous
Masculin	mon livre	ton livre	son livre	votre livre
Féminin	ma trousse	ta trousse	sa trousse	votre trousse
Pluriel	mes crayons	tes crayons	ses crayons	vos crayons

Corrigé : Phrase a. La valise est à moi.
Phrase b. La valise est à lui/elle.
Dans ta valise, il y a tes magazines et ton livre.
Dans votre valise, il y a votre livre et vos vêtements.

Activité 8

– Écrire l'amorce de phrase au tableau : « Dans ma valise, il y a… » Demander aux apprenants de faire une proposition pour la compléter.
– Répartir les apprenants en binômes et leur demander de compléter la phrase par écrit.

Proposition de corrigé : Dans ma valise, il y a mon livre, mes magazines, mes vêtements, mon ordinateur…

Activité 9

– Faire écouter la première phrase et donner l'amorce : *Non, ce n'est pas…*. Demander aux apprenants de compléter la phrase. Répéter la bonne réponse et l'écrire au tableau si nécessaire.
– Faire écouter les phrases une par une et laisser les apprenants écrire les réponses à la forme négative.
– Corriger en écrivant les réponses au tableau. Rappeler le genre et le nombre des noms pendant la correction.

Corrigé : a. Ce n'est pas mon stylo.   **b.** Ce n'est pas mon livre.   **c.** Ce n'est pas ma montre.   **d.** Ce ne sont pas ses ciseaux.   **e.** Ce ne sont pas vos chaussures.

> ▶ Piste 43
>
> **a.** C'est ton stylo ?
> **b.** C'est ton livre ?
> **c.** C'est ta montre ?
> **d.** Ce sont ses ciseaux ?
> **e.** Ce sont vos chaussures ?

Activité 10

– Dessiner un gâteau avec des bougies. Dire : *C'est votre anniversaire. Bon anniversaire !* Écrire l'amorce : « Pour mon anniversaire, je voudrais… » Laisser les apprenants faire une proposition « un téléphone portable ».
– Indiquer par une liste 1. 2. 3. 4., etc., que les apprenants doivent écrire le nom de 10 choses et les laisser écrire individuellement.

Unité Intro

Unité 1

Unité 2

Unité 3

Unité 4

Unité 5

Unité 6

Unité 7

Unité 8

Outils

Proposition de corrigé : Je voudrais des fleurs, un livre, des chocolats, un vêtement, un téléphone portable, un sac, une montre, un stylo, des tasses à thé et des lunettes de soleil.

---

page 33

⏳ 10 minutes

Activité 11

– Former des espaces de travail en rassemblant des tables dans différentes parties de la classe.
– Former des groupes de trois ou quatre apprenants. Leur demander de disposer des objets sur la table.
– Prendre un objet sur une table. Laisser le propriétaire réagir et dire : *Euh… Désolé, c'est mon portefeuille.*
– Inviter les apprenants à répéter la démarche en groupes.

---

page 33

⏳ 5 minutes

Activité 12

– Faire semblant de chercher un objet, puis écrire au tableau : « Je cherche souvent mes clés… »
– Demander aux apprenants de copier l'amorce et de la compléter avec plusieurs objets.

Proposition de corrigé : Je cherche souvent mes clés, mon téléphone, mon stylo.

> cahier
Activités 9 à 13, p. 17

---

p. 34-35

SITUATION ❷ Parler de ses goûts

LA MINUTE PÉDAGOGIQUE

Pour aider les apprenants à mémoriser et comprendre les mots nouveaux, on peut montrer les similitudes entre les langues, jouer avec les sons, et surtout faire mémoriser l'ensemble d'une expression (par exemple : faire du vélo). Il est plus facile de mémoriser un groupe de mots qu'un mot seul.

---

page 34

⏳ 5 minutes

Bonne pratique

Je montre que certains mots sont transparents entre la langue maternelle et la langue cible. J'insiste sur la différence de prononciation.

Activité 1

– Faire lire le titre du document 1 à un apprenant.
– Faire repérer les trois sports les plus pratiqués par les jeunes.
– Demander : *Et vous ?* Répartir les apprenants en groupes et les inviter à échanger sur leurs pratiques.

Proposition de corrigé : Je pratique la randonnée et l'athlétisme.

---

page 34

⏳ 5 minutes

Activité 2

– Dans chaque groupe, faire lister les sports pratiqués par les apprenants et leur demander de compter le nombre de personnes qui pratiquent chaque sport dans le groupe.
– Leur faire produire un schéma récapitulatif semblable au document 1. L'afficher dans la classe.

Activité 3

– Écrire les deux amorces au tableau : « J'aime… » / « Je n'aime pas… » Ajouter un symbole pour faciliter la compréhension (un cœur 💙 et un cœur barré 🚫).
– Laisser les apprenants compléter les phrases. Faire lire plusieurs propositions.

Proposition de corrigé : J'aime la natation, la danse et le ski. Je n'aime pas le footing, le basket et le volley.

Activité 4

– Lire les verbes et expliquer le sens par des symboles.
– Lire les activités.
– Faire écouter l'enquête. Demander : *Combien de personnes parlent ?*
– Expliquer la consigne et faire écouter une deuxième fois.
– Corriger en expliquant le vocabulaire inconnu.
– Faire écouter une nouvelle fois en lisant la transcription ci-dessous.

Corrigé : 1. adore la danse, déteste la lecture, aime écouter de la musique, n'aime pas l'opéra.
2. adore la peinture, aime le théâtre et la lecture, n'aime pas lire les BD.
3. adore écouter de la musique et aller à l'opéra, déteste danser.

> ▶️ Piste 44
>
> – Alors, quelles sont les activités culturelles et artistiques que vous aimez ?
> – Moi, j'adore la danse mais je déteste la lecture. J'aime bien écouter de la musique, mais je n'aime pas l'opéra.
> – Euh, alors, moi… j'adore la peinture et j'aime bien le théâtre. J'aime la lecture, mais je n'aime pas lire des BD.
> – Moi, j'adore écouter de la musique. J'adore aller à l'opéra, mais je déteste danser.

> **#culture**
>
> « **B.D.** » est l'abréviation pour « bande dessinée ». Certaines bandes dessinées francophones sont très populaires en France et sont lues par les enfants et les adultes. Les héros de B.D. les plus célèbres sont Astérix, Tintin, Lucky-Luke, Le Chat, Corto Maltese…

Activité 5

ⓐ

Demander aux apprenants de lire les phrases puis les faire écouter.

> ▶️ Piste 45
>
> **a.** Je déteste. J'adore.
> **b.** Je ne chante pas. Je n'aime pas le chant.
> **c.** le tennis, la natation, l'aïkido, l'escalade.

ⓑ

– Faire la liste des voyelles au tableau : « Voyelles = a, e, i, o, u, y ».
– Faire compléter les phrases et corriger.

Corrigé : « je » devient « j' » devant une voyelle.
« ne » devient « n' » devant une voyelle.
« le » et « la » deviennent « l' » devant une voyelle.

Pour montrer que ces règles s'appliquent aussi pour les mots qui commencent par « h », écrire au tableau « J'habite à Paris », « Je n'habite pas à New-York » et « l'hôtel », puis les lire à voix haute.

Intro

Unité 1

Unité 2

Unité 3

Unité 4

Unité 5

Unité 6

Unité 7

Unité 8

Outils

page 34

⏳ 5 minutes

Bonne pratique

Je donne un exemple en accentuant le mot «mais» et en marquant une pause à l'oral pour insister sur l'opposition.

Activité 6

– Faire écouter les activités et demander aux apprenants de réagir oralement.
– Écrire la phrase de l'encadré au tableau, souligner «mais» et entourer la négation pour montrer l'opposition entre les deux parties de la phrase. Inviter un apprenant à faire une phrase avec «mais».

Proposition de corrigé : J'aime bien la danse mais je n'aime pas le chant. J'adore la lecture mais je n'aime pas le basket-ball. Je déteste le football mais j'adore la natation. J'aime bien la randonnée mais je déteste la musculation. Je n'aime pas le ski.

> ▶ Piste 46
>
> la danse – le chant – la lecture – le basketball –
> le football – la natation – la randonnée –
> la musculation – le ski

page 34

⏳ 10 minutes

Grammaire : Les verbes d'appréciation

– Lire les phrases de la partie «Observez».
– Demander aux apprenants de souligner les verbes d'appréciation puis faire compléter la liste de la partie «Réfléchissez».
– Faire compléter le tableau à l'aide des exemples.
– Demander à chaque apprenant d'ajouter un exemple dans le tableau.

Corrigé : adorer, aimer, ne pas aimer, détester

+ nom	+ verbe
Moi, j'adore la danse. J'aime bien le théâtre.	J'adore danser. Je n'aime pas lire.

Moi, j'adore la piscine. J'aime les pâtisseries. Moi, j'adore nager, manger des gâteaux...

page 34

⏳ 10 minutes

Activité 7

– Faire une liste des chansons ou des musiques que les apprenants aiment.
– Si le matériel le permet, demander aux apprenants d'écouter leur musique préférée et de dessiner les activités qu'ils aiment.
– Ensuite, leur demander d'échanger en groupes sur ce qu'ils ont dessiné.
– Si le matériel ne permet pas une écoute individualisée, demander à la classe de choisir une musique et l'écouter en grand groupe pendant que chacun dessine les activités qu'il aime.

Pour compléter les apports lexicaux, faire mimer des activités aux apprenants et lister les activités au tableau. On peut aussi établir une liste des mots transparents pour parler des activités.

 cahier
Activités 1 à 5, p. 18-19

page 35

⏳ 15 minutes

Activité 8

ⓐ

– Montrer le document 2. Projeter ou écrire les questions au tableau et entourer les mots-clés des questions «titre», «applications», «mots-clés».
– Demander aux apprenants de chercher les réponses dans le document.
– Corriger en montrant où se trouvent les informations dans le document.

Corrigé : a. Quelle application choisir pour faire du sport ? **b.** Les applications s'appellent «Yog '» et «Sport Musique». **c.** Les mots-clés sont «yoga» et «musique».

ⓑ

– Lire les propositions. Expliquer les mots «vrai» et «faux», par un geste ou un mot transparent (correct...).

– Laisser quelques minutes aux apprenants pour chercher les réponses. Dans un deuxième temps, laisser les apprenants comparer leurs réponses en binômes puis corriger en grand groupe.

Corrigé : a. Faux.   **b.** Faux.   **c.** Vrai.

– Lire la question et laisser les apprenants écrire une réponse.
– Échanger à l'oral selon les réponses.

Proposition de corrigé : Je préfère *Sport Musique*.

---

page 35

⧖ 10 minutes

Grammaire : L'article contracté (1) et la préposition *de*

– Demander aux apprenants de lire les phrases.
– Faire entourer les noms dans les phrases, puis, demander lesquels sont féminins, masculins ou pluriels.
– Faire compléter l'explication pour les phrases négatives.
– Faire écrire une phrase avec « du », puis une autre avec « d' ». Écrire plusieurs propositions au tableau.

Corrigé :
– nom au masculin : sport
– nom au féminin : musculation
– nom au pluriel : exercices.
Avec une phrase négative, j'utilise « de » ou « d' ».
Je fais du footing. Il ne fait pas d'athlétisme.

---

page 35

⧖ 10 minutes

Activité 9

– Écrire trois fois la lettre F, deux fois la lettre M et deux fois la lettre T. Demander aux apprenants de nommer des activités et compléter.
– Demander à chaque apprenant d'écrire le même défi sur une feuille. Mélanger les feuilles et les répartir dans la classe. Laisser réfléchir et compléter en un temps limité.

Corrigé : F : football, footing, fitness. – **M :** musique, musculation. – **T :** tennis, théâtre.

---

page 35

⧖ 15 minutes

Activité 10

– Lire la carte « Trouvez quelqu'un qui… ». Demander dans la classe qui n'aime pas le chocolat. Si un apprenant n'aime pas le chocolat, écrire son nom. Chercher ensuite un apprenant qui fait du football et écrire son nom.
– Demander aux apprenants d'écrire une carte avec cinq idées. Mélanger les cartes et les redistribuer dans la classe.
– Inviter les apprenants à se déplacer dans la classe pour poser les questions aux autres apprenants. Leur demander d'écrire le nom des personnes qui correspondent à chaque phrase.

Proposition de corrigé :
Trouvez quelqu'un qui adore le cinéma ; déteste le football ; aime bien la natation ; aime le basket.

---

page 35

⧖ 15 minutes

Activité 11

Demander aux apprenants de rédiger un bilan de ce qu'ils ont découvert

Proposition de corrigé : Dans la classe, Yumiko aime le vélo mais elle n'aime pas le basket. Andres adore le foot mais il déteste le footing. Roberto adore la danse mais il n'aime pas la musculation. Brad adore le cinéma et il aime bien le sport.

> *cahier*
Activités 6 à 11, p. 19

Bonne pratique
Pour corriger une production écrite, je souligne les erreurs mais signale aussi les points positifs.

 ITUATION ❸ Sortir

LA MINUTE PÉDAGOGIQUE

Répéter une même question et une réponse simple permet de développer des automatismes. La répétition permet de mémoriser une structure ou un point grammatical. Avec le temps, l'apprenant n'a plus besoin de réfléchir, ce qui lui permet d'être plus réactif en situation et d'acquérir de la fluidité.

page 36
⏳ 10 minutes

Activité 1
 a

– Montrer la première horloge et demander : *C'est où ?* Laisser les apprenants répondre. Répéter la question pour chaque horloge.
– En montrant les deux premières horloges, demander : *Quand il est 14 h à Paris, il est quelle heure à Berlin ?* Aider les apprenants à dire l'heure puis les laisser formuler la réponse oralement pour chaque horloge.

Corrigé : Il est quatorze heures à Berlin. Il est vingt-deux heures à Sydney. Il est cinq heures à Los Angeles. Il est huit heures à New-York. Il est vingt et une heures à Tokyo.

b

Demander : *Chez vous, il est quelle heure ?* Laisser les apprenants formuler une réponse.

page 36
⏳ 5 minutes

Activité 2

Demander aux apprenants de lire l'encadré sur l'heure puis le faire écouter. Faire répéter les phrases en insistant sur la liaison.

> ▶ Piste 47
>
> Il est neuf heures.
> Il est neuf heures quinze.
> Il est neuf heures trente.
> Il est neuf heures quarante-cinq.
> Il est midi. Il est minuit.

page 36
⏳ 15 minutes

Activité 3
a

– Montrer le document 2. Demander : *C'est où ? Qu'est-ce que c'est ?* Répéter les mots-clés : *films* et *cinéma*.
– Demander aux apprenants d'observer les affiches pour compléter le tableau.
– Corriger en formulant des phrases complètes simples : *Le film s'appelle…, Il est à l'affiche du…au…, Il y a une séance à… .*

Corrigé :

Bécassine	*Première année*
Du 10 au 24 janvier	Du 3 au 17 janvier
16 h, 20 h 30, 23 h	18 h, 20 h 30, 22 h 45

b

– Faire écouter le document et laisser les apprenants compléter le texte.
– Laisser quelques minutes aux apprenants pour échanger en binômes sur ce qu'ils ont compris, puis, proposer une deuxième écoute.
– Corriger.

Intro · Unité 1 · Unité 2 · Unité 3 · Unité 4 · Unité 5 · Unité 6 · Unité 7 · Unité 8 · Outils

Corrigé : Les filles choisissent le film *Bécassine* à la séance de 20 h 30. Elles n'aiment pas la séance de 16 h parce que c'est tôt. Elles n'aiment pas la séance de 23 h parce que c'est tard.

> **▶ Piste 48**
>
> – Alors, le film, c'est à quelle heure ?
> – Pour *Bécassine*, il y a des séances ce soir à 16 h, 20 h 30 et 23 h.
> – 16 h c'est tôt, mais 23 h c'est un peu tard !
> – Alors 20 h 30, c'est bien ?
> – Oui, c'est bien.

> ### #culture
>
> ***Bécassine*** est un film de Bruno Podalydès avec Émeline Bayart et Karin Viard. *Bécassine* est l'adaptation de la bande-dessinée de Jacqueline Rivière et Joseph Pinchon (1905). Le film raconte l'histoire d'une jeune servante bretonne, douce et gentille qui fait face à de nombreuses aventures.
> ***Première année*** est une comédie dramatique de Thomas Lilti avec Vincent Lacoste et William Lebghil. Le film retrace les difficultés rencontrées par les étudiants de première année de médecine qui organisent leurs journées pour être le plus efficace possible et obtenir le concours d'entrée en deuxième année.

page 36

⏳ **10 minutes**

Activité 4

– Faire écouter l'enregistrement une première fois.
– Faire observer le tableau puis, faire écouter les échanges une deuxième fois pour que les apprenants complètent le tableau.
– Corriger en montrant que « Il est » correspond au moment présent (regarder sa montre) et que « C'est à quelle heure ? » correspond à un programme (montrer les affiches).
– À l'aide de la transcription ci-dessous, faire jouer les dialogues par les apprenants.

Corrigé : a. – Excusez-moi, vous avez l'heure ? – Il est midi. **b.** – Quelle heure il est ? – Il est minuit. **c.** – C'est à quelle heure ? – Il y a une séance à 18 h 30 et une autre à 18 h 45.

> **▶ Piste 49**
>
> **a.** – Excusez-moi, vous avez l'heure ?
>   – Il est midi.
> **b.** – Oh là là ! Quelle heure il est ?
>   – Il est minuit.
> **c.** – C'est à quelle heure ?
>   – Il y a une séance à 18 h 30 et une autre à 18 h 45.
>   – Le film dure combien de temps ?
>   – Deux heures, de 18 h à 20 h.

page 36

⏳ **10 minutes**

Activité 5

– Regarder sa montre et demander aux apprenants : *Il est quelle heure ?* À partir de leur réponse, dessiner l'horloge et indiquer le nom de la ville.
– Dessiner six horloges vides au tableau et demander aux apprenants de les compléter.

Proposition de corrigé : Il est 10 h à Bordeaux, 11 h à Vilnius, 9 h à Reykjavik, 1 h à Los Angeles, 4 h à Bogota, 18 h à Séoul et 11 h à Bujumbura.

page 36

⏳ **5 minutes**

Activité 6

– Montrer le dessin. Demander aux apprenants s'ils boivent du café.
– Lire les questions les unes après les autres et laisser les apprenants répondre librement.
– Les laisser prendre une pause-café de quelques minutes.

Proposition de corrigé : Je fais une pause-café à 10 h. Je préfère le café sans sucre et sans lait.

> *cahier*
Activités 1 à 4, p. 20

Activité 7

– Montrer le document 3 et demander aux apprenants de trouver le titre.
– Faciliter la compréhension des questions en dessinant un tableau.

	Type de spectacle	Lieu	Dates	Prix
1.				
2.				
3.				

– Laisser les apprenants chercher les informations.
– Corriger en montrant les informations sur les documents.

Corrigé : Le site s'appelle « Sortir en ville ».

	Type de spectacle	Lieu	Dates	Prix
1.	Ballet	Patinoire Mériadeck, Bordeaux	Aujourd'hui	
2.	Théâtre	Théâtre de l'Inox, Bordeaux	Aujourd'hui et autres dates	10 à 14 euros
3.	Danse, hip-hop	Casino théâtre Barrière, Bordeaux	Mardi 15 janvier	25 euros

#culture

Casse-Noisette (1882) est un ballet de Tchaïkovski. Une petite fille reçoit à Noël un jouet en bois, le casse-noisette, qui se transforme en prince pendant la nuit.

Activité 8

 ⓐ

– Faire observer le SMS. Demander ce que signifie « RDV » et demander pourquoi ce n'est pas écrit en toutes lettres « rendez-vous ».
– Faire écouter le dialogue et demander aux apprenants de compléter le message. Si nécessaire, faire écouter une deuxième fois.

Corrigé : RDV à 19 h 45 à la patinoire.

 ⓑ

– Faire écouter de nouveau et demander aux apprenants de trouver la première question.
– Écrire la question au tableau et entourer « on ». Demander : *C'est qui ?*

Corrigé : Qu'est-ce qu'on fait ce soir ? on = nous

> ▶ Piste 50
>
> – Alors, qu'est-ce qu'on fait ce soir ?
> – Il y a un spectacle avec 60 danseurs… toi qui adores la danse !
> – Waouh, c'est génial ! C'est où ?
> – À la patinoire, à 20 h.
> – Alors, rendez-vous à 19 h 45 à la patinoire !
> – Ok. À tout à l'heure.

À l'aide de la transcription, demander aux apprenants de refaire le dialogue en binômes en modifiant les éléments suivants : type de spectacle, heure et lieu du rendez-vous. Ils jouent le nouveau dialogue et les autres complètent le SMS.

Activité 9

– Avant de faire l'activité, lire l'encadré « Des lieux de sortie ». Demander aux apprenants quels lieux ils aiment et quels lieux ils n'aiment pas.
– Montrer le tableau à compléter. Lire les trois prénoms puis lire les questions.
– Faire écouter le document une première fois, puis proposer une deuxième écoute si nécessaire.
– Corriger.

Corrigé :

Personne	Où ?	Quel jour ?	À quelle heure ?
Thomas	cinéma	samedi soir	19 h
Marie	piscine	vendredi	15 h
Valentin	musée	samedi matin	11 h

Faire écouter et répéter les phrases.

> ▶ Piste 51
>
> **a.** Coucou, c'est Thomas. Tu es libre samedi soir ? Si oui, rendez-vous à 19 h au cinéma. Ciao !
> **b.** Salut, c'est Marie. Je vais à la piscine vendredi à 15 h. Tu veux venir ?
> **c.** Bonjour maman, c'est Valentin. Je n'aime pas beaucoup les musées, tu sais. Mais je veux bien aller au musée avec toi samedi matin à 11 h. Bisous !

➕ ✦

Demander aux apprenants de proposer une réponse aux deux questions de la partie b. Relever l'expression « Tu es libre ? » dans la transcription ainsi que les expressions pour accepter et refuser. Demander aux apprenants de jouer des situations d'invitation en binôme.

Activité 10

– Faire écouter et lire la phrase a et demander : *Elle va où ?*
– Écrire au tableau « Ils vont où ? » et faire écouter les propositions.
– Proposer une deuxième écoute si nécessaire et corriger. Expliquer que « resto » correspond à « restaurant » à l'oral.

Corrigé : a. À la bibliothèque. **b.** Au restaurant. **c.** Au théâtre. **d.** À la patinoire.

> ▶ Piste 52
>
> **a.** – Tu vas où ?
> – À la bibliothèque !
> **b.** – Alors, tu veux venir, ce soir, au resto avec Paul et Valérie ?
> – Oh oui !
> **c.** – Je vais au théâtre demain. Tu veux venir ?
> – Je veux bien, oui !
> **d.** – Tu es libre demain matin pour aller à la patinoire ?
> – À la patinoire ? Non merci !

Grammaire : La préposition à et l'article contracté (2)

– Faire observer les phrases de l'encadré. Écrire les phrases au tableau et souligner le verbe *aller* et entourer « à ». Pour chaque lieu, demander s'il est masculin ou féminin, puis faire compléter les explications.
– Faire appliquer la règle dans la phrase.

Corrigé :
aller + *à la* + lieu
à + *le* = au
Je vais au casino et à la patinoire.

Former des groupes de 3 ou 4. Dans chaque groupe, distribuer un dé et des cartes sur lesquelles les apprenants écrivent des lieux. Quand les cartes sont prêtes, demander à un apprenant de lancer le dé. S'il fait un «1», l'apprenant doit utiliser «je». S'il fait un «2», il doit utiliser «tu», etc. Il pioche ensuite une carte lieu et fait la phrase avec le verbe *aller*. Par exemple: 2 – le cinéma = Tu vas au cinéma.
Si l'apprenant forme la phrase sans erreur, il garde la carte. Sinon, il la replace sous le paquet de cartes. L'étudiant suivant joue. Le but est d'obtenir le maximum de cartes.

page 37
⏳ 10 minutes

Activité 11

– Projeter la consigne au tableau et la lire à voix haute. Entourer les mots-clés de la consigne: *SMS, week-end, lieu, jour, heure*.
– Montrer l'image de l'activité 8 et demander aux apprenants de rédiger le SMS.
– Ramasser les productions pour les corriger.

Proposition de corrigé: Salut Kathy, tu es libre samedi? Tu veux aller au restaurant? RDV à 19 h 30 devant le cinéma.

page 37
⏳ 10 minutes

Bonne pratique
Quand des étudiants font des jeux de rôles devant la classe, je les encourage et demande aux autres apprenants de les encourager.

Activité 12
– Faire répéter les productions des apprenants ou la proposition de corrigé.
– Faire le geste du téléphone et dire *Allô!* pour expliquer que les apprenants vont téléphoner à leur ami.
– Former des binômes et laisser les apprenants jouer la situation.
– Demander à des volontaires de jouer la scène devant la classe et proposer une correction de leur production.

Proposition de corrigé:
– Allô?
– Salut Kathy, c'est Stephen. Tu veux aller au restaurant samedi?
– Ah oui, super! À quelle heure?
– À 19 h 30. Rendez-vous devant le cinéma.
– D'accord. À samedi.

> *cahier*
Activités 5 à 10, p. 21

p. 38-39

LAB' LANGUE & CULTURE

page 38
⏳ 10 minutes

Les objets de la classe
– Montrer que l'on observe la classe, puis dire: *Dans la classe, je vois un objet avec la lettre O*. Écrire la lettre au tableau et laisser les apprenants deviner de quel objet il s'agit. Si les apprenants ne réagissent pas, montrer l'ordinateur et demander: *Qu'est-ce que c'est?*
– Écrire la réponse au tableau et indiquer l'article.
– Former des groupes et demander aux apprenants de répéter la démarche avec d'autres lettres.

Apporter des objets du quotidien, les répartir sur une table. Créer deux équipes. Chaque équipe a un sac. Dans chaque équipe, une première personne se prépare à saisir un objet. Lancer une phrase de description: *Dans mon sac, il y a un cahier*. Les apprenants doivent saisir en premier l'objet et le mettre dans le sac. Deux autres apprenants prennent le relais et écoutent la phrase suivante. À la fin, on compte et on nomme les objets de chaque sac. L'équipe qui a le plus d'objets gagne.

79

page 38

⏳ 5 minutes

C'est à qui ?

– Montrer ou projeter les affiches. Lire les trois titres et entourer « mon » dans le titre *Mon père est femme de ménage*.
– Demander aux apprenants de faire la même chose dans les autres titres.
– Dessiner un rectangle pour simuler une affiche. Imaginer un titre de film avec un adjectif possessif et l'écrire sur la nouvelle affiche.
– Demander aux apprenants de trouver un autre titre pour l'affiche.

> **#culture**
>
> ***Mon père est femme de ménage*** (2011) est une comédie dramatique de Sophia Azzedine avec François Cluzet, Jérémie Durcall et Nanou Garcia. Paul est un adolescent complexé. Le seul membre de la famille avec lequel il entretient de bonnes relations est son père mais il est femme de ménage.
> ***Retour chez ma mère*** (2016) est une comédie d'Hector Caballo Reyes et Éric Lavaire avec Alexandra Lamy, Josiane Balasko et Mathilde Seigner. À 40 ans, Stéphanie perd son emploi et doit retourner vivre chez sa mère. Chacune fait des efforts pour accepter la présence de l'autre mais l'arrivée des autres membres de la fratrie perturbe l'équilibre familial.
> ***Mon amie Victoria*** (2014) est un drame de Jean-Paul Giveyrac avec Gaslagie Malada, Nadia Moussa et Pierre Andrau. Victoria est une jeune femme noire de milieu modeste. Elle rencontre Thomas avec qui elle a une aventure amoureuse. Sept ans plus tard, elle apprend à Thomas qu'il est père d'une petite fille. La famille de Thomas souhaite accueillir l'enfant.

page 38

⏳ 10 minutes

Au cinéma !

– Faire semblant de téléphoner et montrer que la personne ne répond pas. Dire : *Vous téléphonez à votre ami. Il ne répond pas. Vous laissez un message.* Lire la phrase avec les horaires des séances et donner un exemple de message.
– Former des binômes. Les apprenants se mettent dos à dos. Un apprenant laisse un message, l'autre écrit les horaires des séances.

Proposition de corrigé : Bonjour William. Tu veux aller au cinéma ? Il y a *Retour chez ma mère*. Il y a une séance à 16 h 30 et une autre à 20 h.

➕ ⁺

Demander à chaque apprenant d'enregistrer son message sur un fichier audio (https://vocaroo.com). Échanger les fichiers et faire écrire les horaires des séances.

page 38

⏳ 20 minutes

Les activités des sportifs

ⓐ

– Montrer la photo de Zinedine Zidane puis, lire le texte de l'exemple.
– Montrer les autres photos et demander aux apprenants d'imaginer un texte pour chaque sportif.

Proposition de corrigé : Laure Manaudou aime le cinéma mais elle déteste le théâtre. Elle fait de la danse et du vélo. Tony Parker déteste regarder la télévision et lire. Il adore nager et faire du foot. Teddy Riner aime sortir et aller au cinéma. Il n'aime pas aller à la patinoire. Il aime bien les musées.

ⓑ

– Choisir un apprenant dans la classe et lui dire : *Tu es Tony Parker.* Puis, lui poser une question en mimant un micro.
– Créer des binômes et demander aux apprenants d'imaginer des dialogues.

Proposition de corrigé :
– Vous aimez quelles activités ?

– J'aime le sport. J'aime beaucoup le tennis.
– Vous faites quelles activités le matin ?
– Je fais du footing et je lis.
– Vous faites quelles activités le soir ?
– Je regarde la télé. Je fais du dessin.

#culture

Zinedine Zidane est un footballeur français. Il a occupé le poste de milieu offensif. Il est considéré comme l'un des plus grands joueurs de football de l'histoire. Il a été nommé meilleur joueur mondial (1998, 2000) et a reçu le ballon d'or (1998). Il a contribué au succès de la France en Coupe du monde en 1998.
Teddy Riner est un judoka français de la catégorie des plus de 100 kg. Il a remporté dix titres de champion du monde, cinq de champion d'Europe et trois titres olympiques (2008, 2012, 2016).
Laure Manaudou est une nageuse française. Elle a remporté trois titres aux jeux Olympiques (2004, 2008, 2012), six aux championnats du monde et treize aux championnats d'Europe.
Tony Parker est un joueur de basket franco-américain qui occupe le poste de meneur. C'est le premier Français à avoir été champion de NBA. Il a gagné le championnat d'Europe avec l'équipe de France en 2013.

page 38
⏳ 10 minutes

Ils vont où ?

– Lire l'exemple et demander aux apprenants d'écrire les phrases.
– Corriger.

Corrigé : Un patineur. Je suis patineur. Je vais à la patinoire.
Un serveur. Je suis serveur. Je vais au café.
Un chef cuisinier. Je suis chef cuisinier. Je vais au restaurant.
Un spectateur. Je suis spectateur. Je vais au cinéma / au théâtre.
Un joueur. Je suis joueur de foot. Je vais au stade.

page 39
⏳ 10 minutes

Les Français et les loisirs

– Montrer le graphique aux apprenants et entourer les dessins.
– Pour le premier dessin, demander aux apprenants à quel loisir il correspond.
– Laisser quelques minutes aux apprenants pour associer les autres dessins à des loisirs. Corriger.
– Demander quel est le loisir préféré des Français. Faire lire le chiffre qui correspond.
– Constituer des binômes et laisser les apprenants échanger en se posant des questions sur leurs loisirs.
– Faire une restitution où chaque apprenant présente les loisirs de son binôme.

Corrigé :
Jouer à des jeux de société
Bricoler
Prendre des photos
Écouter de la musique
Faire de la danse
Faire du dessin / écrire des poèmes, des romans
Le loisir préféré des Français est : jouer à des jeux de société (63 %)

page 39
⏳ 5 minutes

Je suis...

– Demander aux apprenants de regarder l'image.
– Lire la description à voix haute et demander aux apprenants de souligner ou de relever les mots qu'ils comprennent.
– Demander : *C'est quoi ?*

Corrigé : le football

Les Français disent...
– Demander aux apprenants de regarder l'image. Lire : *avoir la main verte.*
– Demander : *Qu'est-ce que c'est ?*
– Lire les propositions et demander aux apprenants d'en choisir une.

Corrigé : Bien jardiner.

Jouons avec les sons !
Faire écouter la phrase puis demander aux apprenants de s'amuser à la dire en binôme.

> ▶ Piste 53
>
> Tu as vu un âne en une année !

PROJET

■ Vidéo lab'

▶ **À deux**
– Regarder l'affiche du film *Lumière ! l'aventure commence* et faire repérer quelques éléments : *C'est quoi ? Comment s'appelle le film ? Qui est le réalisateur ?*
– Ensemble, faire une liste de films francophones.
– Demander aux apprenants quelles expressions ils connaissent pour inviter une personne.
– Les laisser jouer le dialogue pour inviter quelqu'un au cinéma.

▶ **Ensemble**
– Montrer de nouveau l'affiche et expliquer qu'ils vont présenter un film francophone.
– Constituer des groupes. Laisser les apprenants chercher les informations nécessaires à la présentation.
– Demander à chaque groupe de présenter le film.

> **#culture**
>
> ***Lumière ! L'aventure commence*** (2017) est un film documentaire de Thierry Frémaux qui regroupe des extraits de films tournés par Auguste et Louis Lumière au début du XXᵉ siècle. Les frères Lumière ont effectué de nombreuses recherches dans le domaine de la photographie avant d'organiser les premières représentations cinématographiques à la fin du XIXᵉ siècle.

---

p. 40-41   **Ateliers** Souhaiter quelque chose à quelqu'un

Activité 1

ⓐ
Faire observer le document 1 et demander aux apprenants de relever les mots qu'ils comprennent.

ⓑ
– Montrer l'encadré et demander aux apprenants si *journée* est un nom féminin ou masculin, puis s'il est au singulier ou au pluriel. Les laisser chercher dans un dictionnaire ou sur un site fiable.
– Laisser les apprenants repérer les autres noms de l'encadré et indiquer le genre et le nombre.
– Mettre en commun pour corriger.

> **Bonne pratique**
> Je donne des sources fiables aux apprenants pour les encourager à chercher l'information et à devenir autonomes.

Corrigé : soirée : féminin, singulier – nuit : féminin, singulier – chance : féminin, singulier – courage : masculin, singulier – année : féminin, singulier – santé : féminin, singulier – fête : féminin, singulier – voyage : masculin, singulier – vacances : féminin, pluriel – anniversaire : masculin, singulier –appétit : masculin, singulier.

 +

Demander aux apprenants de vérifier le genre et le nombre des noms dans un dictionnaire (https://www.larousse.fr/dictionnaires/francais-monolingue) et leur expliquer l'importance d'avoir une source sûre dans leurs recherches.

page 40

⏳ 10 minutes

Activité 2

ⓐ

Faire observer l'image et demander : *C'est joyeux ? C'est triste ?*

Corrigé : C'est un contexte joyeux.

ⓑ

– Faire écouter le document et demander aux apprenants quels bruits ils entendent.
– Faire écouter de nouveau et demander quelle expression ils entendent.

Corrigé : a. de la musique, des gens. **b.** année. **c.** Bonne année !

> ▶️ Piste 54
>
> Bonne année !

> **#culture**
>
> **L'arc de triomphe** (1836) a été commandé par Napoléon Ier à Jean-François Chalgrin. Il est dédié aux armées de la Révolution et de l'Empire et il accueille la tombe du soldat inconnu depuis 1921. C'est aujourd'hui un haut-lieu de mémoire de Paris et de la France.

page 40

⏳ 5 minutes

Activité 3

ⓐ

– Faire lire silencieusement les trois phrases.
– Faire écouter et demander quelle intonation correspond à la phrase : 1, 2 ou 3 ?
– Corriger en répétant l'intonation correcte et entourer les points d'exclamation pour faire associer la ponctuation à l'intonation.

Corrigé : a. 1 – **b.** 3 – **c.** 2

> ▶️ Piste 55
>
> **a.** 1. Bonne année ! (festif) 2. Bonne année ? (question) 3. Bonne année. (triste)
> **b.** 1. Bon appétit. (triste) 2. Bon appétit ? (question) 3. Bon appétit ! (festif)
> **c.** 1. Joyeux anniversaire ? (question) 2. Joyeux anniversaire ! (festif) 3. Joyeux anniversaire. (triste)

ⓑ

Faire écouter l'enregistrement et demander aux apprenants de répéter les phrases avec les différentes intonations. Associer une mimique à chaque intonation pour montrer le sens transmis par l'intonation (triste, interrogateur…).

> ▶️ Piste 56
>
> Bonne année !
> Bon appétit !
> Joyeux anniversaire !

83

Activité 4

– Lire l'exemple : *C'est mon anniversaire*. Montrer l'encadré aux apprenants et leur demander de choisir une expression. La faire lire avec la bonne intonation.
– Demander aux apprenants de prendre un morceau de papier et d'écrire une situation.
– En groupe, chaque apprenant lit sa situation et les personnes réagissent le plus rapidement possible avec la bonne intonation.

Proposition de corrigé :
– J'ai un examen. – Bon courage !
– C'est ma fête. – Bonne fête !

 Demander un programme par courriel

Activité 1

Montrer le document 1. Faire observer les symboles et les rubriques puis lire la question.

Corrigé : C'est un message sur Internet.

b

Demander où est le titre sur le document. Lire la question et laisser les apprenants répondre. Corriger et entourer la rubrique « vos goûts ».

Corrigé : C'est pour parler de ses goûts.

c

Laisser quelques minutes aux apprenants pour répondre à la question puis corriger.

Corrigé : Ville = Bordeaux – Goûts = concerts et danse, sports, soirées festives (dans les bars, restaurants, cabarets…).

Activité 2

– Proposer à un apprenant de lire le message à voix haute.
– Lire les questions **a**, **b**, **c** et laisser quelques minutes aux apprenants pour répondre individuellement.
– Proposer aux apprenants de comparer leurs réponses en binômes.
– Corriger et entourer les informations dans le message.

Corrigé : a. La personne s'appelle Javier Davalos. **b.** Il aime le sport, les soirées festives et la musique rock. **c.** Il voudrait avoir un programme.

Activité 3

Demander aux apprenants de repérer le sujet, le premier et le dernier mot du message. Corriger. Entourer la rubrique « sujet », « Bonjour » et « Merci » dans le message.

Corrigé : le sujet : programme – le premier mot : Bonjour – le dernier mot : Merci.

b

Dans une autre couleur, entourer la majuscule de la première phrase et le point. Dire : *C'est une phrase.* Demander aux apprenants de compter les phrases. Corriger et entourer les autres formes de points (exclamation, interrogation).

Corrigé : 9 phrases

Activité 4

– Montrer le nom du site «Sortir en ville». Montrer le message et indiquer que les apprenants vont écrire un message. Indiquer les trois éléments de la consigne au tableau : se présenter, parler de ses goûts, demander un programme.
– Laisser quelques minutes aux apprenants pour rédiger le message.
– Inviter les apprenants à se relire et à vérifier qu'ils ont mis les points et majuscules nécessaires.
– Ramasser les messages pour corriger.

Proposition de corrigé :
Bonjour,
Je m'appelle Angèle. Je suis française. Je ne connais pas Lille. Je suis à Lille du 10 au 20 octobre. J'aime l'art, la cuisine et la danse. Quelles sont les activités à Lille en octobre ? Vous avez un programme ?
Merci.
Angèle Caspar

p. 42-43

memo

page 42

⧗ 10 minutes

Activité 1

– Demander aux apprenants de lire le point de grammaire sur les indéfinis, ainsi que le lexique des objets.
– Mettre un stylo dans la bouche et faites comme si vous jouiez de la flûte. Demander aux apprenants : *Qu'est-ce que c'est ?* Laisser les apprenants deviner.
– Faire répéter l'activité en groupes avec des objets de la classe.

page 42

⧗ 5 minutes

Activité 2

– Demander aux apprenants de lire le lexique sur les formes, ainsi que le point phonétique «un», «une».
– Lire la définition de l'activité 2 et demander aux apprenants de proposer plusieurs réponses.
– Faire faire l'activité en petits groupes.

Proposition de corrigé : C'est un rectangle, c'est blanc. C'est petit. Qu'est-ce que c'est ? (une gomme)

page 42

⧗ 5 minutes

Activité 3

– Demander aux apprenants de lire le point de grammaire sur les possessifs, ainsi que le lexique des sports.
– Lire l'exemple de l'activité 3 et demander à un apprenant de parler d'un moment sportif.
– Cette activité peut aussi être faite à l'écrit.

Proposition de corrigé : Mon sport, c'est le vélo. Je fais du vélo avec ma famille le dimanche. Je ne regarde pas le vélo à la télé.

page 42

⧗ 5 minutes

Activité 4

– Demander aux apprenants de lire le point de grammaire sur les articles contractés et les prépositions «à» et «de», ainsi que le lexique des lieux et des loisirs.
– Lire le titre de l'activité : *Vous faites quoi et où ?* Demander : *Vous faites quoi ?* Lire : *Je vais lire. / Où ? / À la bibliothèque.* Lire le deuxième exemple, puis demander aux apprenants d'écrire des phrases.

Proposition de corrigé : Je vais au cinéma le soir. Je fais de la musique tous les jours chez moi.

page 43

⏳ 15 minutes

Activité 5

– Demander aux apprenants de lire le point de grammaire sur la négation, ainsi que le point phonétique sur l'élision.
– Lire l'exemple. Entourer la négation et montrer les deux élisions de la réponse.
– Demander à un apprenant de poser une question et à son voisin de répondre négativement.
– Laisser les apprenants pratiquer en binômes.

Proposition de corrigé :
– Est-ce que tu fais du sport ?
– Non, je ne fais plus de sport.
– Est-ce que tu regardes le foot à la télé ?
– Non, je ne regarde pas le foot à la télé.

page 43

⏳ 15 minutes

⇨ Mission

LA MINUTE PÉDAGOGIQUE

La mission reprend l'ensemble des objectifs communicatifs étudiés dans l'unité. Les apprenants les mettent en œuvre pour répondre à un besoin concret en contexte. Elle favorise la collaboration entre les apprenants.

– Lire le point 1 avec les apprenants. Leur demander de repérer dans les encadrés, les informations nécessaires pour répondre au point 1. Leur laisser quelques minutes pour préparer la sortie.
– Lire le point 2 et demander aux apprenants de repérer les informations utiles pour exprimer leur goût (*je n'aime pas…*). Aller à la page 37 et relire le point **b** de l'activité 9 pour revoir les expressions pour inviter.
– Créer les binômes et laisser du temps aux apprenants pour inviter et exprimer leurs goûts (Exemple : *je n'aime pas sortir le soir ; je n'aime pas danser*, etc.) Proposer à une personne de les inviter pour donner le modèle.
– Lire le point 3 et laisser les apprenants discuter pour se mettre d'accord.
– Les inviter à se déplacer dans la classe pour proposer leur activité et trouver des personnes intéressées par la sortie.
– Former des groupes de « sortie » dans la classe et proposer à une personne du groupe de décrire leur sortie commune à toute la classe. (Exemple : *Samedi soir, avec X, Y et Z, nous allons au théâtre pour voir la pièce de W. Nous y allons à 20 h.*)
– Montrer son enthousiasme en demandant : *Est-ce que je peux venir aussi ?*

Proposition de corrigé :
– Il y un spectacle de danse au théâtre, mercredi de 20 h à 22 h.
– Je n'aime pas la danse. Et c'est tard. J'aime le cinéma. Il y a le film *Miraï, ma petite sœur*. C'est jeudi à 18 h.
– Bof… C'est un film pour enfants.
– Regarde, il y a un spectacle de magie au théâtre.
– C'est quand ?
– Mercredi de 18 h à 20 h.
– Oui, c'est bien.

> cahier

Mémo, Bilan linguistique, Préparation au DELF, p. 22 à 27

TEST

GRAMMAIRE

1 Répondez négativement avec un adjectif possessif. 5 points

1. C'est ton livre ? Non, ...

2. C'est ma valise ? Non, ...

3. Ce sont tes ciseaux ? Non, ...

4. C'est ta trousse ? Non, ...

5. C'est le cahier de Romain ? Non, ...

2 Complétez avec *à la*, *au*, *de la* ou *du*. 5 points

1. Je fais .... foot le mercredi.

2. Ce soir, Éric va .... cinéma.

3. Julie fait .... danse.

4. Ils vont .... piscine pendant les vacances.

5. Vous faites .... sport ?

3 Complétez avec *un*, *une*, *des*, *le*, *la* ou *les*. 5 points

1. J'aime .... danse.

2. Dans mon sac, j'ai .... livre et .... tickets de métro.

3. Il adore .... vélo et .... bandes dessinées.

4. Vous avez .... gomme ?

5. Il y a .... photos sur les murs de la classe.

6. Tu détestes .... sport ?

7. Il va à .... piscine.

8. Dans la salle de classe, il y a .... ordinateur.

4 Complétez avec *aller*, *faire* ou *vouloir* à la forme correcte. 5 points

1. Tu .... quoi ce week-end ?

2. Ils .... au cinéma.

3. Vous .... sortir ce soir ?

4. Je .... un footing le matin.

5. Vous .... du vélo ?

6. Malika et moi .... à la piscine.

7. David .... venir avec nous ?

8. Ils .... des photos.

9. On .... à la patinoire ?

10. Carine .... lire le journal.

LEXIQUE

1 Quels objets sont dans le sac ? Lisez la phrase et cochez. 5 points

Dans mon sac, j'ai toujours mon téléphone, mes lunettes, un stylo, un petit cahier et mes clés, bien sûr !

a. ☐   **b.** ☐   **c.** ☐   **d.** ☐   **e.** ☐   **f.** ☐   **g.** ☐   **h.** ☐   **i.** ☐

2 Complétez les phrases. 5 points

Marc aime ....

Il n'aime pas ....

3 Associez une activité à un lieu. 5 points

1. Je nage

2. Je lis

3. Je regarde un film

4. Je mange

5. Je regarde une sculpture

a. à la bibliothèque.

b. au restaurant.

c. à la piscine.

d. au musée.

e. au cinéma.

PHONÉTIQUE

1 ▶6 | *Un* ou *une* ? Écoutez et répondez. 5 points

1. .... **2.** .... **3.** .... **4.** .... **5.** ....

2 ▶7 | Écoutez et écrivez les phrases avec les élisions nécessaires. 5 points

1. Je ne aime pas les ordinateurs. ....

2. Le étudiant parle japonais. ....

3. Je adore le foot. ....

4. Il ne aime pas lire. ....

5. Je aime beaucoup le théâtre. ....

Compréhension de l'oral 10 points

1 ▶8 | Écoutez et associez une phrase à chaque situation.

a. Bonne soirée ! **b.** Bon appétit ! **c.** Bon courage ! **d.** Bonne année ! **e.** Joyeux anniversaire !

Situation 1	....	Situation 3	....	Situation 5	....
Situation 2	....	Situation 4	....		

2 ▶9 | Écoutez et répondez aux questions.

1. Qui parle ?

❑ Un étudiant et un professeur.   ❑ Un serveur et un client.   ❑ Un touriste et un policier.

2. Elle va où ? ....

3. Il y a quels objets dans le sac ?

a. ❑.   **b.** ❑.   **c.** ❑.   **d.** ❑   **e.** ❑   **f.** ❑   **g.** ❑   **h.** ❑

4. La personne demande quoi ?

❑ Une photo.   ❑ Une pièce d'identité   ❑ Un ticket.

Compréhension des écrits 10 points

1 Lisez la brochure et répondez aux questions.

1. J'ai dix ans et je voudrais faire du théâtre.
Est-ce que c'est possible ? ....

2. J'ai douze ans et je voudrais faire du sport.
Est-ce que c'est possible ? ....

3. J'aime regarder des films.
Quelle activité je peux faire ? ....

4. J'aime le sport mais je n'aime pas nager.
Quelle activité je peux faire ? ....

5. J'adore jouer.
Quelle activité je peux faire ? ....

> ### Les rendez-vous de Dole
> #### Des activités pour tous
>
> **Atelier de théâtre :**
> 8-11 ans : le mercredi après-midi
> 14-18 ans : le vendredi à 19 h
> Adultes : le mardi à 20 h
>
> **Sport pour les adultes :**
> Basket : le lundi à 18 h
> Natation : le mercredi à 18 h
>
> **Soirées cinéma :** tous les jeudis soir
>
> **Soirées jeux de société :** le samedi à 21 h
> Enfants de + de 15 ans et adultes.
>
> **Événements :**
> 2 février à 15 h : atelier d'écriture
> 10 mars : journée bricolage
> 15 avril à 20 h : soirée hip-hop
> 21 mai : randonnée
> 21 juin à 20 h : soirée à l'opéra

2 Écrivez l'événement correspondant.

1. Je voudrais fabriquer quelque chose.	....
2. J'aime marcher.	....
3. J'aime danser.	....
4. J'aime écouter de la musique.	....
5. J'aime écrire des poèmes.	....

Production écrite   15 points

Écrivez un SMS à un ami pour aller au cinéma. Indiquez le lieu, la date et l'heure.

....

....

....

....

....

Production orale   15 points

Vous êtes candidat pour un jeu à la télévision. Vous vous présentez et vous parlez de vos goûts.

Total : ...... /100 points

Intro
Unité 1
Unité 2
Unité 3
Unité 4
Unité 5
Unité 6
Unité 7
Unité 8
Outils

Corrigés du test

GRAMMAIRE

1 **1.** Non, ce n'est pas mon livre. **2.** Non, ce n'est pas ta valise. **3.** Non, ce ne sont pas mes ciseaux. **4.** Non, ce n'est pas ma trousse. **5.** Non, ce n'est pas son cahier.

2 **1.** du **2.** au **3.** de la **4.** à la **5.** du

3 **1.** la **2.** un – des **3.** le – les **4.** une **5.** des **6.** le **7.** la **8.** un

4 **1.** fais **2.** vont **3.** voulez **4.** fais **5.** faites **6.** allons **7.** veut **8.** font **9.** va **10.** veut

LEXIQUE

1 b – c – e – f – g

2 Il aime cuisiner, nager (la natation), faire du vélo (le vélo / le VTT). Il n'aime pas bricoler (le bricolage), chanter.

3 **1.** c – **2.** a – **3.** e – **4.** b – **5.** d.

PHONÉTIQUE

1 **1.** un **2.** un. **3.** une. **4.** une. **5.** un.

2 **1.** Je n'aime pas les ordinateurs. **2.** L'étudiant parle japonais. **3.** J'adore le foot. **4.** Il n'aime pas lire. **5.** J'aime beaucoup le théâtre.

COMPRÉHENSION DE L'ORAL

1 **Situation 1 :** b – **Situation 2 :** d – **Situation 3 :** c – **Situation 4 :** a – **Situation 5 :** e

2 **1.** Un touriste et un policier. **2.** Elle va en haut de la tour Eiffel. **3. e.** Un ordinateur, **a.** des clés, **h.** un téléphone, **d.** un portefeuille. **4.** une pièce d'identité.

COMPRÉHENSION DES ÉCRITS

1 **1.** Oui **2.** Non **3.** Soirées cinéma **4.** Le basket **5.** Soirées jeux de société

2 **1.** Journée bricolage **2.** Randonnée **3.** Soirée hip-hop **4.** Soirée à l'opéra. **5.** Atelier d'écriture

PRODUCTION ÉCRITE

Grille d'évaluation

L'apprenant sait utiliser une formule de salutation.	…. /3
L'apprenant sait utiliser des expressions pour inviter.	…. /3
L'apprenant sait indiquer l'activité.	…. /3
L'apprenant sait indiquer l'heure et le lieu de rendez-vous.	…. /6

Proposition de corrigé :
Salut Julien,
Tu es libre samedi ? Je vais au cinéma. Il y a le film *Le jeu*. Tu veux venir ? RDV à 20 h au cinéma.

PRODUCTION ORALE

Grille d'évaluation

L'apprenant sait utiliser une formule de salutation.	…. /2
L'apprenant sait dire son nom et son âge.	…. /2
L'apprenant sait dire où il/elle habite.	…. /2
L'apprenant sait dire ce qu'il/elle fait dans la vie.	…. /2
L'apprenant sait parler de ses goûts.	…. /7

Proposition de corrigé :
Bonjour, je m'appelle Moira. J'ai 27 ans. Je suis étudiante. J'habite à Genève. J'aime le sport : la natation, le rugby et la randonnée. J'adore lire et dessiner. Je déteste faire la cuisine et regarder la télé.

Transcriptions du test

PHONÉTIQUE

1 ▶ Piste 6

1. Un étudiant

2. Un livre

3. Une activité

4. Une clé

5. Un mouchoir

2 ▶ Piste 7

1. Je n'aime pas les ordinateurs.

2. L'étudiant parle japonais.

3. J'adore le foot.

4. Il n'aime pas lire.

5. J'aime beaucoup le théâtre.

COMPRÉHENSION DE L'ORAL

1 ▶ Piste 8

1. Allez, on mange!

2. 5, 4, 3, 2, 1!

3. Commencez le test! Vous avez une heure!

4.
– Vous allez voir quel film?
– *Première année.*
– Ah super!

5. Aujourd'hui, j'ai 10 ans!

2 ▶ Piste 9

– Vous voulez monter en haut de la tour Eiffel?
– Oui.
– Qu'est-ce que vous avez dans votre sac?
- Mon ordinateur, mes clés, mon téléphone et mon portefeuille.
– Vous avez une pièce d'identité?
– Oui, voilà!

UNITÉ 3

On va où cet été ?

Agir

OBJECTIFS

❶ Parler de la météo
❷ S'informer sur une ville
❸ Demander et indiquer son chemin

ATELIERS D'EXPRESSION

- Exprimer un besoin, une envie
- Écrire une e-carte postale

Coopérer

PROJET CULTUREL

Créer un carnet d'expériences de votre ville

⇨ **MISSION**
Voyager ensemble

Apprendre

STRATÉGIES *p. 54-55*

MÉMO

Réviser ✚ S'exercer, *p. 56*
J'agis, je coopère, j'apprends
Cahier, p. 34-35

ÉVALUATION

- Bilan linguistique *Cahier, p. 36-37*
- Préparation au DELF *Cahier, p. 38-39*

Grammaire	Lexique	Phonétique	Culture

- Les prépositions devant les villes et les pays
- Les questions (2) : *est-ce que… ? qu'est-ce que… ?*
- L'accord des adjectifs (1)
- L'article contracté (3) avec les prépositions de lieu
- Le pronom *y*

CONJUGAISON
- Venir
- Prendre

- La météo
- Les nombres ordinaux
- Les lieux de la ville
- Les prépositions de lieu
- Des moyens de transports

- *Le, la, les*
- Le « e » muet (1)

 Vidéo phonétique

- Des lieux touristiques
- Le Québec et la France

▶ #feelparis : agir à Paris

92

p. 44-45

OUVERTURE DE L'UNITÉ

page 44

⏳ 5 minutes

Titre de l'unité et illustration

– Dire *On va où cet été ?* Entourer le mot « où » dans le titre. Puis, montrer le plan.
– Demander *C'est où ?*
– Montrer le fleuve, des rues, des quartiers, des arrondissements en nommant chaque élément.
– Demander de nouveau *C'est où ?* Si les apprenants ne répondent pas, faire des propositions de villes (Lille, Bordeaux, Toulouse…).
– Laisser les apprenants trouver le nom de la ville, puis corriger en montrant le fleuve et le nommant.

Corrigé : C'est Paris. La trace blanche montre la Seine. Les quartiers sont séparés par des rues de taille moyenne et les arrondissements par des grandes rues.

> #### #culture
> **Paris** est la capitale de la France. Elle compte plus de deux millions d'habitants. Elle est divisée en vingt arrondissements.
> L'agglomération parisienne compte plus de 10 millions d'habitants.
> La ville est traversée par **la Seine**, fleuve de 776 km.

➕ ＋

Demander aux apprenants de dessiner le plan d'une ville de manière symbolique. En binôme, les laisser présenter les principaux espaces (rivières, quartiers…).

p. 46-47

SITUATION ❶ Parler de la météo

LA MINUTE PÉDAGOGIQUE

Associer des mots construits sur une même racine permet à l'apprenant d'enrichir facilement son vocabulaire, d'en mémoriser l'orthographe et de développer des stratégies de compréhension pour le lexique nouveau.

page 46

⏳ 10 minutes

 Activité 1

– Faire observer le document 1. Lire les saisons en montrant le symbole associé à chaque saison. Dire *Ce sont les saisons* et écrire le mot « saison » au tableau. Faire répéter les quatre saisons en insistant sur la différence phonie-graphie du mot « automne ».
– Lire la phrase **a.** et montrer les quatre propositions de l'image. Laisser les apprenants compléter la phrase.
– Lire la phrase **b.** Associer un symbole (♥) au mot « préféré ».
– Lire la phrase **c.** et laisser les apprenants compléter la phrase.
– Corriger les trois phrases.

Proposition de corrigé : a. c'est l'automne. **b.** le printemps. **c.** En été, il y a du soleil et au printemps, il y a des fleurs.

> **Bonne pratique**
> J'explique les mots nouveaux en établissant des liens avec des mots connus, par exemple en nommant un synonyme ou un contraire.

page 46

⏳ 15 minutes

 Activité 2

ⓐ

– Lire la question **a.** Laisser les apprenants répondre et corriger en montrant les indices : le nom de la ville en haut de l'image et la pyramide du Louvre.
– Lire la question **b.** et reformuler *C'est quel jour ?* Laisser les apprenants répondre et corriger en montrant les jours de la semaine qui sont indiqués en prévision.

- Lire la question **c.** Si nécessaire, montrer l'encadré «La météo» pour expliquer sur quoi porte la question. Laisser les apprenants trouver l'information et corriger. Écrire le mot «ensoleillé» au tableau et souligner le mot «soleil» dans l'adjectif «ensoleillé».
- Lire la question **d.** Demander quelle est la température et montrer le thermomètre dans l'encadré «La météo». Demander à un apprenant de lire la température à voix haute.
- Expliquer par un symbole (≠) que «minimale» et «maximale» sont des contraires. Laisser les apprenants répondre et corriger.
- Lire la question **e.** Rappeler l'ensemble des informations collectées et demander *C'est quelle saison ?*

Corrigés : a. C'est à Paris. **b.** C'est mercredi. **c.** ensoleillé. **d.** Il fait 16 degrés. La température minimale est de 9°. La température maximale est de 17°. **e.** C'est probablement l'automne.

#culture

À Paris en automne, les **températures** varient entre 8 et 16 degrés. En hiver, les températures baissent jusqu'à 2 degrés, puis remontent au printemps (5 à 19 degrés). L'été, il ne fait pas plus de 25 degrés en moyenne.

- Sur le document 2, montrer les jours de la semaine et les symboles associés. Montrer l'encadré «La météo».
- Lire l'exemple et laisser les apprenants écrire des phrases individuellement.
- Corriger en écrivant une phrase pour chaque jour au tableau.

Corrigé : Vendredi, il fait beau. Samedi, il pleut. Dimanche, c'est nuageux. Lundi, il pleut.

page 46

⏳ 10 minutes

Activité 3

- Lire le nom des villes.
- Écouter une première fois. Écrire «Bordeaux» et dessiner un symbole.
- Demander *Quelle est la température ?* Laisser les apprenants répondre individuellement ou faire réécouter si nécessaire. Indiquer «23-27» au tableau.
- Faire écouter de nouveau et laisser les apprenants répondre individuellement. Puis, corriger.

Corrigé : Bordeaux et Marseille  13 à 15 degrés, **Brest** 10 degrés, **Strasbourg**  1 à 7 degrés, **Lyon** 12 degrés.

▶️ Piste 59

Mesdames, messieurs, bonjour ! Il fait beau, aujourd'hui, à Bordeaux et à Marseille avec des températures entre 13 et 15 degrés. À Brest, il pleut. La température maximale prévue est de 10 degrés. À Strasbourg, il neige ce matin, avec des températures entre 1 et 7 degrés. Enfin, à Lyon, le temps est nuageux mais la température est de 12 degrés.

➕ ＋

Faire repérer les villes sur la carte et montrer que les températures sont plus élevées au sud de la Loire. Demander à chaque apprenant de choisir une ville de France ou d'un pays francophone. Chaque jour, pendant la semaine, demander à chaque apprenant quelle est la météo dans la ville qu'il a choisie.

page 46

⏳ 10 minutes

Activité 4

- Demander aux apprenants d'observer l'ensemble des documents étudiés et les laisser compléter les phrases de l'activité.
- Laisser quelques minutes aux apprenants pour comparer leurs réponses en binômes et montrer où ils ont trouvé l'information.
- Corriger. Souligner les différences de construction pour chaque expression.

Corrigé : Quel temps fait-il ? Il fait quel temps ? Il fait entre 10 et 15 °C à Paris. Il fait beau. Il y a du vent. C'est nuageux.

Demander aux apprenants de fermer leur livre. En une minute, les binômes écrivent un maximum de phrases commençant par «il fait» sur le thème de la météo.

page 46

⏳ 5 minutes

Activité 5

– Lire la question. Faire écouter et demander aux apprenants d'écrire l'article qu'ils entendent.
– Corriger.

Corrigé : le, la, les.

> ▶ Piste 60
>
> – **a.** le temps
> – **b.** la température
> – **c.** les nuages

– Lire la question. Faire écouter en faisant répéter les mots et observer la forme de la bouche.
– Lire les propositions et montrer les symboles. Faire associer les propositions.
– Corriger en montrant le lien entre le symbole et la forme de la bouche. Faire répéter de nouveau.

Corrigé : le : lèvres arrondies ●, les : lèvres tirées ▬, la : bouche très ouverte ◖.

> ▶ Piste 61
>
> – le – la – les

PRÉPARER SA CLASSE

Se connecter à un site de météo internationale ou inscrire des noms de villes avec des symboles météorologiques et des températures au tableau.

page 46

⏳ 10 minutes

Activité 6

– Faire regarder la météo internationale sur Internet (hhttp://www.tv5monde.com/cms/chaine-francophone/meteo/p-139-lg0-La-meteo-internationale.htm).
– Montrer le nom des villes et annoncer la météo pour l'une des villes (exemple : *Yaoundé, il y a des éclairs. Il fait 22 degrés*). Demander à chaque apprenant de choisir une ville et de dire la météo.

Propositions de corrigé : À Alger, c'est nuageux, il fait 19 degrés. À Mexico, il fait beau. Il fait 22 degrés.

> *cahier*
Activités 1 à 4, p. 28-29

page 46

⏳ 5 minutes

Activité 7

Prendre une photo du ciel (par la fenêtre ou si c'est possible, sortir de la classe). Ensemble, dire quelle est la météo. Demander aux apprenants de venir en classe avec une photo du ciel chaque jour.

Demander aux apprenants de prendre de belles photos du ciel pour réaliser un poster. Imprimer et afficher une nouvelle photo chaque jour. Introduire du vocabulaire plus spécifique (*le coucher de soleil...*). Les apprenants peuvent aussi exprimer leurs goûts à propos des photos (exemple : *J'adore la photo de Léon. Il y a beaucoup de couleurs*).

> **Bonne pratique**
> Je lie les mots nouveaux avec l'environnement quotidien des apprenants pour faciliter la compréhension et la mémorisation.

page 47

⏳ 10 minutes

Activité 8

– Lire la phrase **a.** Montrer le document 3. Demander *C'est quoi ?* et lire les trois propositions. Demander aux apprenants de répondre.

95

– Corriger et demander *Comment s'appelle le site ?* Laisser les apprenants répondre.
– Lire la phrase **b.** et les propositions. Demander aux apprenants de choisir une proposition.
– Corriger. Montrer dans le nom du site «Météopodo» la racine «météo» et entourer les mots liés aux voyages (*départ, retour…*), puis montrer le moyen de valider «Je pars au soleil».

Corrigé : a. un site internet. **b.** pour partir au soleil.

Former des binômes et demander aux apprenants de remplir les rubriques. Faire imaginer la destination qui va apparaître.

Proposition de corrigé : Ville de départ : Bruxelles, Départ le 05 mai, Retour le 25 mai, 2 adultes.

En binôme, un étudiant modifie la validation «Je pars au soleil» (exemple : *Je pars à la neige, Je pars vers la pluie…*). Il remplit les rubriques et les présente à son binôme qui propose une destination.

page 47
⏳ 20 minutes

Activité 9

– Faire écouter une première fois sans lire les questions. Demander aux apprenants d'écrire quelques mots qu'ils comprennent.
– Faire lire les questions, associer une expression aux mots difficiles (*domicile : il habite…, pays d'origine : il vient de…*) et demander aux apprenants d'associer les informations qu'ils ont comprises à une question. Pour plus de clarté, on peut proposer une présentation sous forme de tableau.
– Faire écouter de nouveau. Laisser les apprenants compléter leurs réponses. Leur proposer d'échanger leurs informations en binômes.
– Écouter une troisième fois, si nécessaire, puis, corriger.

Corrigé :

Prénom	Pays d'origine	Domicile
Ben	États-Unis	Québec
Ahmed	Maroc	France
Manuela	Argentine	Chili
Ayda	Turquie	Allemagne

▶ Piste 62

– Alors, tout d'abord, présentez-vous ! Vous habitez où et vous venez d'où ?
– Je m'appelle Ben. J'habite à Québec mais je viens des États-Unis.
– Moi, c'est Ahmed. Je viens du Maroc mais j'habite en France.
– Moi, je m'appelle Manuela. J'habite au Chili mais je viens d'Argentine.
– Et moi, Ayda. J'habite en Allemagne mais je viens de Turquie.

– Pour chaque personne, rappeler dans quel pays elle habite. Demander aux apprenants quel temps il fait dans ce pays et les laisser s'exprimer sur la météo dans ces pays *En hiver, au Québec, il fait froid, Au Maroc, en été, il fait chaud…* pour se préparer au type d'informations qu'ils vont entendre.
– Laisser les apprenants lire les propositions, puis, proposer une première écoute.
– Faire une deuxième écoute pour compléter les réponses et corriger.
– Relever le verbe «partir» dans la transcription et le conjuguer au tableau.

Corrigé : Ben – hiver – Mexico ; Ahmed – printemps – Maroc ; Manuela – automne – Irlande ; Ayda – été – Pérou.

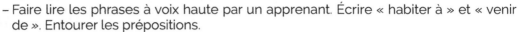

▶ Piste 63

– Vous utilisez le site *Météopodo*. Vous partez où ?
– Au Québec, il fait froid. Alors, je pars au soleil cet hiver, à Mexico !
– En France, il fait froid au printemps. Alors, je vais au Maroc, chez des amis.
– Au Chili, il fait très chaud en automne. Je préfère aller en Europe. Je pars en Irlande. J'aime la pluie !
– En Allemagne, il fait beau mais j'aime le soleil. J'aime quand il fait chaud. Je pars au Pérou !
– Merci.

page 47

⏳ 15 minutes

Grammaire : Les prépositions devant les villes et les pays

– Faire lire les phrases à voix haute par un apprenant. Écrire « habiter à » et « venir de ». Entourer les prépositions.
– Demander aux apprenants si *Turquie* et *Argentine* sont féminins. Souligner « viens » et faire compléter les phrases.
– Souligner « J'habite » et faire compléter la phrase.
– Répéter la démarche avec les autres phrases en demandant à chaque fois le genre et le nombre des noms et en soulignant le verbe.
– Montrer qu'une ville n'a pas de genre ni de nombre, puis faire compléter les phrases.
– Si nécessaire, faire un tableau récapitulatif, puis faire compléter les phrases de la partie « Appliquez ».

Au tableau !

	Venir (de)	Habiter (à)
La France La Turquie L'Argentine	Je viens (de) France. Je viens (d')Argentine.	J'habite (en) France.
Le Maroc	Je viens (du) Maroc.	J'habite (au) Maroc.
Les États-Unis	Je viens (des) États-Unis.	J'habite (aux) États-Unis.
Ville Dakar Osaka	Je viens (de) Dakar. Je viens (d')Osaka.	J'habite (à) Dakar. J'habite (à) Osaka.

Corrigé : Je viens de Turquie, d'Argentine. J'habite en France. Je viens du Maroc. J'habite au Maroc. Je viens des États-Unis. J'habite aux États-Unis. Je viens de Montréal, d'Osaka. J'habite à Dakar, à Istanbul.
J'habite à Montréal, au Canada, et ma mère habite en Italie. Ma mère vient du Brésil et mon père vient des Philippines.

page 47

⏳ 5 minutes

Activité 10

Relire la transcription de l'activité 3. Constituer des binômes et demander aux apprenants de parler de la météo dans leur pays.

Proposition de corrigé : À Caen, en hiver, il y a du vent, il fait froid. À Marseille, l'été, il fait chaud et il fait beau. À l'automne, à Paris, c'est nuageux et il pleut.

page 47

⏳ 5 minutes

Activité 11

– Lire les exemples de l'activité. Demander à chaque apprenant de choisir un pays. Les laisser écrire des phrases individuellement.
– Ramasser pour corriger.

Proposition de corrigé : En été, à Osaka, il fait 40 degrés. Il fait beau et il fait chaud. Au printemps, il pleut. À Sapporo, il fait 26 degrés. Il y a des nuages. En hiver, il neige beaucoup. Il fait 0 degré.

> *cahier*
Activités 5 à 10, p. 29.

SITUATION ❷   S'informer sur une ville

LA MINUTE PÉDAGOGIQUE

La prise de parole en langue étrangère représente souvent une prise de risque importante. Encourager les apprenants est essentiel pour donner confiance et pour leur permettre de continuer à produire. La correction intervient dans un deuxième temps.

PRÉPARER SA CLASSE

Chercher un guide touristique sur Internet et des curiosités pour faciliter l'explication du lexique.

---

page 48
⏳ 5 minutes

Activité 1

– Demander aux apprenants *Vous connaissez Lille ?* Puis, demander *Comment vous faites pour découvrir une ville ?* en mimant l'action de découvrir, regarder un nouveau lieu. Demander *Vous lisez des guides touristiques ?* en mimant l'action de lire un livre, *Vous allez sur Internet ?* en mimant une recherche sur Internet.
– Laisser les apprenants volontaires répondre en premier puis poser la question à des apprenants qui n'ont pas pris la parole.

> #### #culture
> **Lille** est une ville de la région des Hauts-de-France. Elle compte un peu plus de 230 000 habitants et occupe aujourd'hui la place de quatrième ville de France. Elle est un point central pour relier les capitales européennes. C'est une ville dynamique notamment connue par la grande braderie qui a lieu chaque année en septembre.

---

page 48
⏳ 30 minutes

Activité 2

ⓐ

– Montrer le document et demander aux apprenants de dire ce qu'ils voient, les aider à nommer les symboles : *Lille, un verre, un œil…*
– Expliquer que c'est un guide touristique et que 5 habitants de Lille parlent des lieux qu'ils préfèrent.
– Demander à un apprenant de lire le texte de Clément.
– Laisser les apprenants lire les questions et y répondre. Puis, corriger la question **a** en insistant sur les verbes d'action (*faire du vélo, marcher, manger*) et en expliquant les mots difficiles (ex : *campagne* ≠ ville, *balade* = promenade, marche, *curiosité* = par exemple, un musée, une statue …).

Corrigé : a. Clément aime faire du vélo et aime les cafés. Il aime marcher dans la campagne. Il aime manger. Il aime les fêtes et l'ambiance de la région. **b.** Clément propose deux bars, quatre boutiques, un café, deux cinémas, dix curiosités, deux lieux de concerts, un musée, trois restaurants, trois parcs et jardins.

Apporter des images avec différentes actions et différents lieux et demander aux apprenants de choisir les images qui correspondent au texte.

ⓑ

– Expliquer que vous allez écouter un document et dire si les phrases sont vraies ou fausses. Laisser les apprenants décider s'ils veulent lire les phrases avant l'écoute.
– Proposer une première écoute et laisser les apprenants (re)lire les phrases et indiquer si elles sont vraies ou fausses.
– Proposer une deuxième écoute, puis corriger.

Corrigé : a. vrai. **b.** vrai. **c.** faux (il aime les cramiques et les tartines). **d.** faux (ils sont chaleureux).

Piste 64

– Alors Clément, qu'est-ce que vous aimez faire à Lille ?
– J'aime bien faire du vélo, aller au cinéma ou à des concerts. Et puis, je suis gourmand. J'aime les tartines et les cramiques.
– Qu'est-ce que c'est ?
– Ce sont des brioches sucrées. Elles sont délicieuses.
– Et, est-ce que les gens sont sympas à Lille ?
– Ah oui, ils sont très chaleureux et les Lilloises sont très belles !

#culture

Le mot **tartine** est utilisé généralement pour désigner le pain grillé que les Français mangent le matin avec du beurre ou de la confiture. Dans le Nord, les « tartines » sont aussi appelées « Welsh ». Ce sont des tranches de pain grillé avec du fromage (cheddar) passées au four. Les **cramiques** sont des petits pains briochés garnis de raisins secs typiques du Nord et de la Belgique.

C

– Demander aux apprenants de relire le document 1 en silence.
– Lire l'exemple en montrant le symbole du bar sur le document 1 et en mimant « boire un verre ».
– Lire les autres propositions et laisser les apprenants écrire une phrase. Inciter les apprenants à se relire et à vérifier qu'ils ont bien conjugué les verbes.
– Corriger en écrivant la réponse au tableau.

Corrigé : Dans une boutique, je fais du shopping. Dans un restaurant, je mange. Dans la campagne, je marche. Dans un bar, j'écoute de la musique. Dans un café, je prends un café

➕ **+**

Un apprenant mime une action, les autres devinent dans quel lieu il se trouve.

page 48

⏳ 10 minutes

Grammaire : *Qu'est-ce que… ? / Est-ce que… ?*

– Demander à un apprenant de lire les phrases à voix haute.
– Souligner la différence d'orthographe et de prononciation entre *Est-ce que* et *Qu'est-ce que*.
– Laisser les apprenants compléter les phrases de la partie « Réfléchissez » et corriger en insistant sur le lien entre l'interrogatif et la réponse.
– Laisser les apprenants écrire deux questions et les poser à leur voisin(e). Pour la question avec *qu'est-ce que*, demander aux apprenants de donner plusieurs réponses.

Corrigé : Qu'est-ce que tu fais ? Est-ce que tu aimes le jazz ? Est-ce que tu aimes le foot ? Qu'est-ce que tu fais le week-end ?

➕ **+**

Si des apprenants préfèrent qu'on explique la règle, introduire les expressions « questions ouvertes » et « questions fermées » en y associant un geste. Expliquer que la question ouverte débute par *qu'est-ce que* et que la question fermée débute par *est-ce que*.

page 48

⏳ 5 minutes

Bonne pratique

Quand les apprenants discutent en groupe, je n'interviens pas sauf s'ils ne se comprennent pas ou pour attirer l'attention sur une phrase qu'ils peuvent corriger eux-mêmes.

Activité 3

– Demander aux apprenants de nommer des lieux en français (bar, café, marché…).
– Lire les questions et relever les mots-clés (lieu préféré, activité préférée).
– Constituer des groupes et laisser les apprenants échanger.

Proposition de corrigé : Dans la ville, je préfère les parcs. J'aime bien marcher dans les parcs et boire un café.

#culture

Les cafés sont des lieux très appréciés des Français. Ils s'y retrouvent souvent après le travail, sur les temps de pause ou pour des moments de détente entre amis. On invite souvent des amis à « prendre un café ». Il ne s'agit pas vraiment de boire un café mais d'aller prendre une boisson dans un café.

| page 48 | | Grammaire : L'accord des adjectifs (1) |

⏳ 15 minutes

– Demander à un apprenant de lire les phrases et corriger la prononciation des terminaisons des adjectifs si nécessaire.
– Faire souligner les adjectifs au féminin et demander comment se termine un adjectif au féminin singulier, puis au pluriel.
– Demander si « sympathique » est féminin ou masculin et faire remarquer que la forme ne varie pas. Faire remarquer que l'adjectif se termine par un « e ».
– Faire remarquer les différentes formes de l'adjectif « chaleureux » et demander comment il se termine au féminin.
– Laisser les apprenants compléter la partie « Appliquez ».

> Bonne pratique
> J'encourage les apprenants quand ils prononcent, avant de les corriger.

Corrigé : règle générale : au féminin : -e, au pluriel : -s. *Sympathique* se termine par un « -e » donc il ne change pas au féminin. Adjectifs en -eux : au féminin : -euse. Ma sœur est timide mais charmante aussi.

---

page 48

⏳ 5 minutes

Activité 4

– Constituer des groupes de trois ou quatre apprenants. Distribuer un post-it à chaque apprenant pour qu'il écrive le nom d'un lieu.
– L'apprenant colle le post-it sur le front de son/sa voisin(e) sans qu'il le voie.
– Chacun à leur tour, les apprenants posent une question au groupe qui répond par oui ou non (exemple : – *Est-ce que je peux boire un verre dans ce lieu ? – Non.*).
– Le but est de trouver le lieu qui est écrit sur le post-it le plus vite possible.
– Écrire les nouveaux mots au tableau.

> *cahier*
> **Activités 1 à 6, p. 30.**

---

page 49

⏳ 5 minutes

Activité 5

Faire observer le plan et les symboles. Laisser quelques minutes aux apprenants pour retrouver les informations, puis corriger à l'oral en montrant les symboles.

Corrigé : Restaurants : *Louis'Burger Bar, L'Assiette du Marché, La Petite Table, Louis Burger Vieux Lille* – **noms de rue :** rue de la Monnaie, rue Comtesse – **boutiques :** *La Chaise Longue, Antoine et Lili, One Step* – **hôtel :** *Comtesse*.

PRÉPARER SA CLASSE

Chercher une image d'un bistrot, d'un fast-food et d'un restaurant gastronomique pour montrer les différences de standing entre les différents lieux.

---

page 49

⏳ 20 minutes

Activité 6

ⓐ

– Laisser aux apprenants une minute pour lire les questions, s'ils le souhaitent. Proposer une première écoute du document.
– Indiquez qu'il existe un lien entre le document oral et le plan. Puis, proposer une deuxième écoute.
– Laisser les apprenants échanger leurs informations en groupe et proposer une dernière écoute pour vérifier les réponses.
– Corriger. Expliquer la différence entre « bistro », « burger » et « gastronomique » en indiquant la différence de plats et de prix.

Au tableau !

Un restaurant	Restaurant gastronomique – plat chic ≈ 60 € Bistrot – plat traditionnel ≈ 10 € Burger/Fast food – plat rapide ≈ 6 €

Corrigé : a. Le rendez-vous est à 20 h, 42 rue de la Monnaie. **b.** Le restaurant *La Petite Table* est délicieux. **c.** *Le Louis'Burger* est un restaurant de fast-food, *L'Assiette du Marché* est un bistrot.

#culture

Les **bistrots** (ou bistros) sont de petits cafés qui servent généralement des plats simples et rapides à bas prix.

b

– Faire observer l'encadré. Lire à voix haute les prépositions de lieu en y associant un geste.
– Demander aux apprenants *Où est le rendez-vous ?* et montrer le plan.
– Faire écouter de nouveau le document sonore et laisser quelques minutes aux apprenants pour indiquer le lieu sur le plan et comparer leurs réponses. En cas de désaccords, faire écouter de nouveau le document, puis, corriger en insistant sur la préposition « en face de ».
– Faire écouter le document en lisant la transcription. Faire relever « Tu connais ? » et « Je ne connais pas ». Lire l'encadré « Connaître ».

Corrigé :

 Piste 65

– Alors, c'est ok pour ce soir ? À 20 h chez moi ?
– Tu habites où ?
– Dans le centre-ville de Lille, rue de la Monnaie, au numéro 42.
– C'est où ?
– En face du restaurant *La Petite Table*.
– Je ne connais pas.
– Ah bon ? C'est délicieux. Tu connais le restaurant gastronomique *L'Assiette du Marché* ?
– Oui.
– Eh bien, *La Petite Table* est à côté de *L'Assiette du Marché*.
– Ah d'accord ! En fait, c'est près du *Louis' Burger Bar* ?
– Oui, c'est ça.

Cacher un objet dans la classe. Les apprenants doivent le trouver sans se déplacer. Ils posent des questions : *Il est dans le sac ? derrière le bureau ?*

page 49
⏳ 10 minutes

Grammaire : L'article contracté (3)

– Demander à un apprenant de lire les phrases de la partie « Observez » à voix haute. Insister sur la différence de prononciation entre *du*, *de* et *des*.
– Faire compléter individuellement la partie « Réfléchissez » puis, corriger.
– Laisser quelques minutes aux apprenants pour compléter les phrases de la partie « Appliquez ». Rappeler le genre et le nombre des noms : « le cinéma, la boutique, les restaurants ». Corriger.

Corrigé : *de* + *le restaurant* = du restaurant – *de* + *les quais* = des quais – J'habite près du cinéma, en face de la boutique de vêtements et loin des restaurants

page 49
⏳ 10 minutes

Activité 7

a

– Montrer le plan et lire la phrase d'exemple en situant les éléments sur le plan.
– Demander aux apprenants de faire le même type de phrases à l'oral ou à l'écrit.

Proposition de corrigé : La boutique *Antoine et Lili* est entre la boutique *One Step* et la boutique *La Chaise Longue*. L'hôtel *Comtesse* est en face de la boutique *Antoine et Lili*. La boutique *La Chaise Longue* est à côté de la boutique *Antoine et Lili*.

page 49

⌛ 10 minutes

Activité 8

– Lire la consigne et entourer les mots-clés : « courriel, adresse, nom de la rue et précisions ».
– Montrer la forme d'un courriel (*De: … À: … Objet, Date et heure, Bonjour Soazig, … À bientôt, Noémie*)
– Laisser les apprenants rédiger le courriel. À la fin de l'activité, demander aux apprenants de relire leur production et de vérifier qu'ils ont donné toutes les informations.
– Ramasser pour corriger.

Corrigé :

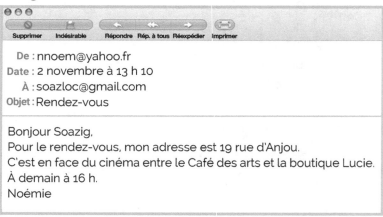

De : nnoem@yahoo.fr
Date : 2 novembre à 13 h 10
À : soazloc@gmail.com
Objet : Rendez-vous

Bonjour Soazig,
Pour le rendez-vous, mon adresse est 19 rue d'Anjou.
C'est en face du cinéma entre le Café des arts et la boutique Lucie.
À demain à 16 h.
Noémie

page 49

⌛ 10 minutes

Activité 9

– Faire un selfie devant le tableau, le montrer aux apprenants et demander *C'est où ?* Répéter la réponse *Vous êtes devant le tableau.*
– Demander aux apprenants de se prendre en photo et de montrer leur photo à leur voisin(e) pour qu'il indique le lieu ou leur demander de circuler dans la classe pour se montrer leurs selfies et les situer.

> **❯** *cahier*
> **Activités 7 à 10, p. 31.**

p. 50-51

Ⓢ ITUATION ❸   Demander et indiquer son chemin

LA MINUTE PÉDAGOGIQUE

Utiliser la langue cible en classe pour expliquer ou répondre à des questions permet aux apprenants d'être exposés plus régulièrement à la langue. Ils peuvent alors s'habituer à entendre les sons, à repérer des mots-clés et à trouver des stratégies pour comprendre et s'exprimer.

page 50

⌛ 5 minutes

Bonne pratique

J'utilise des synonymes et des antonymes pour expliquer. J'associe ces mots à des gestes.

Activité 1

– Montrer le document 1. Dire que ce sont des panneaux et écrire le mot au tableau.
– Demander à un apprenant de lire les panneaux. Faire associer un geste à « Attention » (par exemple, le majeur levé) et « Interdit » (par exemple, les bras en croix).
– Demander quel panneau est bizarre (par opposition à « normal »).

Corrigé : Attention aux animaux !

Intro

Unité 1

Unité 2

Unité 3

Unité 4

Unité 5

Unité 6

Unité 7

Unité 8

Outils

#culture

En France, ce panneau indique le risque que des animaux sauvages (biches, sangliers…) traversent la route, notamment dans des zones forestières.

page 50

⏳ 10 minutes

Activité 2

– Faire observer le plan du document 2. Demander aux apprenants d'entourer les mots-clés des questions et leur laisser quelques minutes pour y répondre.
– Corriger en montrant où se trouvent les informations. On voit « Vieux Québec » qui nous donne le nom de la ville, les parcs sont indiqués en vert et les lieux importants en rouge.

Corrigé : a. C'est Québec. **b.** Les lieux importants sont le château de Frontenac, la basilique-cathédrale Notre-Dame de Québec, le Vieux Québec, la citadelle. **c.** Les parcs sont Le Champs-de-Bataille (plaines d'Abraham), le parc de l'Artillerie, le parc de l'Esplanade et le parc Montmorency.

#culture

Québec est la capitale de la province de Québec au Canada. Elle a été fondée en 1608 par Champlain. Elle compte aujourd'hui plus de 530 000 habitants. La ville est traversée par le fleuve Saint-Laurent. La ville est connue pour sa citadelle de style Vauban, pour le château de Frontenac, hôtel construit à la fin du XIXe siècle et symbole de la ville, et la basilique-cathédrale Notre-Dame. Les plaines d'Abraham entourent la citadelle et ont été le lieu de capitulation de la ville de Québec contre les Britanniques à la fin du XIXe siècle. Elles accueillent aujourd'hui de grands festivals comme le Festival d'été de Québec.

page 50

⏳ 20 minutes

Activité 3

a

– Lire à voix haute l'encadré sur les lieux de la ville.
– Lire les questions **a** et **b** et montrer le plan du document 2.
– Proposer une première écoute et corriger.

Corrigé : a. Elle est dans le parc de l'Artillerie. **b.** Elle cherche l'office du tourisme.

b

– Écrire au tableau « Vous cherchez » et souligner le verbe. Demander aux apprenants d'écrire les verbes qu'ils entendent.
– Proposer une ou deux écoutes selon les besoins.
– Corriger en demandant aux apprenants de mimer les verbes qu'ils nomment.
– Sur le document 2, montrer le parc de l'Artillerie puis demander aux apprenants de dessiner l'itinéraire. Faire écouter une première fois et laisser les apprenants comparer leurs réponses en binômes.
– Faire écouter une deuxième fois pour vérification puis corriger en redonnant les instructions du document.

Corrigé :

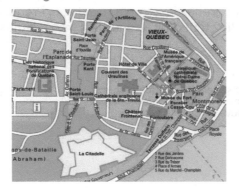

> **Bonne pratique**
> Pendant la correction à l'oral ou à l'écrit, j'habitue les apprenants à répondre avec une phrase simple et complète.

– Demander aux apprenants de lire les phrases. Leur laisser quelques minutes pour faire des hypothèses sur les verbes qui peuvent être utilisés.
– Proposer une écoute du document. Demander aux apprenants de vérifier la conjugaison des verbes qu'ils ont utilisés.
– Corriger en expliquant le sens de chaque verbe avec un geste. Bien indiquer la différence de prononciation et d'orthographe entre *tout droit* et *à droite*. Montrer que plusieurs verbes sont utilisés pour indiquer la direction et lire l'encadré « Prendre ».

Corrigé : cherche – prenez – continuez – tournez.

> ▶ **Piste 66**
>
> – Excusez-moi, je cherche l'office de tourisme.
> – Euh…vous cherchez l'office de tourisme. Alors, vous sortez du parc de l'Artillerie et vous prenez la rue des Remparts. Vous prenez la première rue à droite et vous continuez tout droit. Au bout de la rue, vous tournez à droite, puis tout de suite à gauche et encore à gauche, rue Sainte-Anne.
> – La rue des Remparts. Je tourne à droite, je continue tout droit. Ensuite, je tourne à droite, ensuite, à gauche et encore à gauche. C'est ça ?
> – Oui, oui, c'est bien ça !
> – Merci bien !
> – Je vous en prie.

page 50

⏳ **5 minutes**

Activité 4

– Demander aux apprenants de lire les phrases et montrer les « e » soulignés.
– Faire écouter le document et demander aux apprenants de dire s'ils entendent ou non les « e ».
– Corriger et faire répéter les phrases en insistant sur la syllabe accentuée.

Corrigé : Non. Le « e » final n'est pas prononcé.

> ▶ **Piste 67**
>
> **a.** je cherche
> **b.** je tourne
> **c.** je continue
> **d.** à gauche
> **e.** à droite

page 50

⏳ **10 minutes**

Activité 5

– Demander d'observer le document 2. Montrer le point rouge avec « Vous êtes ici ».
– Faire écouter la première personne et indiquer ensemble le chemin à suivre.
– Faire écouter les autres personnes et laisser les apprenants indiquer le chemin à suivre par écrit.
– Corriger. Lire ensemble l'encadré « Les nombres ordinaux ». Donner des exemples d'utilisation pour indiquer le chemin (ex. : *Tournez dans la première rue à droite. Prenez la deuxième rue à gauche*).

Corrigé : a. Prenez la Côte de la Citadelle, puis tournez à droite dans la rue Saint-Louis. Allez tout droit. Tournez dans la 6e rue à gauche. Tournez à droite dans la rue de Port-Dauphin. Vous êtes arrivé ! **b.** Prenez la Côte de la Citadelle. Tournez à gauche puis à droite. Allez tout droit et prenez la 3e rue à gauche. **c.** Prenez la Côte de la Citadelle, puis tournez à droite. Allez tout droit. Prenez la 3e rue à droite puis tournez à gauche. Vous êtes arrivé !

> ▶ **Piste 68**
>
> **a.** Excusez-moi, je voudrais aller au Parc Montmorency.
> **b.** Excusez-moi, je cherche la Rue Saint-Jean.
> **c.** Excusez-moi, où se trouve le funiculaire ?

En binôme, une personne est à la Citadelle et cherche son chemin. Elle demande son chemin pour aller vers un lieu qu'elle a choisi sur le plan. L'autre personne lui donne les instructions pour aller jusqu'à ce lieu.

page 50
⌛ 10 minutes

Activité 6
– Écrire « Une ville idéale » au tableau. Demander à un apprenant de commencer la description *Il y a beaucoup de restaurants* puis son/sa voisin(e) continue *des cafés…* et ainsi de suite.
– L'activité peut aussi être faite de manière individuelle à l'écrit.

Proposition de corrigé : Dans la ville idéale, il y a beaucoup de restaurants, des cafés, trois grands parcs, deux marchés, des boutiques, des musées. Il n'y a pas de voitures, il y a des vélos et des trams.

> *cahier*
Activités 1 à 3 p. 32 et 9 à 10, p. 33.

page 51
⌛ 20 minutes

Activité 7

– Montrer le document 3. Lire le titre et écrire « se rendent-ils = ils vont ».
– Lire « 26 minutes ». Expliquer par un dessin que cela correspond au temps entre la maison et le travail.
– Montrer les moyens de transport sur l'image et dire *Ce sont des moyens de transport*, puis montrer le classement et laisser les apprenants compléter la question **a**.
– Corriger en faisant lire les pourcentages. Écrire « pour cent » au tableau.
– Écrire « n°6 … » et demander aux apprenants s'ils connaissent d'autres moyens de transport. Faire une liste au tableau. Expliquer que les « deux roues » correspondent aux vélos, motos… Expliquer « transport en commun » et « covoiturage ».
– Lire les questions **b** et **c**. Demander *Comment les gens* (remplacer par la nationalité d'un pays si nécessaire) *vont au travail ?* et laisser les apprenants répondre.

Corrigé : a. n°1 : la voiture, n°2 : les transports en commun, n°3 : à pied /la marche, n°4 : les deux roues, n°5 : le covoiturage.
b. le métro, la moto, le vélo, le bus, le train, le tram, l'avion…
c. Ils vont au travail à pied ou en métro.

b

– Au tableau, écrire la question « Comment tu vas au travail ? ». Former des groupes et demander aux apprenants de compter le nombre de personnes par moyen de transport.
– Mettre les résultats en commun et créer un document présentant les pourcentages.

Au tableau !

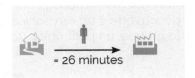
= 26 minutes

Pour générer de la cohésion, les apprenants peuvent échanger sur les lieux de départ de leurs trajets et créer une carte des déplacements des étudiants. Cette activité peut donner lieu à des propositions de covoiturage ou de déplacements communs s'ils le souhaitent.

#culture

En France, le principal site de **covoiturage** est **Blablacar**. Le site a été créé en 2004 pour mettre en relation des conducteurs et des voyageurs. Le service était gratuit jusqu'en 2011. Aujourd'hui, il faut compter une charge de 20 % pour les trajets de plus de 20 euros.

page 51
⏳ 10 minutes

Grammaire : Le pronom *y*

– Lire les deux phrases.
– Demander aux apprenants *y : qu'est-ce que c'est ?* puis souligner «au travail».
– Écrire «y = ...» et compléter ensemble «un lieu (avec ***à***)»
– Lire la première phrase de la partie «Appliquez» et souligner «au cinéma».
– Laisser les apprenants compléter la deuxième phrase et corriger.

Corrigé : *y* remplace un lieu (précédé de la préposition *à*) – Oui, il y va.

page 51
⏳ 10 minutes

Activité 8

– Demander aux apprenants de lire les phrases et les moyens de transport.
– Leur laisser quelques minutes pour associer les phrases à un moyen de transport et comparer avec un(e) voisin(e).
– Corriger en soulignant les lieux.

Corrigés : a. 2. **b.** 5. **c.** 1. **d.** 3. **e.** 4.

page 51
⏳ 10 minutes

Activité 9

– Demander aux apprenants de dessiner un plan de chez eux à la classe de français.
– Constituer des binômes et demander aux apprenants d'expliquer leur chemin pour venir au cours.

Proposition de corrigé : Pour venir en classe de français, je prends la rue Merlet. Au bout de la rue, je tourne à gauche. Je prends la première à droite. Je continue tout droit. C'est à gauche.

page 51
⏳ 10 minutes

Activité 10

Demander aux apprenants de regarder le plan dessiné par leur binôme et d'écrire l'itinéraire qu'il vient d'expliquer.

Proposition de corrigé : Il habite rue des Arènes. Il prend la rue Bressigny. Il prend la première rue à droite et juste après, il tourne à gauche. Il traverse la place. C'est en face.

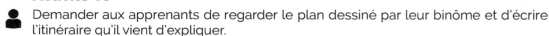

En groupe, les apprenants organisent une chasse au trésor pour un autre groupe de la classe. Ils écrivent une première série d'instructions qui mènent à une deuxième série et ainsi de suite, jusqu'à la découverte d'un «trésor» au sein de l'établissement (une phrase sympa rédigée par le groupe, un petit objet, un lieu inédit...).

> *cahier*
Activités 4 à 8 et 11 à 13, p. 33

LAB' LANGUE & CULTURE

Intro
Unité 1
Unité 2
Unité 3
Unité 4
Unité 5
Unité 6
Unité 7
Unité 8
Outils

page 52
⏳ 10 minutes

La météo du monde

ⓐ Montrer les différents continents sur la carte. À tour de rôle, des apprenants viennent nommer un continent.

ⓑ Montrer les symboles météorologiques et lire la phrase d'exemple. Laisser quelques minutes aux apprenants pour écrire des phrases.

ⓒ En binômes, les apprenants lisent une phrase sans dire le lieu et laissent leur voisin(e) deviner de quel lieu il s'agit.

Proposition de corrigé : En Chine, c'est nuageux. En Belgique, il pleut. Au Brésil, il fait beau. Au Pérou, il pleut. Aux États-Unis, il y a de l'orage. En Russie, il neige.

page 52
⏳ 10 minutes

Les lieux d'activités d'une ville

ⓐ

– Lire les activités. Demander à la classe *Où je peux voir un film ?* et laisser les apprenants répondre. Écrire la réponse «au cinéma».

– Laisser les apprenants terminer l'activité individuellement puis, corriger.

Corrigé : a. au cinéma. **b.** au café. **c.** dans un lieu de concert. **d.** au restaurant. **e.** au musée.

– Écrire «calme» et demander aux apprenants *Où c'est calme ?* Accepter plusieurs réponses «dans un parc, à la bibliothèque, dans un musée...».

– Laisser les apprenants associer un lieu ou une activité à chaque adjectif.

– Corriger en acceptant plusieurs réponses. Si possible, faire préciser les lieux par les apprenants : «culturel = le château d'Angers».

Corrigé : chaleureux : un cinéma, calme : un parc, culturel : un musée, agréable : un café, traditionnel : un marché, bruyant : un bar.

page 52
⏳ 5 minutes

Les lieux touristiques d'une ville

– Faire observer les images et lire le nom de chaque lieu.

– Écrire les amorces de phrases au tableau et laisser les apprenants compléter pour chaque image.

– Demander à des apprenants de venir écrire les phrases au tableau.

Corrigé : Je vais au jardin du Luxembourg. J'y vais à pied. – Je vais à la tour Eiffel. J'y vais en métro. – Je vais aux Invalides. J'y vais en transport en commun.

> ### #culture
>
> **Le jardin du Luxembourg** est un parc très apprécié des Parisiens. Il a été créé en 1612 à la demande de Catherine de Médicis. Il accueille aujourd'hui un musée et des serres.
>
> **La tour Eiffel** a été conçue par Gustave Eiffel pour l'exposition universelle de 1889. Elle mesure 324 mètres. Sa construction a soulevé de nombreuses polémiques et elle était destinée à disparaître. Aujourd'hui, c'est le monument le plus visité en France.
>
> **L'hôtel des Invalides** a été créé en 1670 pour accueillir les soldats devenus invalides. Il accueille aujourd'hui encore les invalides de l'armée mais aussi deux églises et un musée des armées.

page 52
⏳ 5 minutes

Dans la classe

– Lire les phrases et demander aux apprenants de souligner les prépositions de lieu : «en face de...»

– Les laisser répondre par écrit puis comparer les réponses collectivement.

<table>
<tr><td>

page 52

⏳ 10 minutes

</td><td>

Dans la rue

ⓐ Demander aux apprenants de compléter les phrases individuellement.

ⓑ Faire écouter le document sonore pour vérifier les réponses.

Corriger en montrant le lien phonie-graphie des terminaisons des verbes. Insister sur les « e » muets par opposition aux « ez ».

Corrigé : a. cherche – prenez – continuez – tournez – remercie. **b.** cherche – remercie.

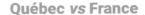 Piste 69

– Excusez-moi, je cherche la Citadelle.
– Vous prenez la première rue à gauche, vous continuez tout droit et vous tournez à droite.
– Je vous remercie.

</td></tr>
</table>

page 53

⏳ 15 minutes

Québec *vs* France

– Montrer l'image « France *vs* Québec ». Demander aux apprenants de quels pays on va parler. Demander quel sport on pratique dans chaque pays.
– Lire le texte une première fois à voix haute, puis demander aux apprenants de le lire silencieusement. Leur montrer la fiche et leur laisser quelques minutes pour la compléter.
– Corriger en montrant les informations dans le texte.

Corrigé : Pays : Canada – Capitale : Québec – Fleuve : Saint-Laurent – Nombre d'habitants : plus de 8 millions – Monnaie : dollar canadien – Devise : « Je me souviens ».

page 53

⏳ 5 minutes

Je suis...

– Lire la première phrase de la description et demander aux apprenants de donner des exemples de formes géométriques (*rond, carré...*).
– Lire la deuxième phrase et insister sur la négation.
– Lire la description entière et laisser quelques minutes aux apprenants pour trouver ce qui est décrit.

Corrigé : la pyramide du Louvre.

> **#culture**
>
> **La pyramide du Louvre** a été créée par Leoh Ming Pei, un architecte sino-américain, en 1988. C'est aujourd'hui l'entrée principale du musée du Louvre et une des œuvres les plus appréciées. Elle se trouve sur la place Napoléon devant le palais du Louvre.

page 53

⏳ 5 minutes

Les Français disent...

– Demander aux apprenants de regarder l'image. Lire « monter sur ses grands chevaux » et demander *Qu'est-ce que c'est ?*
– Lire les propositions et demander aux apprenants d'en choisir une.
– Corriger et expliquer « se mettre en colère » en mimant l'émotion.

Corrigé : se mettre en colère rapidement.

page 53

⏳ 5 minutes

Jouons avec les sons !

Faire écouter la phrase puis demander aux apprenants de s'entraîner à la dire en binôme.

Piste 70

T'es têtu ! Tu te tues à tout trouver partout.

page 53

⏳ 25 minutes

▸ **Vidéo lab'**

PROJET

👥 – Faire regarder la vidéo. Demander aux apprenants quels lieux ils ont reconnus et quels verbes ils ont vus.
– Constituer des binômes et demander *Dans votre ville, quels lieux vous aimez ?* Laisser les binômes faire une liste.
– Constituer des groupes. Dans chaque groupe, demander aux apprenants de choisir des lieux et d'y associer des verbes ou des adjectifs.
– Laisser les groupes constituer un carnet avec des photos, des dessins des lieux qu'ils aiment et les mots qu'ils y associent.
– Demander à chaque groupe de présenter son carnet à la classe.

Proposition de corrigé : Angers – la maison d'Adam, magnifique – le théâtre, immense – le marché, goûter et sentir – le jardin des plantes, flâner.

---

p. 54-55   **Ateliers**   Exprimer un besoin, une envie

page 54

⏳ 5 minutes

Activité 1

👤 – Demander aux apprenants de regarder le document 1 et de répondre aux questions **a**, **b** et **c** en écrivant une phrase.
– Corriger en montrant les informations sur le document.

Corrigé : a. C'est un roman. **b.** L'auteur s'appelle Grégoire Delacourt. **c.** Le titre est *La liste de mes envies*.

> **#culture**
>
> **Grégoire Delacourt** est un publicitaire et écrivain français. *La Liste de mes envies* est son deuxième ouvrage, publié en 2012. Le roman raconte l'histoire d'une femme qui gagne à l'Euromillion mais qui, par peur de perdre son bonheur, ne touche pas le chèque mais rédige la liste de ses envies.

page 54

⏳ 10 minutes

Activité 2

👤

– Demander aux apprenants ce qu'ils voient sur le document 2 (un téléphone, un plan, « Où aller aux toilettes à Paris ? »).
– Les laisser lire et répondre aux questions puis corriger.

Corrigé : a. C'est un téléphone qui affiche une application. **b.** Ça sert à trouver des toilettes.

– Faire une première écoute du document et demander combien de personnes parlent.
– Laisser quelques minutes pour lire les amorces de phrases et proposer une deuxième écoute.
– Laisser les apprenants compléter et corriger.

Corrigé : La femme voudrait aller aux toilettes. L'homme a une application : elle s'appelle « Où trouver des toilettes à Paris ? ». Avec cette application, on peut trouver des toilettes dans un arrondissement. L'application est facile et pratique.

> ▸ Piste 71
>
> – Je voudrais aller aux toilettes, mais je ne sais pas où aller.
> – Tu n'as pas l'application ?
> – Quelle application ?
> – L'application *Où aller aux toilettes à Paris ?* Tu choisis un arrondissement et l'application trouve tes toilettes ! C'est super facile et vraiment pratique.
> – Waouh ! C'est génial !

Activité 3

– Lire les questions et expliquer «Que pensez-vous de cette application?» = «Vous aimez? Vous n'aimez pas?» et «Est-ce que ce type d'application existe dans votre ville?» = «Il y a cette appli dans votre ville?».
– Constituer des binômes et laisser les apprenants échanger.

Proposition de corrigé: J'aime cette application. Elle est pratique. Il n'y a pas cette application dans ma ville.

Activité 4

a. Lire l'encadré «Exprimer une envie, un besoin» et construire quelques phrases d'exemples (*Ue voudrais manger. J'aimerais dormir. J'ai besoin d'un café. J'ai envie de sortir…*).
Au tableau, écrire «Envie» et «Besoin» et les amorces de phrases: «j'aimerais, je voudrais…» Laisser les apprenants compléter individuellement.
Demander aux apprenants d'imaginer une application pour une des phrases écrites.
b. Former des groupes et laisser les apprenants présenter leurs applications. Demander à chaque groupe de choisir une application.
c. Laisser chaque groupe présenter son application préférée.

Proposition de corrigé: J'ai envie de m'asseoir. Application: «Où s'asseoir dans la ville?» ou «Où sont les bancs dans la ville?» – Besoin d'acheter quelque chose le dimanche soir. Application: «Où faire des courses le dimanche soir?»

Écrire une e-carte postale

page 55
⏳ 10 minutes

Activité 1

– Montrer le document 1. Laisser quelques minutes aux apprenants pour l'observer. Puis lire la question **a** et corriger.
– Attirer l'attention sur la carte postale puis lire la question **b** et laisser les apprenants répondre. Entourer les informations sur la carte postale.
– Lire la carte postale à voix haute, puis, demander aux apprenants de la lire une deuxième fois silencieusement et de répondre aux questions **c** et **d**.
– Corriger en indiquant où se trouvent les informations dans le texte.

Corrigé : a. des touristes. **b.** Fanny et Simon écrivent à Flo. **c.** Ils sont au Vietnam. **d.** Le climat : il fait beau mais chaud. Les gens : ils sont sympathiques. Les activités : découvrir Hanoï, découvrir les fêtes traditionnelles, manger des plats délicieux.

page 55
⏳ 10 minutes

Activité 2

Former des binômes et demander aux apprenants de retrouver les éléments sur la carte. Corriger en demandant aux apprenants de venir montrer les informations sur le document.

Corrigé :

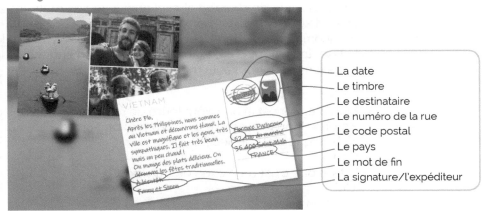

- La date
- Le timbre
- Le destinataire
- Le numéro de la rue
- Le code postal
- Le pays
- Le mot de fin
- La signature/l'expéditeur

page 55
⏳ 20 minutes

Activité 3

– Faire une liste de pays au tableau.
– Constituer des binômes et demander aux apprenants de choisir un pays (dans la liste ou hors de la liste).
– Leur demander de choisir des images de ce pays et de prendre des photos d'eux-mêmes.
– Les laisser créer un photomontage.
– Rappeler la liste des éléments indispensables pour écrire une carte postale. Demander aux apprenants d'écrire la carte postale en lien avec leurs photos, de manière individuelle et d'écrire une adresse (de préférence pour une personne de la classe). Laisser les apprenants relire leur texte et s'assurer que tous les éléments sont présents. Leur demander d'envoyer leur carte postale.

Proposition de corrigé :

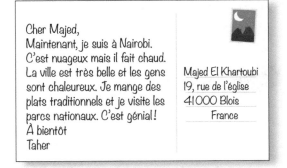

page 56

 10 minutes

Activité 1

– Demander aux apprenants de lire le point de grammaire sur les prépositions devant les noms de pays et de ville, ainsi que le point lexical sur la météo.
– Demander aux apprenants d'imaginer la météo du jour pour chaque ville ou pays, ou projeter un site de météo internationale.
– Demander aux apprenants d'annoncer la météo pour chaque lieu en respectant le choix des prépositions.

Proposition de corrigé : À Paris, c'est nuageux, il fait froid, il fait 10 degrés. À Genève, il fait 12 degrés, il pleut. Au Pérou, il fait beau, il fait 20 degrés. En Inde, il fait beau, il fait 30 degrés. Au Brésil, il y a du vent, il fait 32 degrés. Au Mexique, il y a de l'orage, il fait 19 degrés. Aux États-Unis, c'est nuageux, il fait 19 degrés. En Chine, c'est nuageux, il fait 4 degrés.

page 56

⏳ 15 minutes

Activité 2

– Demander aux apprenants de lire le point de grammaire sur les questions, ainsi que le point lexical sur les nombres ordinaux.
– Lire l'exemple de charade et expliquer le jeu de mots. Insister sur la structure de la charade (*mon premier… mon deuxième…*).
– En binômes, demander aux apprenants de choisir un mot et de construire une charade.
– Laisser les binômes lire leurs charades et demander aux apprenants de poser des questions pour trouver la réponse.

Proposition de corrigé :
– Mon premier est la première lettre de l'alphabet. Mon deuxième est le contraire de « mort ». Mon troisième est un pronom personnel.
– Est-ce que c'est un lieu ?
– Non.
– Est-ce que c'est un moyen de transport ?
– Oui.
– C'est un avion ?

page 56

⏳ 10 minutes

Activité 3

– Demander aux apprenants de lire le point de grammaire sur les articles contractés avec les prépositions de lieu, ainsi que le point lexical sur les lieux de la ville.
– Décrire un plan de ville à la classe et demander aux apprenants de le dessiner.
– Constituer des binômes et leur demander de répéter l'activité.

Proposition de corrigé : Dans ma ville, il y a un parc. En face du parc, il y a un château. À côté du château, il y a une boutique. La boutique est entre le château et le café. En face du café, il y une place. Le restaurant est entre le parc et la place, en face de la boutique.

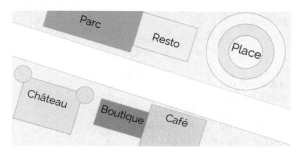

page 56

⧗ 10 minutes

Activités 4 et 5

– Demander aux apprenants de lire le point de grammaire sur l'accord des adjectifs, ainsi que le point phonétique sur *le, la, les.*
– Lire les adjectifs et demander *Dans la classe, qui est gourmand ?* Demander à un apprenant de répondre par une phrase et l'écrire au tableau. Demander *Qu'est-ce qui est petit ?* Laisser un apprenant répondre et écrire la phrase au tableau.
– Laisser les apprenants écrire des phrases individuellement en utilisant les adjectifs. Attirer l'attention sur l'accord des adjectifs.
– Demander à plusieurs apprenants d'écrire une phrase au tableau. Ensemble, lire la phrase et barrer les « e » muets. Demander aux apprenants de barrer les « e » muets dans leurs phrases. Ramasser pour corriger.

Proposition de corrigé : La salle est agréable. Nadège est sympathique. Les étudiants sont chaleureux. Sophie est gourmande. Ton sac est beau. Le tableau est grand. L'ordinateur est petit. L'affiche est jolie.

page 56

⧗ 5 minutes

Activité 6

– Demander aux apprenants de lire le point de grammaire sur le pronom *y*, ainsi que le point lexique sur les moyens de transport.
– Lire l'exemple et demander aux apprenants de construire des phrases identiques.
– Écrire quelques phr ases au tableau.

Proposition de corrigé : Je vais au cinéma. J'y vais en tram.

page 57

⧗ 15 minutes

Mission

LA MINUTE PÉDAGOGIQUE

La mission reprend l'ensemble des objectifs communicatifs étudiés dans l'unité. Les apprenants les mettent en œuvre pour répondre à un besoin concret en contexte. Elle favorise la collaboration entre les apprenants.

– Proposer aux apprenants de partir en voyage cet été avec des amorces de phrases et une intonation à suspense : *Cet été, je vous propose de partir en voyage ensemble.*
– Laisser les apprenants combler les trous au fur et à mesure du discours. Stimuler l'enthousiasme : *Ça va être génial !* Continuer avec *C'est à vous !* et lire le point 1.
– Leur laisser quelques minutes pour imaginer leur voyage. Leur rappeler de se référer au Mémo s'il leur manque du vocabulaire. Leur donner des morceaux de papier et leur proposer d'écrire leurs idées de voyages : 1. une destination 2. une météo 3. un mois de l'année 4. un moyen de transport 5. une chose à faire 6. un adjectif 7. un lieu de la ville 8. un nombre ordinal (= ce qu'ils vont faire ce jour-là).
– Lire le point 2. Faire repérer les informations utiles pour exprimer une envie « Je voudrais... », « J'ai envie de... ». Former des binômes pour exprimer des envies.
– Lire la première partie du point 2 : *Mettez-vous d'accord.* Leur laisser du temps pour se mettre d'accord en combinant les bouts de papier pour former un nouveau voyage.
– Lire la deuxième partie du point «Trouvez des personnes dans la classe pour voyager avec vous ». Laisser les binômes qui ont trouvé un nouveau voyage en commun chercher des gens dans la classe pour voyager avec eux. Repartir de l'étape 2. Revoir ensemble les structures de l'encadré « Exprimer une envie ».

Proposition de corrigé :
1. Belgique – vélo – Atomium – musée de la BD – goûter les chocolats. **2.** J'aimerais aller en Belgique à vélo. Je n'aime pas avoir chaud. Je voudrais faire du sport. Je voudrais visiter l'Atomium et le musée de la bande dessinée et goûter les chocolats belges.

> *cahier*

Activités du Mémo, p. 34 et 35
Bilan linguistique, p. 36 et 37
Préparation au DELF, p. 38 et 39

TEST

GRAMMAIRE

1 Choisissez la préposition qui convient. *5 points*

1. J'habite *en / à / à l'* Italie.
2. Vous venez *de / du / des* New York ?
3. Il habite *au / à / à la* Paris.
4. Elle habite *au / à / à l'* Brésil.
5. Je viens *des / du / de l'* États-Unis.

2 Complétez les phrases avec un article contracté (*à la, au, du…*). *5 points*

1. Patrick vient .... Congo.
2. Ils habitent .... Italie, à Rome.
3. Maintenant, Mathieu habite .... États-Unis.
4. Je voudrais habiter .... Japon.
5. Tu viens .... Corée ?

3 Écrivez les adjectifs à la forme qui convient. *5 points*

1. Paul est très (gourmand) ....
2. Cette maison à la campagne est très (chaleureux) ....
3. Tu as une (joli) .... trousse.
4. Au Vietnam, les gens sont très (sympathique) ....
5. Vous avez une (grand) .... voiture ?

4 Complétez avec *est-ce que* ou *qu'est-ce que*. *5 points*

1. .... tu connais Montréal ?
2. .... vous êtes gourmands ?
3. .... tu fais le week-end ?
4. .... tu cherches ?
5. .... tu connais son adresse ?

LEXIQUE

1 Regardez le plan et complétez avec une préposition de lieu. *5 points*

1. La boutique est .... le cinéma et le zoo.
2. Le restaurant est .... du parc.
3. Le parc est .... de l'université.
4. Le zoo est .... le parc.
5. L'hôtel est .... le restaurant.

2 Associez un symbole à une phrase. *5 points*

a. À Paris, il fait beau et chaud. b. À Oslo, il neige.
c. Il y a du vent à Brest. d. À Madrid, il y a de l'orage.
e. À Kigali, c'est nuageux

1 :.... 2 :.... 3 :.... 4 :.... 5 :....

3 Associez une légende à une image. *5 points*

a. un château b. un parc c. un musée d. une place e. une rue

1 :....   2 :....   3 :....   4 :....   5 :....

4 Complétez avec un nombre ordinal. *5 points*

1. Marseille est la .... ville de France. (2)
2. Tournez dans la .... rue à droite. (4)
3. C'est la .... fois que je viens à Paris. (1)
4. J'habite au .... étage. (5)
5. C'est le .... enfant de la famille. (3)

PHONÉTIQUE

1 ▶10 | **Écoutez et dites si vous entendez** *le*, *la* **ou** *les*. 5 points

1. .... 2. .... 3. .... 4. .... 5. .... 6. .... 7. .... 8. .... 9. .... 10. ....

2 ▶11 | **Écoutez et soulignez les « e » qui ne sont pas prononcés.** 5 points

1. C'est la place du château.

2. Je cherche la gare.

3. Elle va au cinéma.

4. Je continue tout droit.

5. Je tourne à droite.

6. Il tourne à gauche.

7. C'est en face de la basilique.

Compréhension de l'oral 10 points

1 ▶12 | **Écoutez et associez un symbole à chaque situation.** 5 points

	a.	b.	c.	d.	e.	f.
Situation 1						
Situation 2						
Situation 3						
Situation 4						
Situation 5						

2 ▶13 | **Écoutez et regardez le plan. On parle de quel lieu ?** 5 points

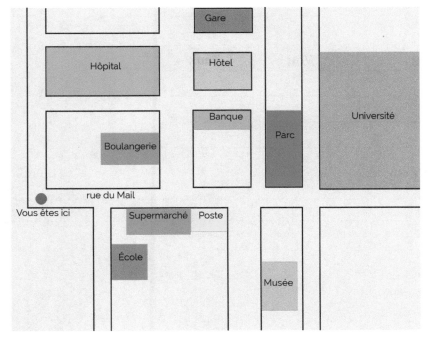

Situation 1	
Situation 2	
Situation 3	
Situation 4	
Situation 5	

Compréhension des écrits

Observez le document et répondez aux questions.

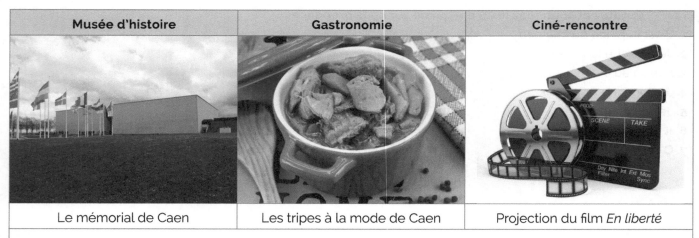

Musée d'histoire	Gastronomie	Ciné-rencontre
Le mémorial de Caen	Les tripes à la mode de Caen	Projection du film *En liberté*

Estefania

Caen n'est pas une ville très ancienne et il fait souvent froid mais c'est une ville riche en histoire. Caen, c'est aussi la ville du livre. Il y a beaucoup de boutiques avec des livres neufs ou d'occasion. On peut découvrir les lieux à vélo ou à pied. Les gens sont chaleureux. J'adore le marché du dimanche matin et les petits cafés dans le vieux Caen.

1 Dans le texte, choisissez une activité pour chaque situation.   3 points

Situations	Activités
a. Je voudrais manger des plats traditionnels.	
b. Je voudrais sortir.	
c. Je voudrais faire une activité culturelle.	

2 Quels sont les moyens de transport pour visiter Caen ?   2 points

....

3 Dites si les phrases sont vraies ou fausses.   3 points

	Vrai	Faux
a. À Caen, les gens sont sympathiques.		
b. Il ne fait pas chaud.		
c. Il y a beaucoup de magasins de livres.		

4 Qu'est-ce qu'Estefania aime faire ? (deux activités)   2 points

....

....

Production écrite

Vous êtes en voyage. Vous écrivez une carte postale à vos amis.
Vous parlez de vos visites, de la météo, de la ville, des gens, des activités...
Écrivez environ 40 mots.

Production orale

Vous êtes à Paris et vous cherchez des toilettes. Exprimez votre besoin et demandez l'itinéraire pour
y aller. Demandez des précisions sur l'itinéraire.

Total : ...... /100 points

Corrigés du test

GRAMMAIRE

1 **1.** en **2.** de **3.** à **4.** au **5.** des
2 **1.** du **2.** en **3.** aux **4.** au **5.** de
3 **1.** gourmand **2.** chaleureuse **3.** jolie **4.** sympathiques **5.** grande
4 **1.** Est-ce que **2.** Est-ce que **3.** Qu'est-ce que **4.** Qu'est-ce que **5.** Est-ce que

LEXIQUE

1 **1.** entre **2.** en face **3.** à côté **4.** dans **5.** derrière
2 **1.** b **2.** c **3.** a **4.** e **5.** d
3 **1.** d **2.** c **3.** e **4.** b **5.** a
4 **1.** deuxième **2.** quatrième **3.** première **4.** cinquième **5.** troisième

PHONÉTIQUE

1 **1.** le **2.** la **3.** les **4.** le **5.** les **6.** la **7.** le **8.** la **9.** les **10.** le
2 **1.** C'est la place du château. – **2.** Je cherche la gare. – **3.** Elle va au cinéma. – **4.** Je continue tout droit. –
5. Je tourne à droite. – **6.** Il tourne à gauche. – **7.** C'est en face de la basilique.

COMPRÉHENSION DE L'ORAL

1 **1.** f **2.** d **3.** a **4.** b **5.** e.
2 **1.** le supermarché – **2.** l'hôpital – **3.** l'université – **4.** la gare – **5.** la banque

COMPRÉHENSION DES ÉCRITS

1 **a.** gastronomie. – **b.** ciné-rencontre. – **c.** musée d'histoire.
2 à vélo et à pied.
3 **a.** vrai. – **b.** vrai. – **c.** vrai.
4 aller au marché et aller dans les cafés.

PRODUCTION ÉCRITE

Grille d'évaluation

L'apprenant utilise une formule de salutation au début et à la fin de la carte.	.... /2
L'apprenant peut parler du climat.	.... /3
L'apprenant peut parler des visites et des activités.	.... /4
L'apprenant peut parler de la ville.	.... /3
L'apprenant peut décrire les gens.	.... /3

Proposition de corrigé :

Cher Simon,
Je suis en Italie, à Rome. Je visite les églises, les musées et les lieux historiques. J'ai envie de visiter le Colisée. Je marche beaucoup. Il fait très beau et la ville est magnifique. Je mange des plats traditionnels : des pizzas, des pâtes. Les gens sont très chaleureux. Je prends des photos.
À bientôt
Louise

Simon Mauboussin
2, rue de l'Esvière
61 000 Alençon

Intro

Unité 1

Unité 2

Unité 3

Unité 4

Unité 5

Unité 6

Unité 7

Unité 8

Outils

PRODUCTION ORALE

Grille d'évaluation

L'apprenant peut faire une demande polie.	.... /3
L'apprenant peut exprimer un besoin avec une phrase complète.	.... /3
L'apprenant peut montrer qu'il a compris un itinéraire.	.... /3
L'apprenant peut demander des précisions sur un itinéraire.	.... /3
L'apprenant peut remercier la personne.	.... /3

Proposition de corrigé :

– Excusez-moi… J'ai besoin d'aller aux toilettes. Il y a des toilettes dans ce quartier ?
– Oui, vous prenez la première rue à droite, vous tournez dans la deuxième rue à gauche et c'est à droite.
– Alors, je prends la première rue à droite et ensuite, à gauche dans la deuxième rue ?
– Oui, c'est ça.
– C'est dans un parc ?
– Non, c'est dans la rue.
– C'est à côté d'une boutique ?
– C'est en face d'un restaurant.
– D'accord. Merci.

Transcriptions du test

PHONÉTIQUE

1 ▶ Piste 10
1. le soleil
2. la pluie
3. les nuages
4. le temps
5. les saisons
6. la ville
7. le château
8. la basilique
9. les places
10. le boulevard

2 ▶ Piste 11
1. C'est la place du château.
2. Je cherche la gare.
3. Elle va au cinéma.
4. Je continue tout droit.
5. Je tourne à droite.
6. Il tourne à gauche.
7. C'est en face de la basilique.

COMPRÉHENSION DE L'ORAL

1 ▶ Piste 12
1. – Alors, il fait quel temps à Montréal ?
   – Aujourd'hui, il fait beau et chaud !
2. Oh, là, là… Il pleut encore… Prends ton parapluie !
3. Aujourd'hui, beaucoup de vent à Bordeaux mais pas de pluie.
4. En décembre à Helsinki, il neige toujours.
5. – Il fait quel temps à Londres ?
   – C'est nuageux…

2 ▶ Piste 13
1. Vous prenez la rue du Mail. Vous continuez tout droit. C'est à droite, à côté de la poste.
2. Vous prenez la rue du Mail et vous tournez dans la première rue à gauche. C'est la deuxième à gauche.
3. Tu prends la rue du Mail. Tu continues tout droit, c'est la troisième rue à gauche.
4. Tu prends la rue du Mail et tu tournes dans la première rue à gauche. Tu continues tout droit. Au bout de la rue, c'est à droite.
5. Vous prenez la rue du Mail. Vous tournez dans la deuxième rue à gauche. Vous tournez encore à gauche et c'est à gauche, en face de l'hôtel.

UNITÉ 4

On mange quoi cette semaine ?

Agir

OBJECTIFS
1. Parler de ses habitudes alimentaires
2. Faire ses courses
3. Faire des projets

ATELIERS D'EXPRESSION
- Commander au restaurant
- Donner son appréciation sur un restaurant

Coopérer

PROJET CULTUREL
Créer une vidéo de chef

⇨ **MISSION**
Planifier des menus

Apprendre

STRATÉGIES *p. 68-69*

MÉMO
Réviser ✚ S'exercer, *p. 70*
J'agis, je coopère, j'apprends
Cahier, p. 46-47

ÉVALUATION
- Bilan linguistique *Cahier, p. 48-49*
- Préparation au DELF *Cahier, p. 50-51*

Grammaire	Lexique	Phonétique	Culture

- Les articles partitifs
- La place des adverbes de fréquence
- L'expression de la quantité
- Le futur proche
- Les adjectifs démonstratifs : *ce, cet, cette*

CONJUGAISON
- Boire
- Manger

- Des adverbes de fréquence
- Les quantités
- Les commerces
- Les nombres (3) de 70 à 100
- Donner un conseil
- Payer
- Donner son appréciation

- *Du, de / deux, des*
- Le « e » muet (2)
- Les sons [p], [b], [v]

 Vidéo phonétique

- Les Français et le déjeuner
- L'alimentation bio

▶ La recette du gâteau au yaourt

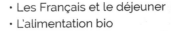

OUVERTURE DE L'UNITÉ

page 58
⏳ 5 minutes

Titre de l'unité

 Montrer le titre de l'unité et mimer l'action de manger.

page 58
⏳ 10 minutes

Illustration

– Montrer l'illustration à l'ensemble de la classe et poser la question. Proposer des réponses en nommant et en montrant des fruits et légumes (avocats, carottes, concombres…).
– Laisser les étudiants répondre en s'appuyant sur les mots transparents ou en montrant les fruits et légumes sur l'image.
– Inscrire au tableau le vocabulaire nouveau.

Au tableau !

Les fruits	un avocat	Les légumes
une orange	une tomate	une carotte
		un champignon
		un concombre

Proposition de corrigé : du concombre, de la salade, des tomates, des oignons, des champignons, des carottes, des olives, des poivrons, des avocats…

 +

Former des groupes. Demander à chaque groupe de choisir une couleur. Demander aux apprenants de faire une liste de fruits et légumes de cette couleur. Donner cinq minutes aux apprenants pour faire la liste. Vérifier chaque liste. Le groupe qui a trouvé le plus de fruits et légumes a gagné.

SITUATION ❶ Parler de ses habitudes alimentaires

LA MINUTE PÉDAGOGIQUE

Un des premiers besoins d'un apprenant est de pouvoir parler de son environnement. Les apprenants mémoriseront plus facilement du vocabulaire qui est important dans leur quotidien que des mots en lien avec un environnement inconnu ou mal connu.

page 60
⏳ 10 minutes

Activité 1

 ⓐ

– Écrire le mot « dîner » au tableau et expliquer qu'il s'agit de « manger le soir ».
– Faire écouter une première fois le document et demander d'écrire le nom des pays.
– Faire écouter une deuxième fois pour associer une heure à chaque pays.
– Corriger en demandant aux apprenants de faire une phrase complète : « En Allemagne, on mange à 18 h. »

Corrigé : En Allemagne, on mange à 18 h. En Finlande, on mange entre 16 h 30 et 18 h. En Espagne, on mange entre 21 h et 23 h.

ⓑ

Écrire le nom des trois repas au tableau et demander aux apprenants de faire une phrase pour répondre en parlant de leurs habitudes personnelles.

Proposition de corrigé : Chez moi, le dîner est à 19 h 30, le déjeuner est à 12 h 30, le petit déjeuner est à 6 h.

> **Bonne pratique**
> J'ajoute le lexique qui permet aux apprenants de parler de leurs habitudes (par exemple : le goûter, la bouillie…).

Piste 74

À quelle heure est-ce qu'on dîne en Europe ? D'après une enquête, les Allemands dînent à 18 h, les Finlandais, eux, dînent entre 16 h 30 et 18 h. En Espagne, on dîne tard : entre 21 h et 23 h.

page 60

⏳ 10 minutes

Activité 2

– Montrer le document 1 et lire le nom des aliments.
– Demander aux apprenants d'exprimer leurs goûts librement.
– Expliquer aux apprenants qu'ils vont écouter une discussion entre deux personnes. Leur demander d'écrire le nom des aliments qu'ils entendent.
– Demander aux apprenants de lire les questions et proposer une deuxième écoute pour y répondre.
– Corriger en écrivant des phrases de réponse et en expliquant le vocabulaire nouveau : *œufs, poulet*.

Corrigé : ⓐ J'aime les champignons, les asperges et les carottes. **ⓑ a.** L'homme veut manger du poulet et de la salade. La femme veut manger une omelette avec des tomates, des œufs et des champignons. **b.** les tomates, les œufs, le poulet, la salade, les fraises, les bananes, les pommes.

En groupe, pour enrichir le vocabulaire, les apprenants cherchent un fruit ou un légume qui commence par chaque lettre de l'alphabet.

Activités 1 à 4, p. 40.

Piste 75

– On mange quoi ce soir ?
– Du poulet et de la salade ?
– Encore du poulet ? Oh non…
– Dans le frigo, il y a des tomates, des œufs et des champignons. Je peux faire une omelette ?
– D'accord ! Tu peux mettre de l'ail s'il te plaît ?
– Si tu veux ! On a aussi du fromage et du pain. Et comme dessert, tu prépares une salade de fruits avec des pommes, des fraises et des bananes ?
– Ok !

page 60

⏳ 5 minutes

Activité 3

ⓐ

– Écrire « du », « de/deux » et « des » au tableau. Prononcer chaque son en montrant la graphie qui correspond.
– Faire écouter le document et laisser les apprenants écrire le son qu'ils entendent.

Corrigé : a. du. **b.** deux. **c.** des.

Piste 76

du café – deux croissants – des fruits

ⓑ

– Lire les trois positions de la bouche et faire écouter le document. Laisser les apprenants associer un son à chaque position.
– Corriger en faisant répéter les différents sons.

Corrigé : *du* – bouche arrondie et très fermée ◖●, *de/deux* – bouche arrondie et fermée ◖●, *des* – bouche tirée et fermée ◖▬.

Piste 77

du – de – des.

Activités 5 à 6, p. 40.

Intro
Unité 1
Unité 2
Unité 3
Unité 4
Unité 5
Unité 6
Unité 7
Unité 8
Outils

page 60

⏳ 10 minutes

Grammaire : Les articles partitifs

– Demander à un apprenant de lire les phrases de la partie « Observez ». Insister sur la prononciation des articles partitifs « du » et « de ».
– Demander aux apprenants de faire un geste pour représenter « **du** poulet », « **de la** salade » et montrer que ce sont des quantités qu'on ne peut pas compter.
– Laisser les apprenants compléter la règle de la partie « Réfléchissez ».
– Corriger et demander aux apprenants de compléter les phrases de la partie « Complétez ».

Corrigé : *du* + nom masculin, *de la* + nom féminin, *de l'* + nom qui commence par une voyelle – Le midi, je mange de la viande et je bois de l'eau.

➤ *cahier*
Activités 7 à 8, p. 41.

page 60

⏳ 15 minutes

Activité 4

– Le jeu d'observation des aliments a pour but de :
  • reconnaître des aliments ;
  • (re)découvrir le vocabulaire des aliments ;
  • découvrir quelques mots pour jouer ;
  • avoir plaisir à jouer ensemble, en français.
– Le jeu est composé de 56 cartes. Il y a 8 aliments par carte et toujours un aliment commun entre les cartes mais seulement un. Le but est de trouver quel aliment est le même entre les deux cartes piochées.
– Consulter la fiche pédagogique du jeu p. 279.
– Il est possible de jouer avec moins de cartes en supprimant une planche de cartes.
– Ce moment de détente doit avoir lieu après avoir fait les activités de la page 60.

page 61

⏳ 10 minutes

Activité 5

– Montrer le document 2 et laisser les apprenants décrire ce qu'ils voient : une femme, elle regarde un gâteau au chocolat. Un graphique, des pop-corn…
– Demander aux apprenants quand ils mangent du pop-corn (au cinéma, avec des amis…) et si c'est un « vrai repas ». Expliquer les mots « grignoter » et « grignotage ».
– Lire la question **a** et laisser les apprenants répondre oralement.
– Lire la question **b** et demander aux apprenants de lire le pourcentage qui correspond à chaque adverbe de fréquence.
– Lire la question **c** et laisser les apprenants répondre librement.

Corrigé : a. La femme grignote. **b.** 40 % des Français ne grignotent jamais. 30 % grignotent rarement. 15 % grignotent quelquefois. 9 % grignotent souvent. 6 % grignotent toujours. **c.** Je mange quelquefois entre les repas.

➕ +

En binôme, demander aux apprenants de faire une liste des aliments qu'ils grignotent. Constituer ensuite des groupes et sélectionner les aliments que les apprenants préfèrent grignoter. Préciser à quelles occasions les apprenants grignotent ces aliments.

page 61

⏳ 10 minutes

Activité 6

– Écrire le mot « sondage » et expliquer (un journaliste pose des questions aux personnes dans la rue).
– Dire que le thème du sondage est « les habitudes alimentaires et sportives des Français ». Demander aux apprenants d'écrire les sports et les activités qu'ils entendent et de relever les adverbes de fréquence qui correspondent.
– Corriger en faisant des phrases complètes.

Corrigé : La personne fait souvent du sport. Elle fait de la danse tous les week-ends mais elle ne fait jamais de vélo. Elle prend rarement un petit déjeuner. Elle mange très souvent des fruits et des légumes.

Piste 78

> – Bonjour, vous voulez bien répondre à un sondage sur les habitudes alimentaires et sportives des Français ?
> – Oui, si vous voulez !
> – Vous faites du sport ?
> – Oui !
> – À quelle fréquence ?
> – Souvent. Je fais de la danse tous les week-ends.
> – Et du vélo ?
> – Ah non, jamais ! J'ai trop peur de faire du vélo en ville !
> – Et vous mangez quoi au petit déjeuner ?
> – Bah, je prends rarement un petit déjeuner, je n'ai pas le temps.
> – Et, est-ce que vous mangez des fruits et des légumes ?
> – Oui, très souvent, au moins une fois par jour.
> – Et au dîner…

page 61

⏳ 10 minutes

Grammaire : La place des adverbes de fréquence

– Demander à un apprenant de lire les phrases de la partie « Observez ».
– Faire remarquer la place des adverbes dans chaque phrase et montrer le lien entre « ne » et « jamais ».
– Faire appliquer dans les phrases.

Corrigé : Les adverbes de fréquence sont placés après le verbe. Non, je ne mange jamais de sandwich. Oui, je bois souvent du café.

page 61

⏳ 10 minutes

Activité 7

– Demander aux apprenants d'écrire les aliments qu'ils mangent ou qu'ils ne mangent pas au petit déjeuner, puis les laisser les associer à un adverbe de fréquence.
– Faire rédiger une phrase pour chaque association.

Proposition de corrigé : Je prends toujours du pain. Je bois souvent du café et quelquefois du thé. Je mange rarement des céréales. Je ne prends jamais de beurre.

+ +

Demander aux apprenants de choisir une personne célèbre et d'imaginer ce qu'elle mange ou ce qu'elle ne prend pas au petit déjeuner.

> *cahier*
Activités 9 à 10, p. 41.

page 61

⏳ 10 minutes

Activité 8

– Constituer des catégories : sorties, sports, repas… et demander aux apprenants d'indiquer plusieurs activités pour chaque catégorie.
– Échanger les listes par binômes. Demander aux apprenants de dire à quelle fréquence ils font les activités. Laisser les apprenants échanger en binômes.

Proposition de corrigé : Je fais souvent du tennis. Je ne fais jamais de danse. Je fais parfois du jardinage. Je fais rarement du bricolage.

page 61

⏳ 10 minutes

Activité 9

– Demander à plusieurs apprenants quels plats ils préfèrent.
– Constituer des groupes. Laisser chaque apprenant dire quel est son plat préféré et quels sont les aliments nécessaires pour faire ce plat.

Proposition de corrigé : Je préfère le tajine. C'est du bœuf avec des oignons, des courgettes et des tomates.

page 61

⏳ 15 minutes

Activité 10

Constituer des groupes. Écrire au tableau « Sondage sur les habitudes alimentaires et sportives de la classe ».

a

Demander à chaque groupe d'écrire une dizaine de questions pour le sondage.

b

– Laisser les apprenants circuler dans la classe pour poser les questions à toute la classe.
– Demander aux groupes d'échanger les réponses obtenues. Les laisser présenter les résultats du sondage à l'oral ou par un graphique.

Proposition de corrigé : Est-ce que tu fais souvent du sport ? Est-ce que tu manges du pop-corn au cinéma ? Est-ce que tu regardes souvent la télé ? Est-ce que tu fais du golf ? Est-ce que tu manges des légumes ? Tu manges quels fruits ? Est-ce que tu vas parfois au travail à pied ? Est-ce que tu manges des gâteaux ? Est-ce que tu manges souvent de la viande ? Quel plat tu préfères ?

> *cahier*
Activités 11 à 12, p. 41.

p. 62-63

SITUATION ❷ Faire ses courses

LA MINUTE PÉDAGOGIQUE
La forme d'un document est un indice non linguistique qui permet aux apprenants de savoir quels éléments ils vont trouver dans le document. Éveiller au repérage de ces indices facilite la compréhension d'un document.

page 62
⏳ 5 minutes

Activité 1

– Demander aux apprenants d'écouter la question et faire écouter le document.
– Écrire la question au tableau et demander ce que fait le garçon. Mimer l'action d'ouvrir le réfrigérateur pour expliquer la réponse.
– Demander aux apprenants de dire comment ils font pour décider de leurs repas.

Corrigé : Qu'est-ce qu'on mange ce soir ? – Il ouvre le frigo. – Pour décider, je regarde aussi dans le frigo.

▶ Piste 79

– Qu'est-ce qu'on mange ce soir ?
– Je ne sais pas moi. Regarde dans le frigo !
– Il y a des œufs, du beurre…
– Alors, on peut faire des crêpes !
– Ah ouais ! Bonne idée !

page 62
⏳ 10 minutes

Activité 2
a

– Montrer le document 1 et demander aux apprenants de quel type de document il s'agit.
– Faire décrire l'image et demander *Il faut combien de temps ?, Est-ce que c'est difficile ?, Est-ce que c'est cher ?, C'est pour combien de personnes ?*
– Laisser les apprenants répondre à la question **b**.
– Corriger et écrire le nom des aliments **a** et **c** (du miel, des pommes).

Corrigé : a. une recette. **b.** b, d, **e.**

b

Faire observer la liste des courses du document 1 et demander aux apprenants de compléter le texte.

> **Bonne pratique**
> Je pose des questions pour aider les apprenants à faire du lien entre le type de document (recette) et les éléments à trouver à l'intérieur (le temps, le nombre de personnes, le coût…).

Corrigé : un peu de beurre / d'eau – une cuillère à soupe de sucre – 400 ml de lait – 250 g de farine – une tablette de chocolat noir.

page 62	Grammaire : L'expression de la quantité

page 62
⏳ 10 minutes

– Faire lire les exemples par un apprenant. Expliquer que « un peu » et « beaucoup » sont des quantités. Y associer un geste.
– Demander aux apprenants si *beurre, farine* et *eau* sont masculin ou féminin. Faire remarquer qu'aucun mot ne nous donne l'information et montrer qu'il n'y pas d'article avec les expressions de quantité.
– Faire compléter la phrase de la partie « Appliquez ».

Corrigé : Il n'y a pas d'articles avec les expressions de quantité. Pour apprendre le français, il faut beaucoup de patience et un peu d'efforts.

page 62
⏳ 5 minutes

Activité 3

– Laisser les apprenants lire la liste des ingrédients puis faire écouter le document.
– Laisser les apprenants compléter avec des quantités et comparer leurs réponses en binômes.
– Proposer une deuxième écoute et corriger.

Corrigé : a. une tablette de chocolat. **b.** deux cuillères à soupe de farine. **c.** 125 g de sucre. **d.** 125 g de beurre. **e.** trois œufs.

> ▶ Piste 80
>
> Bon alors, pour ce gâteau, j'ai besoin de quoi ? Une tablette de chocolat, 2 cuillères à soupe de farine, ok… 125 g de sucre, 125 g de beurre, c'est bon…et 3 œufs.

> **#culture**
>
> **Les crêpes et les galettes** sont des spécialités bretonnes. Les crêpes sont faites à base de farine de blé, les galettes avec de la farine de sarrasin. Les crêpes sont sucrées, les galettes sont salées. Traditionnellement, elles sont accompagnées de cidre.

> **cahier**
> Activités 1 à 5, p. 42.

page 62
⏳ 10 minutes

Activité 4

– Demander aux apprenants quelles sont les spécialités de leur pays et écrire le nom des plats au tableau.
– Laisser chaque apprenant choisir une spécialité et faire la liste des ingrédients en indiquant la quantité.
– Demander aux apprenants de relire leur texte pour s'assurer qu'ils n'ont pas mis d'article après l'expression de quantité et qu'ils ont mis l'apostrophe quand cela est nécessaire.

Proposition de corrigé : Bibimpap : 200 g de bœuf, trois cuillères à soupe de sauce de soja, 10 g de sucre, un peu de sel, un peu d'ail, 300 g de riz, 4 carottes, 200 g de soja, 200 g d'épinards, un œuf.

page 62
⏳ 10 minutes

Activité 5

– Faire observer l'image et aider les apprenants à nommer les ingrédients qui sont sur la pizza.

– Demander aux apprenants comment s'appelle leur pizza préférée et quels sont les ingrédients.
– Demander aux apprenants *D'où vient la pizza hawaïenne?* et *Quels sont les ingrédients?*
– Écrire les mots nouveaux au tableau.
– Continuer avec les autres sortes de pizza.

Proposition de corrigé: La pizza hawaïenne vient d'Hawaï. Il y a du fromage, de l'ananas, du maïs, des tomates. La pizza orientale vient d'Égypte. Il y a de l'oignon, du poivron, du chorizo, des merguez. La pizza napolitaine vient de Naples. Il y a des tomates, des anchois, de l'ail et des oignons. La pizza bolognaise vient de Bologne. Il y a des tomates, du bœuf, du fromage et des oignons.

page 63
⏳ 5 minutes

Activité 6

– Montrer le document 2 et demander *Qu'est-ce que c'est? Qu'est-ce que vous voyez?*
– Laisser les apprenants parler des fruits, des légumes, des personnes, des couleurs...

Proposition de corrigé: C'est un marché sur l'eau. Il y a une femme, une vendeuse. Il y a des pastèques, des ananas, des citrouilles, des papayes, des pommes de terre, des piments...

> ### #culture
>
> **Les marchés** sont différents selon les pays. En France, les marchés ont souvent lieu à l'extérieur et les marchands crient pour appeler les clients. On peut aussi trouver des halles où les commerçants viennent acheter des produits en grandes quantités. Le plus grand marché de France est le marché de Rungis. Dans certains pays francophones, il existe des marchés flottants. Les marchands se déplacent en bateau et vendent les marchandises dans leur bateau.

page 63
⏳ 5 minutes

Bonne pratique
Je sensibilise les apprenants à repérer les informations non verbales des audios (bruits, intonations...).

Activité 7

– Lire les trois propositions et dire que le document présente trois situations.
– Faire écouter la première situation et demander aux apprenants de choisir une proposition. Faire écouter les deux autres situations puis corriger en rappelant les indices (« un rayon », « cliquer », « Mesdames, Messieurs, on y va! »). Faire remarquer les différences d'ambiance.
– Demander aux apprenants où ils font leurs courses.

Corrigé: Ⓐ **a.** Dans un supermarché. **b.** au marché. **c.** sur un site d'achat en ligne. Ⓑ Je fais souvent mes courses au supermarché.

> ▶ Piste 81
>
> **a.** Aujourd'hui, profitez de notre promotion sur le steak haché! Rendez-vous au rayon boucherie!
> **b.** Allez, Mesdames Messieurs, on y va! Les oranges à 2 euros le kilo, 2 euros!
> **c.** Mais si! Tu cliques sur « valider mes achats » et ensuite sur « payer ».

page 63
⏳ 10 minutes

Activité 8

 Ⓐ

– Lire le nom des commerces de l'encadré.
– Demander aux apprenants ce qu'on peut acheter dans chaque commerce (en commençant par ceux que les apprenants connaissent déjà ou qui ressemblent à des mots connus).
– Pour chaque commerce, faire nommer plusieurs aliments et les écrire au tableau.

Ⓑ

– Demander aux apprenants d'écrire la liste de courses et faire écouter le document. En binôme, laisser les apprenants échanger sur les ingrédients qu'ils ont entendus et sur les commerces où ils peuvent les acheter.
– Corriger en écoutant de nouveau le document.

127

Corrigé : ⓐ boulangerie : du pain, des croissants ; pâtisserie : des tartes, des gâteaux ; fromagerie : du camembert, du brie ; poissonnerie : du saumon, du thon ; boucherie : du bœuf, du porc ; marchand de fruits et légumes : des pommes, des concombres…
ⓑ un poulet (boucherie), pain (boulangerie), tarte aux framboises (pâtissier).

> ▶ Piste 82

> Coucou chéri, c'est moi ! Dis, je suis à la maison, tu peux faire des courses ? On peut manger un poulet ce soir. Tu passes à la boucherie ? Ah, et à la boulangerie aussi, on n'a plus de pain. Tu peux prendre une tarte aux framboises chez le pâtissier ? J'ai envie d'un bon dessert. À tout à l'heure !

Constituer des binômes. Demander aux apprenants de laisser un message à leur colocataire pour qu'il fasse les courses. Les laisser enregistrer leur message. Chaque apprenant écoute le message de son binôme et écrit la liste de course. Il choisit dans quels commerces il doit se rendre.

> *cahier*
> **Activités 6 à 8, p. 43.**

<table>
<tr><td>page 63
⏳ 5 minutes</td><td>

Activité 9

👤 **ⓐ**

– Lire « la poissonnerie » en découpant et comptant les syllabes.
– Demander aux apprenants de compter les syllabes et faire écouter le document.

ⓑ

Corriger en découpant les syllabes et en montrant la correspondance phonie-graphie.

Corrigé : 3 syllabes, 4 syllabes, 4 syllabes

> ▶ Piste 83
>
> **1.** la boucherie
> **2.** la boulangerie
> **3.** la pâtisserie

> *cahier*
> **Activités 9 à 10, p. 43.**

</td></tr>
</table>

page 63
⏳ 10 minutes

Activité 10

👤 **ⓐ** Lire le tableau avec les apprenants et proposer une première écoute.
– Laisser les étudiants compléter le tableau et comparer leurs réponses.
– Proposer une deuxième écoute puis corriger.
ⓑ Laisser les apprenants lire les phrases. Au tableau écrire « le marchand » à droite et « le client » à gauche. Demander aux apprenants d'associer les phrases à une personne et faire écouter le dialogue 1.
– Corriger et faire répéter les phrases.

Corrigé : ⓐ

	C'est où ?	Ils achètent quoi ?	Ça fait combien ?
Dialogue 1	C'est au marché.	La cliente achète 2 kg de pommes de terre et un kilo de carottes.	Ça fait 5,89 euros.
Dialogue 2	C'est à la boulangerie.	La cliente achète une baguette et deux croissants.	Ça fait 3,10 euros.
Dialogue 3	C'est à la boucherie.	La dame achète deux steaks hachés et un poulet.	

ⓑ Le marchand : Et avec ceci ? Ça fait 5,89 euros. Le client : Je voudrais deux kilos de pommes de terre. C'est tout, merci ! Ça fait combien ?

> ▶ Piste 84
>
> **1.** – Bonjour, monsieur ! Je voudrais deux kilos de pommes de terre et un kilo de carottes, s'il vous plaît.
> – Et avec ceci ?
> – C'est tout, merci ! Ça fait combien ?
> – Alors, ça fait 5,89 €.
> – Et voilà, bonne journée !
> – Au revoir, madame !

> **2.** – Bonjour Madame, je voudrais une baguette et deux croissants, s'il vous plaît !
> – Et voilà, 3,10 €, s'il vous plaît.
> – Bonne journée !
> **3.** – Mademoiselle, bonjour !
> – Bonjour, je voudrais 2 steaks hachés et un poulet rôti, s'il vous plaît !
> Et avec ceci ?

> cahier
Activités 11 à 12, p. 43.

page 63

⏳ 5 minutes

Activité 11

– Demander aux apprenants où ils habitent, dans quel quartier.
– Montrer l'encadré des commerces et demander aux apprenants quels commerces il y a dans leur quartier. Constituer des groupes et laisser les apprenants échanger.

Proposition de corrigé : Dans mon quartier, il y a un supermarché, un marchand de fruits et légumes, une boucherie et deux boulangeries.

page 63

⏳ 5 minutes

Activité 12

– Nommer un aliment « pain » et demander *C'est dans quel commerce ?* Laisser les apprenants répondre.
– Constituer des groupes et laisser les apprenants répéter la démarche.

Proposition de corrigé : un croissant ➜ la boulangerie, un poulet ➜ la boucherie, du saumon ➜ la poissonnerie…

Par deux, un apprenant donne un budget (par exemple, 20 euros), le second dit ce qu'il peut acheter pour ce budget (deux baguettes, une petite tarte aux pommes, un kilo de poires, une tablette de chocolat).

PRÉPARER SA CLASSE

Placer les tables séparément dans différentes parties de la classe pour simuler les stands sur un marché. Retirer les chaises.

page 63

⏳ 10 minutes

Activité 13

a et **b**

– Dire *C'est le marché.* Séparer la classe en deux groupes. Attribuer un rôle à chaque groupe : « Vous êtes les clients. » « Vous êtes les marchands. »
– Dire aux « clients » de préparer une liste de courses.
– Dire aux « marchands » de faire la liste des aliments avec les prix.
– Demander aux « marchands » de s'installer derrière une table (un stand) et demander aux « clients » de passer sur les stands pour faire leurs achats.

Proposition de corrigé : a Liste de courses : 1 kg de tomates, 500 g de bœuf, un camembert, 1 kg de pommes, une baguette. La boulangerie : baguette 0,90 euro, croissant 1 euro, tarte aux fraises 10 euros, gâteau au chocolat 12 euros. **b** « Bonjour, je voudrais 500 g de bœuf, s'il vous plaît. – Et avec ceci ? – C'est tout, merci ! C'est combien ? – 6 euros. »

Sur chaque liste de courses, ajouter un aliment inconnu des apprenants ou insolite pour eux. Répartir les mêmes aliments avec le mot illustré et un prix sur les différents stands.

#culture

Les fruits et légumes sont vendus au kilo ou à la pièce.
Au kilo : les pommes, les poires, les bananes, les pêches, les abricots, les fraises, les tomates, les courgettes, les champignons…
À la pièce : les avocats, les pamplemousses, les ananas, les salades, les kiwis…

> cahier
Activités 13 à 15, p. 43.

SITUATION ❸ Faire des projets

LA MINUTE PÉDAGOGIQUE

S'imprégner d'un document avant de lire les questions de compréhension peut faciliter la compréhension globale. La lecture des questions avant l'écoute ou la lecture oblige les apprenants à limiter leur compréhension à la recherche de certaines informations.

page 64
⏳ 5 minutes

Activité 1

– Lire les exemples « Moi, je mange beaucoup de chocolat » et « Et moi, peu de légumes ». Demander aux apprenants si c'est bien ou pas bien.
– Demander aux apprenants *Vous mangez beaucoup de chocolat ?, Vous mangez beaucoup de légumes ?* et les laisser produire des phrases pour parler de leur alimentation.

Proposition de corrigé : Je mange beaucoup de viande. Je ne mange pas de fromage.

page 64
⏳ 10 minutes

Activité 2

– Montrer le document 1. Expliquer « Maintenant, je mange beaucoup de chocolat. Demain, j'arrête le chocolat. C'est une bonne résolution. »
– Demander aux apprenants de lire les bonnes résolutions. Montrer les trois catégories (travail, santé, vie personnelle) et demander aux apprenants de classer les bonnes résolutions.
– Corriger en montrant la différence entre les bonnes résolutions de départ et les bonnes résolutions maintenant. Expliquer les nuances (*diminuer/ arrêter, 5/10 kilos…*).

Corrigé : Travail : Je vais arrêter/diminuer Internet au bureau. Santé : Je vais faire du sport 3 fois par semaine/par mois. Je vais perdre 10/5 kilos. Vie personnelle : Je vais arrêter de sortir tous les week-ends/la semaine. Je vais être sympa avec mon ex-mari.

page 64
⏳ 10 minutes

Grammaire : Le futur proche

– Lire la première phrase d'exemple. Faire observer la structure *aller* + verbe à l'infinitif. Montrer que le verbe *aller* est conjugué.
– Demander « quand » se passe l'action et expliquer que c'est une action future (demain, l'année prochaine, la semaine prochaine…).
– Lire la deuxième phrase d'exemple. Entourer les deux parties de la négation et montrer leur place dans la phrase.
– Lire les deux questions « Appliquer » et laisser les apprenants écrire des phrases pour répondre.
– Écouter les propositions de plusieurs apprenants et écrire quelques phrases au tableau.

Corrigé : *Aller* + un verbe à l'infinitif, « ne » se place avant le verbe *aller* et « pas » se place après. Ce soir, je vais regarder un film avec mes amis. Demain, je ne vais pas venir à l'université.

page 64
⏳ 10 minutes

Activité 3

– Lire la question et montrer que « l'année prochaine » implique d'utiliser le futur proche. Associer « bonne résolution » à plusieurs catégories « travail, santé, vie personnelle… ».
– Constituer des binômes et laisser les apprenants échanger sur leurs bonnes résolutions.

Corrigé : Je vais manger des légumes. Je vais aller à la piscine tous les samedis. Je vais diminuer le téléphone.

> *cahier*
Activités 1 à 6, p. 44-45.

Activité 4

– Expliquer que le document contient 4 situations. Demander d'entendre l'activité et le moment de l'activité pour chaque situation.
– Faire écouter le document et laisser les apprenants écrire les informations qu'ils ont entendues.
– Proposer une deuxième écoute puis corriger. Expliquer que « ciné » correspond à l'abréviation de « cinéma ». Demander à quel jour correspondent les expressions « ce soir », « cet après-midi ».
– Faire écouter les dialogues avec la transcription et les faire lire en binômes.

Corrigé : 1. Le ciné – ce soir **2.** Courir – samedi matin **3.** Travailler dans un restaurant – cette année **4.** Faire des courses – cet après-midi

> ▶ Piste 85
>
> **1.** –Tu fais quoi ce soir ?
> – Rien de spécial.
> – On va au ciné ?
> **2.** –On va courir ce week-end ?
> – Oui, pourquoi pas ! Samedi matin ?
> **3.** –Alors, tu vas faire quoi, cette année ?
> – Je vais travailler dans un restaurant. Je suis contente !
> **4.** –Tu veux faire quoi cet après-midi ?
> – Je sais pas… on va faire des courses ?

Grammaire : Les adjectifs démonstratifs

– Faire lire les phrases d'exemple par un apprenant.
– Pour chaque nom en gras, demander s'il est masculin ou féminin.
– Faire compléter la partie « Réfléchissez » par les apprenants puis mettre en commun.
– Poser les questions de la partie « Appliquez » puis laisser les apprenants répondre par écrit.
– Écrire quelques phrases en correction.

Proposition de corrigé : *ce* + nom masculin. *cet* + nom masculin qui commence par une voyelle. *cette* + nom féminin. Ce matin, je veux aller à la bibliothèque. Cet après-midi, je veux faire des courses. Ce week-end, je veux visiter un château.

> *cahier*
> **Activité 10, p. 45.**

PRÉPARER SA CLASSE

Préparer des petits morceaux de papier (entre trois et cinq par apprenants) et un chapeau (ou un objet permettant de mélanger les papiers).

Activité 5

– Demander aux apprenants d'écrire leurs bonnes résolutions sur des petits morceaux de papier.
– Les rassembler dans un chapeau ou autre contenant.
– Diviser la classe en deux groupes. Une personne du premier groupe vient piocher un papier et essaie de faire deviner la bonne résolution à son groupe par un dessin ou un mime. Limiter le temps par un sablier ou un chronomètre.
– Demander aux apprenants de formuler une phrase complète au futur proche avec « tu » ou « vous » avant d'accepter la réponse.
– Une fois que la réponse est donnée ou que le temps est dépassé, demander à une personne de la deuxième équipe de venir jouer. Donner un point pour chaque résolution trouvée.

Proposition de corrigé : Je vais faire plus de sport. Je vais dormir plus. Je vais voir souvent mes amis…

Activité 6

– Faire observer le document 2. Lire le titre « 9 conseils pour être en forme au quotidien ». Souligner « être en forme » et demander aux apprenants s'ils comprennent l'expression. Expliquer « être en forme = ça va bien ». Puis, souligner « quotidien » et demander aux apprenants s'ils comprennent le mot. Expliquer « quotidien = tous les jours, lundi, mardi… ».
– Montrer le numéro 1 et lire « Un sport quotidien ». Dire et écrire : « Pour être en forme, il faut faire un sport quotidien ». Montrer « *il faut* + verbe à l'infinitif ».
– Demander aux apprenants, en binôme, de lire les conseils et d'écrire une phrase « *il faut* + verbe » pour chaque conseil. Corriger.

Proposition de corrigé : Il faut faire un sport quotidien. Il faut arrêter le téléphone deux heures avant de dormir. Il faut prendre trois repas par jour. Il faut faire quatre pauses pour se détendre. Il faut manger cinq fruits et légumes. Il faut faire six minutes de méditation. Il faut boire sept verres d'eau. Il faut dormir huit heures. Il faut marcher neuf kilomètres.

Demander aux apprenants *Vous suivez quels conseils ?*, *Quels sont vos chiffres ?* en montrant le document. Laisser les apprenants échanger en binômes.

Proposition de corrigé : Le matin, je fais une minute de méditation. Le soir, je dors six heures. Je mange 3 fruits et légumes par jour. Je fais 5 pauses pour me détendre. Je fais deux sports quotidiens.

Demander à chaque apprenant de rédiger ses « 9 conseils pour être en forme » et de les illustrer.

> cahier
Activités 7 à 9, p. 45.

Activité 7

Bonne pratique

Je propose une première écoute sans questions pour retrouver quelques informations importantes : le nombre de personnes, le thème, le contexte.

– Dire que le document est une conversation et demander aux apprenants d'écouter combien de personnes parlent et de trouver le thème de la discussion.
– Faire une première écoute et faire repérer qu'il y a deux personnes qui parlent d'être en forme.
– Lire les questions **a** et **b** et entourer les mots-clés « problèmes » et « conseils ». Proposer une deuxième écoute et laisser les apprenants comparer leurs réponses en binômes.
– Proposer une troisième écoute, si nécessaire, puis, corriger en écrivant les phrases. Lire l'encadré pour donner des conseils et faire remarquer les structures « *Il faut* + infinitif », « *pouvoir* + infinitif ».

Corrigé : a. Problème : L'homme est toujours malade et stressé. Parce qu'il a un nouveau travail. . **b.** Conseils : Il faut faire des pauses, il faut dormir plus, il faut faire du sport, il faut surveiller son alimentation, il faut boire beaucoup d'eau.

┌─ ▶ Piste 86 ─────────────────────────────────
│ – Je suis fatigué en ce moment. Et je suis toujours malade.
│ – C'est à cause de ton nouveau travail ?
│ – Oui, je suis très stressé.
│ – Il faut faire des pauses au travail et dormir plus.
│ – Mais je dors 8 heures par nuit !
│ – Tu peux peut-être faire du sport, surveiller ton alimentation et boire beaucoup d'eau.
│ – Oui, je sais…
└──

Activité 8

 **ⓐ**

– Écrire les trois sons au tableau et les lire.
– Demander aux apprenants de choisir un son pour chaque expression. Faire écouter les expressions.
– Corriger en écoutant chaque expression.

Corrigé : a. [p]. **b.** [b]. **c.** [v]. **d.** [p].

> ▶ Piste 87
>
> **a.** Faire une pause.
> **b.** Boire de l'eau.
> **c.** Tu vas dormir.
> **d.** Tu peux marcher.

ⓑ

– Montrer les symboles et montrer la forme de la bouche pour chaque proposition.
– Faire écouter les trois sons et les faire répéter.
– Faire associer un symbole à un ou plusieurs son(s) et faire répéter de nouveau.

 Corrigé : Les lèvres se touchent 👄 : [p], [b]. Les dents du haut touchent la lèvre du bas 👄 : [v]. Les cordes vocales vibrent 🎵 : [b], [v].

> ▶ Piste 88
>
> [p] – [b] – [v]

> **cahier**
> Activités 11 à 12, p. 45.

Activité 9

– Former des groupes de quatre.
– Écrire au tableau « Pour progresser en français, il faut… », « Pour manger équilibré, tu peux… », « Pour bien dormir, vous pouvez… ».
– Demander aux apprenants de compléter les phrases et de faire plusieurs propositions pour chaque situation.
– Mettre en commun et corriger.

Proposition de corrigé : Pour progresser en français, il faut réviser le vocabulaire, il faut parler avec des Français, il faut écouter des chansons, il faut poser des questions. – Pour manger équilibré, tu peux manger trois fois par jour, tu peux boire beaucoup d'eau, tu peux manger beaucoup de légumes, tu peux manger des fruits. – Pour bien dormir, vous pouvez boire moins de café, vous pouvez faire du sport, vous pouvez éteindre votre téléphone, vous pouvez lire avant de dormir.

Activité 10

ⓐ et **ⓑ**

Former des groupes. Dans chaque groupe, demander aux apprenants de faire une liste de problèmes. Demander aux apprenants de présenter leurs problèmes et laisser le groupe proposer des solutions.

Proposition de corrigé : Je ne dors pas bien ➜ Il faut méditer le soir. J'ai toujours faim ➜ Tu peux grignoter des fruits. Je ne fais pas de sport ➜ Tu peux faire du vélo avec des amis.

➕ ✦

Demander à chaque apprenant de faire une liste de conseils pour un problème. Laisser les apprenants lire les conseils à leur voisin(e). Il doit retrouver le problème.

> **cahier**
> Activités 13 à 15, p. 45.

page 66

⏳ 10 minutes

Où déjeunent les Français ?

– Montrer le document et lire le titre « Où déjeunent les Français ? ».
– Laisser les apprenants lire les questions et y répondre en regardant le graphique.
– Corriger et demander aux apprenants où ils mangent, ce qu'ils mangent et s'ils aiment aller au restaurant.

Corrigé : 15 % des Français mangent à la maison, 55 % mangent au travail, 4 % mangent au restaurant.
J'apporte mon déjeuner. Je mange du riz et des légumes. J'aime bien aller parfois au restaurant.

page 66

⏳ 5 minutes

Crème brûlée aux spéculoos

– Montrer l'image et dire que c'est une crème brûlée, un dessert.
– Demander aux apprenants de regarder la liste des ingrédients et de compléter avec un article.
– Si nécessaire, indiquer le genre des noms ou laisser les apprenants chercher dans un dictionnaire.
– Corriger en faisant le lien avec le genre de chaque nom.

Corrigé : de la crème, du lait, des spéculoos, des œufs, du sucre.

page 66

⏳ 5 minutes

Du, deux ou des ?

ⓐ

Dire *deux* puis *du*. Demander aux apprenants d'écouter et d'écrire ce qu'ils entendent. Corriger en réécoutant.

Corrigé : a. du. **b.** deux. **c.** deux. **d.** du.

> ▶ Piste 89
>
> **a.** du pain
> **b.** deux pains
> **c.** deux poissons
> **d.** du poisson

ⓑ

Dire *deux* puis *des*. Demander aux apprenants d'écouter et d'écrire ce qu'ils entendent. Corriger en réécoutant.

Corrigé : a. des. **b.** deux. **c.** des. **d.** deux.

> ▶ Piste 90
>
> **a.** des fruits
> **b.** deux fruits
> **c.** des croissants
> **d.** deux croissants

page 66

⏳ 10 minutes

Les Français et le bio

– Montrer le document et lire le titre « Les Français et le bio ». Expliquer « bio = aliments naturels ».
– Lire la question « À quelle fréquence les Français achètent-ils des produits bio ? » et expliquer « Les Français mangent beaucoup d'aliments bio ? ».
– Lire la phrase d'exemple et montrer l'information dans le document.
– Lire les adverbes de la consigne. Demander aux apprenants d'écrire des phrases. Corriger en écrivant les phrases au tableau.

Corrigé : 75 % des Français achètent parfois des produits bio. 23 % des Français n'achètent jamais de produit bio. 29 % des Français achètent rarement des produits bio. 1 % des Français achètent toujours des produits bio.

> ### #culture
>
> **Les produits bio** en France occupent une place de plus en plus importante. La consommation et la production augmentent dans les cultures et l'élevage. Cependant, plus de 40 % des produits bio sont vendus par des grandes surfaces et seuls 69 % de ces produits sont issus de l'agriculture française.

page 66

⏳ 5 minutes

La baguette

– Montrer l'image de la baguette et demander *Vous connaissez les ingrédients ?*
– Lire la liste des ingrédients puis faire écouter le document.
– Laisser les apprenants compléter les quantités puis corriger.

Corrigé : Il faut 250 g de farine, 10 g de levure, 15 cl d'eau et un peu de sel.

> ▶ Piste 91
>
> – Le président de la République veut faire entrer la baguette au patrimoine mondial de l'Unesco. Gontran Cherrier, bonjour ! Avec votre boulangerie située à Montmartre, vous êtes une star de la baguette. Alors, quels sont les secrets de la baguette française ?
> – Une baguette, c'est facile ! Il faut 250 g de farine, 10 g de levure, 15 cl d'eau et un peu de sel.

> ### #culture
>
> **La baguette** est une sorte de pain. Elle est fine et longue. Elle aurait été inventée sous Napoléon Ier pour permettre aux soldats de transporter plus facilement leur pain. Chaque année, un concours est organisé pour choisir la meilleure baguette de Paris. Le boulanger sélectionné devient le fournisseur de l'Élysée pendant une année.

page 66

⏳ 5 minutes

Le « e » muet

– Demander aux apprenants de lire les phrases silencieusement.
– Écrire la lettre « e » au tableau et demander aux apprenants de barrer les « e » qu'ils n'entendent pas dans les phrases qu'ils viennent de lire.
– Faire écouter le document et corriger. Faire écouter de nouveau et demander aux apprenants de lire les noms des commerces à voix haute.

Corrigé : a. le petit-déjeuner. **b.** la boulangerie. **c.** la fromagerie. **d.** la pâtisserie. **e.** l'épicerie. **f.** la crémerie.

> ▶ Piste 92
>
> **a.** le petit déjeuner
> **b.** la boulangerie
> **c.** la fromagerie
> **d.** la pâtisserie
> **e.** l'épicerie
> **f.** la crémerie

page 66

⏳ 5 minutes

Dans un magasin de fromages

– Dessiner un tableau pour faciliter la compréhension de la consigne.

1	2	3	4	5

– Faire des binômes et demander aux apprenants de lire les phrases et de les remettre dans l'ordre.
– Demander à un binôme de lire le dialogue.

Corrigé: d – e – a – b – c.

page 67
⏳ 10 minutes

Qu'est-ce qu'ils vont faire ?

– Demander aux apprenants d'écrire les phrases individuellement.
– Les laisser comparer en binôme, puis corriger.

Corrigé: **a.** Demain, je vais aller courir. **b.** Ce week-end, je ne vais pas faire la fête. **c.** Cette semaine, on va partir en vacances. **d.** Cette année, tu vas manger équilibré ? **e.** Cette année, il ne va pas sortir tous les soirs.

page 67
⏳ 5 minutes

Les sons [p], [b], [v]

– Lire les sons [p], [b], [v] et montrer la position de la bouche.
– Faire écouter les paires minimales l'une après l'autre et demander aux apprenants de les répéter.

┌─ ▶ Piste 93 ──────────────┐

a. poisson – boisson
b. tu bois – tu vois
c. je paie – je vais
d. Tu vas dormir ?
e. On va boire un verre ?

└───────────────────────────┘

page 67
⏳ 5 minutes

Les conseils d'amis

– Lire le titre « Les conseils d'amis » et demander aux apprenants d'associer deux éléments pour faire une phrase.
– Corriger en insistant sur les expressions du conseil.

Corrigé: **a.** 2. **b.** 3. **c.** 4. **d.** 1.

 +

Constituer des groupes. Lire une des amorces (Pour faire tes courses rapidement…) et laisser une minute aux groupes pour écrire plusieurs propositions pour finir la phrase. Comparer les réponses. Si deux groupes font la même proposition, ils ne gagnent pas de point. Si un groupe fait une proposition unique, il gagne un point. Continuer avec les autres amorces.

page 67
⏳ 5 minutes

Je suis...

– Demander aux apprenants de regarder l'image et de lire la description.
– Les laisser réfléchir à la réponse. Corriger.

Corrigé: la salade niçoise.

page 67

⏳ 5 minutes

Les Français disent...

– Demander aux apprenants de regarder l'image. Lire « tomber dans les pommes » et demander *Qu'est-ce que c'est ?*
– Lire les propositions et demander aux apprenants d'en choisir une.
– Corriger et expliquer « s'évanouir » en mimant l'émotion.

Corrigé : s'évanouir.

page 67

⏳ 5 minutes

Jouons avec les sons !

Faire écouter la phrase puis demander aux apprenants de s'entraîner à la dire en binôme.

▶ **Piste 94**

Un bol plein de poires, un verre plein de prunes, un plat plein de blé.

page 67

⏳ 5 minutes

Vidéo lab'

PROJET

– Faire visionner la vidéo et faire relever les informations données : les ingrédients, les étapes de la recette.
– Au tableau, écrire « cuisine française + cuisine de mon pays = …. » et demander aux apprenants d'imaginer le résultat.

▶ **Individuellement**

Laisser les apprenants faire la liste des ingrédients avec les quantités et imaginer différentes étapes.

▶ **Par deux**

– Constituer des binômes pour filmer les recettes. Laisser les apprenants présenter les ingrédients à l'oral ou sur des affiches à l'écrit, selon leur choix.
– Filmer les étapes de la recette et partager les productions sur un réseau social.

Proposition de corrigé : La baguette aux algues – **Ingrédients :** une baguette, 4 feuilles d'algues nori, 25 g de beurre, un peu d'huile de soja. **Étapes (filmées) :** couper la baguette en deux, étaler le beurre sur la baguette, découper les feuilles d'algues et les répartir sur la baguette, mettre un peu d'huile de soja sur les algues et manger !

p. 68-69

Ateliers Commander au restaurant

page 68

⏳ 5 minutes

Activité 1

– Faire observer le document 1 et demander aux apprenants de répondre aux deux questions pour situer le contexte.
– Corriger en faisant observer le menu et « plat du jour ». Expliquer que le « plat du jour » est un plat qui change chaque jour en fonction des produits disponibles.

Corrigé : a. Ils sont au restaurant. **b.** Ils regardent le menu.

page 68

⏳ 10 minutes

Activité 2

– Faire observer le document 2 et demander *Qu'est-ce que c'est ?* Faire repérer le nom du restaurant sur le menu.
– En binôme, demander aux apprenants d'observer le document et de répondre aux questions.
– Corriger en montrant les informations sur le menu. Expliquer le mot *formule* et l'opposer à « À la carte ». Expliquer l'expression « fait maison » et l'associer au symbole.

Corrigé : **a.** C'est possible mais ils peuvent aussi choisir une formule « entrée + plat » ou « plat + dessert ». **b.** Non, seulement les plats « faits maison ». **c.** Je choisis le poisson du jour et les légumes frais. **d.** Je choisis la salade végétarienne.

page 68
⏳ 10 minutes

Activité 3

– Demander aux apprenants de lire les trois questions. Leur demander ensuite de regarder le menu et d'écouter la conversation.
– Laisser les apprenants répondre aux questions, puis proposer une deuxième écoute.
– Corriger.

Corrigé : **a.** Ils choisissent la formule avec une entrée et un plat. **b.** Une personne prend une salade de tomates mozzarella avec du poulet rôti, l'autre personne prend une salade de tomates mozzarella avec du poisson. **c.** Une personne paye en espèces et l'autre par carte.

> ▶ Piste 95
>
> – Messieurs dames, bonjour ! Vous prenez la formule ?
> – Oui, je vais prendre la formule déjeuner. En entrée, je vais prendre la salade tomates-mozzarella.
> – Ah, moi aussi. La même chose, s'il vous plaît !
> – Et pour les plats ?
> – Je vais prendre le poulet rôti.
> – Et pour moi, le poisson.
> – …
> – L'addition, s'il vous plaît !
> – Oui, vous payez comment ?
> – En espèces pour moi.
> – Et moi, par carte, merci !

> **#culture**
>
> En France, quand des amis sortent ensemble pour dîner, il est de plus en plus courant que chacun paye son repas ou que l'addition totale soit divisée par le nombre de convives.

page 68
⏳ 5 minutes

Activité 4

ⓐ et ⓑ

– Demander aux apprenants de lire les phrases silencieusement. Attirer l'attention sur la dernière syllabe et demander si elle monte ou si elle descend. Lire la première phrase avec une intonation montante puis avec une intonation descendante.
– Faire écouter le document et laisser les apprenants faire les choix.
– Corriger en faisant répéter l'intonation. Lire le cadre « Apprendre » qui rappelle les informations principales.

Corrigé : **a.** ↘ **b.** ↗ **c.** ↗

> ▶ Piste 96
>
> – On prend la formule.
> – Vous prenez la formule ?
> – Messieurs dames, bonjour !

> ▶ Piste 97
>
> – Je vais prendre la salade.
> – Il y a une formule ?
> – Merci, à bientôt !

page 68
⏳ 15 minutes

Activité 5

– Disposer les tables pour avoir trois ou quatre places dans chaque îlot et de l'espace pour circuler autour.
– Former des groupes de trois. Montrer le menu du document 2.
– Choisir un serveur dans chaque groupe. Demander au serveur de rester debout.

– Laisser les apprenants jouer la scène.
– Inverser les rôles.

Proposition de corrigé : – Messieurs, dames, bonjour! Vous avez choisi? – Oui, je prends la formule plat-dessert, avec la salade végétarienne en plat et une tarte aux pommes. – Et moi, je vais prendre une terrine du Périgord et un poisson du jour. ... – L'addition, s'il vous plaît! – Vous payez comment? – Par carte.

 Donner son appréciation sur un restaurant

page 69
⏳ 10 minutes

Activité 1

– Demander aux apprenants d'observer le document 1 et de repérer les informations principales.
– En binôme, laisser les apprenants lire les questions et chercher les réponses dans le document.
– Corriger et montrer les réponses sur le document.

Corrigé : a. C'est un restaurant. **b.** C'est à Paris. **c.** Oui, une personne dit « Les prix sont un peu élevés ». **d.** Il y a 4 avis positifs et 1 avis négatif.

page 69
⏳ 10 minutes

Activité 2

– Demander aux apprenants de lire les avis et de repérer les adjectifs.
– Laisser les apprenants classer les adjectifs dans le tableau.
– Expliquer la stratégie présentée dans le cadre « Apprendre ».

Corrigé :

	L'accueil et le service	La qualité de la nourriture	Les prix
☺	Chaleureux Sympathique Agréable	Bonne, généreuse Très bon, délicieux Parfaitement cuit Fait maison Bon	
☹	Désagréable Long	Froids (plats) Pas assez cuit	élevés

page 69
⏳ 15 minutes

Activité 3

a
– Demander aux apprenants quels restaurants ils connaissent.
– Lire les différents points à discuter : accueil, service, qualité de la nourriture, prix.
– Demander à chaque apprenant de choisir un restaurant qu'ils aiment ou qu'ils détestent. Les laisser lister les adjectifs qui correspondent pour chaque catégorie.

b
– Montrer la forme de l'avis sur un site internet et laisser les apprenants rédiger un avis pour le restaurant choisi.
– Ramasser pour corriger.

Proposition de corrigé :

⊚⊚ **trip**advisor FRANCE   **Paris ▾**

Paris : informations   Hôtels   Locations vacances   Vols   **Restaurants**   Activités   •••

Restaurant : *Le Punjab*

Mon avis : ◉◉◉◉◯ *Excellent! La nourriture est délicieuse. Tous les plats sont faits maison. Le service est rapide mais les serveurs ne sont pas très chaleureux et les prix sont un peu élevés.*

page 70

⏳ 5 minutes

Activité 1

– Demander aux apprenants de lire le point de grammaire sur les articles partitifs, ainsi que le point phonétique sur « du, de » et « deux, des ».
– Laisser les apprenants choisir un article partitif pour chaque aliment et laisser les apprenants trouver l'intrus.
– Corriger et expliquer que « tomate » s'utilise généralement avec « une » et non pas « de la ».

Corrigé: du fromage, de la viande, de l'eau, du lait, du pain, de la confiture, du beurre, de la farine, du sucre.
L'intrus est « une tomate ».

page 70

⏳ 10 minutes

Activité 2

– Demander aux apprenants de lire le point de grammaire sur la place des adverbes de fréquence, ainsi que le point lexical avec quelques adverbes de fréquence.
– Lire la question « À quelle fréquence est-ce que votre voisin(e) fait du sport? ».
– Demander aux apprenants de poser des questions à leur voisin(e) en utilisant les adverbes. Inciter à répondre avec un adverbe de fréquence.

Proposition de corrigé:
Est-ce que tu fais souvent de la natation?
Est-ce que tu cours parfois?
Est-ce que tu fais souvent du vélo?
Est-ce que tu fais régulièrement du tennis?

page 70

⏳ 10 minutes

Activité 3

– Demander aux apprenants de lire le point de grammaire sur l'expression de la quantité, ainsi que le point lexical sur les quantités.
– Laisser les apprenants choisir une recette avec cinq ingrédients.
– Faire écrire les cinq ingrédients nécessaires et la quantité de chaque ingrédient pour la recette.

Proposition de corrigé: Spaghetti au citron: 2 citrons, 400 g de spaghetti, 100 g de parmesan, 2 cuillères à soupe de persil, 200 g de crème.

page 70

⏳ 5 minutes

Activité 4

– Demander aux apprenants de lire le point phonétique sur le « e » muet et sur le son [p], [b], [v], ainsi que le point lexical sur les commerces.
– Lire la question.
– Laisser les apprenants échanger en binômes.

Proposition de corrigé:
– Où tu fais tes courses?
– J'achète la viande à la boucherie, le pain à la boulangerie, les légumes au marché.

page 70

⏳ 10 minutes

Activité 5

– Demander aux apprenants de lire les points grammaticaux sur le futur proche et l'adjectif démonstratif.
– Lire la consigne et insister sur « aujourd'hui ».
– Laisser les apprenants écrire individuellement.
– Ramasser pour corriger.

Proposition de corrigé : Ce matin, je vais étudier. Ce midi, je vais déjeuner à la cantine. Cet après-midi, je vais aller à la bibliothèque. Je ne vais pas aller au café. Ce soir, je vais regarder un film.

> **> cahier**
> Activités du Mémo, p. 46 et 47

page 71

⌛ **30 minutes**

⇨ Mission

LA MINUTE PÉDAGOGIQUE

La mission reprend l'ensemble des objectifs communicatifs étudiés dans l'unité. Les apprenants les mettent en œuvre pour répondre à un besoin concret en contexte. Elle favorise la collaboration entre les apprenants.

– Lire le point 1 avec les apprenants. Leur demander de surligner dans les encadrés, les informations nécessaires pour répondre au point 1.
– Proposer de faire des groupes de 3. Leur laisser quelques minutes pour constituer des groupes.
– Lire le point 2 et demander aux apprenants de préparer des questions pour connaître les goûts des membres du groupe. Les aider, si besoin, en donnant un ou deux exemples de questions.
– Lire le point 3 et proposer aux apprenants de se répartir les jours de la semaine : 2 jours chacun. Chaque apprenant écrit les menus des deux jours et la liste des courses. Indiquer un temps précis (Exemple : 15 minutes). À la fin du temps imparti, proposez aux apprenants de mettre en commun dans le groupe. Indiquer les contraintes : 1. chaque repas est différent ; 2. la liste ne contient pas deux fois le même produit.
– Ramasser les menus et la liste pour les corriger.

Proposition de corrigé :
1. 15 personnes – cuisine italienne – repas faciles et rapides.
2. Est-ce que tu aimes le fromage ? Quels légumes tu n'aimes pas ? Tu préfères le poisson ou la viande ?
3. Pizza margharita : 200 g de farine, un peu d'huile d'olive, 500 g de tomates, deux oignons, 200 g de mozzarella.
Spaghetti bolognaise : 2 kg de tomates, 1 kg 500 de viande de bœuf haché, quatre oignons, 800 g de spaghetti.
Salade à l'italienne : 12 tomates, 400 g de mozzarella, 60 g d'olives, un peu d'huile d'olive.

> **> cahier**
> Bilan linguistique, p. 48 et 49
> Préparation au DELF, p. 50 et 51

TEST

GRAMMAIRE

1 Écrivez les phrases au futur proche.   5 points

1. Nous mangeons au restaurant. ➔ Demain soir, ...

2. Vous allez au cinéma. ➔ Cet après-midi, ...

3. Je fais du shopping. ➔ Ce week-end, ...

4. Tu pars en voyage au Kenya. ➔ L'année prochaine, ...

5. Kevin parle anglais. ➔ Le mois prochain, ...

2 Complétez la recette avec un article indéfini
(*un, une*) ou un article partitif (*du, de la, de l', des, de*).   5 points

SAUMON AUX LÉGUMES	
.... saumon	.... crème
.... asperges	.... champignons
.... fromage	un peu .... oignons
beaucoup .... tomates	...... ail ...... poireaux

3 Complétez avec *ce, cette, cet* ou *ces*.   5 points

1. J'ai acheté .... champignons au marché.

2. .... année, nous partons en vacances en Inde.

3. Je connais .... homme mais j'ai oublié son nom.

4. .... livres sont disponibles à la bibliothèque.

5. .... orange est délicieuse !

4 Associez.   5 points

1. Ils font très souvent les courses.
2. Nous allons parfois au cinéma.
3. Je mange rarement des asperges.
4. Je ne mange jamais de fromage.
5. Elle a toujours des fleurs dans son jardin.

a. toute l'année
b. une fois par mois
c. 0 fois par an
d. tous les jours
e. deux fois par an

LEXIQUE

1 Associez un commerce à des achats.   5 points

1. Pour acheter du pain,
2. Pour acheter de la viande,
3. Pour acheter du camembert,
4. Pour acheter des tomates,
5. Pour acheter une tarte,

a. je vais chez le marchand de fruits et légumes.
b. je vais à la fromagerie.
c. je vais à la pâtisserie.
d. je vais à la boulangerie.
e. je vais à la boucherie.

2 Classez les aliments.   5 points

*des pommes – des pommes de terre – des asperges – des fraises – une pastèque –
des oignons – des carottes – un ananas – une salade – des haricots*

Les fruits	Les légumes
....	....
....	....

3 Complétez les phrases avec les mots suivants :   5 points

un morceau – une tablette – un kilo – un paquet – une bouteille

Pour son dîner, Paul achète .... de tomates, ... de pâtes, ... de fromage, ... de chocolat et ....
de vin.

PHONÉTIQUE

1 ▶14 | Écoutez et écrivez le mot que vous entendez : *du, deux ou des*.   5 points

1. .... **2.** .... **3.** .... **4.** .... **5.** ....

2 Barrez les « e » qui ne sont pas prononcés.   5 points

1. la boucherie **2.** la charcuterie **3.** la boulangerie **4.** l'épicerie **5.** la confiserie

3 ▶15 | Écrivez le son que vous entendez : [p], [b], [v].   5 points

1. .... **2.** .... **3.** .... **4.** .... **5.** ....

Compréhension de l'oral

10 points

▶16 | Écoutez la conversation, répondez aux questions et complétez la liste.

1. C'est où ?

2. La personne paye comment ?

3. Complétez la liste de courses.

– 1 kg de ....
– .... de champignons
– une botte d'.................
– 5 ....
– une barquette de ....
– ..... œufs

Compréhension des écrits

10 points

Lisez le document et répondez aux questions.

La vie quotidienne de Kylian Mbappé

J'ai beaucoup d'habitudes. C'est important pour bien jouer au foot. Je joue tous les jours. Je mange équilibré et je bois beaucoup d'eau. Pour moi, c'est important de manger des fruits et des légumes pour avoir des vitamines alors j'en mange à chaque repas. Je mange de la viande trois fois par semaine et du poisson au moins deux fois par semaine. Je mange des gâteaux ou du chocolat seulement pour les fêtes ou les anniversaires. Le matin, je mange du pain, du fromage et je bois du thé. En général, je mange de tout mais je déteste les œufs… Parfois, j'aime bien sortir et voir des amis. Je ne fais pas d'études. Je n'ai pas le temps et ce n'est pas important pour moi. Je ne pars pas souvent en vacances, seulement une fois par an. J'aime bien voyager mais je voyage beaucoup pour mon travail. Toute ma famille aime le football, je suis heureux de faire ce travail et je gagne beaucoup d'argent. L'année prochaine, je vais voyager avec ma famille. On va aller aux États-Unis et au Canada.

1. Quelles activités Kylian Mbappé fait très souvent ? (1 point) ....

rarement ? (1 point) ....

2. Quelles activités il ne fait jamais ? (2 points) ....

3. Quels aliments il mange souvent ? rarement ? (3 points)

Des fruits et légumes   •

De la viande   •

Du chocolat et des gâteaux •

   • ✉   souvent

   •   rarement

4. Quel aliment il ne mange jamais ? (1 point) ....

5. Quel est son sentiment sur son travail ? (1 point) ....

6. Quel est son projet ? (1 point) ....

Production écrite

15 points

Votre ami n'est pas en forme. Vous lui écrivez un courriel. Vous lui donnez des conseils pour être en forme (activités, alimentation, fréquence).

....
....
....

Production orale

15 points

Parlez de vos projets. Qu'est-ce que vous allez faire aux prochaines vacances ? Vous allez aller où ? Qu'est-ce que vous allez faire ? Qu'est-ce que vous allez manger ?

Total: ...... /100 points

Corrigés du test

GRAMMAIRE

1 **1.** Demain soir, nous allons manger au restaurant. **2.** Cet après-midi, vous allez aller au cinéma.
3. Ce week-end, je vais faire du shopping. **4.** L'année prochaine, tu vas partir en voyage au Kenya.
5. Le mois prochain, Kevin va parler anglais.

2 **Saumon aux légumes**
du saumon – des asperges – du fromage – beaucoup de tomates – de la crème – des champignons –
un peu d'oignons – de l'ail – des poireaux

3 **1.** ces **2.** Cette **3.** cet **4.** Ces **5.** Cette

4 **1.** d **2.** b **3.** e **4.** c **5.** a

LEXIQUE

1 **1.** d **2.** e **3.** b **4.** a **5.** c

2

Les fruits	Les légumes
des pommes	des pommes de terre
des fraises	des asperges
une pastèque	des oignons
un ananas	des carottes
	une salade
	des haricots

3 Pour son dîner, Paul achète un kilo de tomates, un paquet de pâtes, un morceau de fromage, une tablette de chocolat et une bouteille de vin.

PHONÉTIQUE

1 **1.** du **2.** des **3.** deux **4.** deux **5.** du

2 **1.** la boucherie **2.** la charcuterie **3.** la boulangerie **4.** l'épicerie **5.** la confiserie

3 **1.** [b] **2.** [p] **3.** [p] **4.** [p] **5.** [v].

COMPRÉHENSION DE L'ORAL

1. C'est au marché. **2.** La personne paie par carte.
3.

> – 1 kg de pommes de terre
> – 500 g de champignons
> – une botte d'asperges
> – 5 courgettes
> – une barquette de fraises
> – 4 œufs

COMPRÉHENSION DES ÉCRITS

1. Il joue très souvent au foot et il voyage. Il part rarement en vacances. **2.** Il n'étudie jamais. **3.** Il mange souvent des fruits et légumes, de la viande. Il mange rarement des gâteaux et du chocolat. **4.** Il ne mange jamais d'œufs. **5.** Il est heureux. **6.** Son projet est de partir en vacances avec sa famille et de voyager aux États-Unis et au Canada.

PRODUCTION ÉCRITE

Grille d'évaluation

L'apprenant utilise une formule de salutation au début et à la fin du message.	…. /3
L'apprenant peut utiliser des expressions pour donner des conseils.	…. /5
L'apprenant peut parler de l'alimentation et des activités pour être en forme.	…. /5
L'apprenant peut exprimer la fréquence.	…. /2

Proposition de corrigé :

Cher Florent,

Tu n'es pas en forme cette semaine ? Pour être en forme, il faut bien manger. Il faut manger souvent des fruits et des légumes. Tu aimes les carottes et les courgettes, non ? Tu peux manger beaucoup de salade. Il faut aussi faire du sport. Tu peux aller au travail à vélo tous les jours. On peut jouer au foot ce week-end.

À bientôt.

Romain

PRODUCTION ORALE

Grille d'évaluation

L'apprenant peut s'exprimer au futur proche.	…. /5
L'apprenant peut utiliser des expressions pour situer dans le temps.	…. /4
L'apprenant peut parler de ses activités.	…. /3
L'apprenant peut parler de son alimentation.	…. /3

Proposition de corrigé :

Aux prochaines vacances, je vais voyager. Je vais aller en Italie. D'abord, je vais visiter Rome et ensuite, je vais aller à Florence. Je vais visiter les musées et marcher dans la ville. Je vais manger des pizzas et aussi des fruits et des légumes : des olives, des pastèques, des tomates…

Transcriptions du test

PHONÉTIQUE

1 ▶ Piste 14

1. du chocolat

2. des concombres

3. deux pommes

4. deux tomates

5. du beurre

3 ▶ Piste 15

1. une banane

2. des asperges

3. du pain

4. des petits pois

5. du vin

COMPRÉHENSION DE L'ORAL

▶ Piste 16

– Allez-y ! Mesdames, Messieurs !

– Madame, qu'est-ce que je vous sers ?

– Je voudrais un kilo de pommes de terre et 500 g de champignons.

– Voilà et avec ceci ?

– une botte d'asperges… et une barquette de fraises.

– C'est tout ?

– Non, je vais aussi prendre cinq courgettes et quatre œufs. Ça fait combien ?

– Ça fait 15 euros.

– Je peux payer par carte ?

– Oui, bien sûr !

UNITÉ 5

C'est arrivé quand ?

Un Paris bruyant joyeux ... comme une kermesse ... d'exposition universelle

Agir

OBJECTIFS
❶ S'habiller... à la mode !
❷ Décrire une ambiance
❸ Raconter une expérience

ATELIERS D'EXPRESSION
· Acheter des vêtements
· Donner des instructions

Coopérer

PROJET CULTUREL
Préparer une balade audio

 MISSION
Adopter un style de tenue

Apprendre

STRATÉGIES p. 82-83

MÉMO
Réviser ✚ S'exercer, *p. 84*
*J'agis, je coopère, j'apprends
Cahier, p. 58-59*

ÉVALUATION
· Bilan linguistique *Cahier, p. 60-61*
· Préparation au DELF *Cahier, p. 62-63*

Grammaire	Lexique	Phonétique	Culture
· Le passé composé (1) avec *avoir* · *C'était, il y avait, il faisait* · Le passé composé (2) et la forme négative · Le passé composé (3) avec *être* **CONJUGAISON** · Mettre	· Les vêtements · La mode · Des instruments de musique · Décrire une ambiance · La musique · Les indicateurs de temps · Les nombres (4) de 100 à 1 million · Les émotions	· Les voyelles nasales · L'enchaînement de voyelles · Les enchaînements vocaliques et consonantiques  Vidéo phonétique	· Des artistes et des œuvres · Des fêtes et des festivals

▶ Le street art des frères Toqué

OUVERTURE DE L'UNITÉ

LA MINUTE PÉDAGOGIQUE

Selon les apprenants, il peut être plus utile de faire formuler les phrases et les idées plusieurs fois à l'oral ou de les représenter visuellement par un schéma ou une image. L'enseignant peut proposer plusieurs démarches jusqu'à ce que les apprenants choisissent la méthode qui leur convient le mieux et l'appliquent systématiquement.

page 72
⏳ 5 minutes

Titre de l'unité
– Montrer le titre « C'est arrivé quand ? » et insister sur l'interrogatif « quand ? ».
– Laisser les apprenants imaginer des réponses à la question : « hier », « à Noël », « le 14 juillet »…

pae 72
⏳ 5 minutes

Illustration
– Montrer l'illustration à l'ensemble de la classe. Laisser les apprenants dire ce qu'ils voient : les couleurs, la tour Eiffel, les feux d'artifice…
– Demander aux apprenants s'ils aiment l'illustration.
– Lire la phrase « Un Paris bruyant, joyeux, comme une kermesse ». Expliquer « kermesse = fête ». Expliquer « bruyant » et « joyeux ».

SITUATION ❶ S'habiller… à la mode !

LA MINUTE PÉDAGOGIQUE

S'assurer que les apprenants possèdent les outils pour réussir les tâches demandées évite le découragement. Pour garder la motivation des apprenants, il faut trouver le juste équilibre pour que la tâche sollicite leur implication mais qu'elle ne leur paraisse pas impossible à réaliser.

PRÉPARER SA CLASSE

Disposer les tables et les chaises pour que tous les apprenants puissent voir comment les autres sont habillés.

page 74
⏳ 5 minutes

Activité 1
– Montrer le document 1 et demander *Qu'est-ce que c'est ?*, puis *Quel est le titre ?* Expliquer que « s'habiller » signifie « mettre des vêtements ». Montrer des vêtements.
– Demander aux apprenants *Vous choisissez vos vêtements le matin ? le soir ?* Laisser quelques apprenants répondre.

Corrigé : Le titre est *Comment je m'habille aujourd'hui ?* Je choisis mes vêtements le matin.

page 74
⏳ 10 minutes

Activité 2
ⓐ
Montrer le document 2. Demander aux apprenants d'écrire le titre du document et les sous-titres. Corriger.

Corrigé : Titre : *J'ai trois minutes pour m'habiller.* **Sous-titres :** Ingrédients, La bonne recette.

Intro
Outils
Unité 1
Unité 2
Unité 3
Unité 4
Unité 5
Unité 6
Unité 7
Unité 8
Outils

ⓑ

– Faire trois colonnes au tableau. Écrire « 3 vêtements », « 1 accessoire », « des chaussures ». Laisser les apprenants compléter chaque colonne.
– Montrer la photo du mannequin et dire *C'est un mannequin*. Demander *Quels accessoires il y a ?* Corriger.
– Demander *Quelle est la bonne recette ?* Expliquer « faire simple » = une tenue pas compliquée, facile.

Corrigé : a. vêtements : un manteau, un pantalon, un pull - accessoire : une ceinture - chaussures : des bottes. **b.** un sac. **c.** Faire simple.

➕ +

Un apprenant choisit une personne de la classe et nomme les vêtements qu'elle porte. Les autres apprenants devinent de qui il s'agit.

page 74
⏳ 5 minutes

Bonne pratique
Je m'assure que les apprenants ont tous les outils nécessaires pour réussir l'activité.

Activité 3

– Lire les questions. Expliquer le mot « tenue » en montrant les vêtements du mannequin du document 2. Expliquer « Qu'est-ce que vous mettez ? = quels vêtements vous choisissez ? » et lire la conjugaison du verbe *mettre*. Lire l'encadré « Les vêtements ».
– Laisser les étudiants échanger en groupe.

Proposition de corrigé : J'aime cette tenue, c'est pratique. J'ai trois minutes pour m'habiller, je porte un jean bleu, un pull gris, une chemise blanche, des baskets.

page 74
⏳ 10 minutes

Activité 4

– Faire écouter le document et demander *Qui sont les personnes ?* et *Qu'est-ce qu'elles font ?* Laisser les apprenants écrire le nom des vêtements qu'ils ont entendus dans le document.
– Lire les questions. Expliquer « emprunter = utiliser un peu ». Emprunter un stylo à un apprenant et lui rendre pour faciliter la compréhension du verbe.
– Proposer une deuxième écoute et laisser les apprenants écrire une réponse pour chaque question. Si nécessaire, proposer une autre écoute. Corriger.
– Écouter en lisant la transcription. Demander aux apprenants de lire le dialogue en binôme.

Corrigé : a. La mère va mettre une jupe noire. La fille va mettre un jean et un tee-shirt. **b.** La fille va à une soirée entre copines. **c.** La fille va emprunter une veste blanche.

> ▶ Piste 100
>
> – Alors maman, tu mets quoi finalement ?
> – Hum… Je vais mettre ma jupe noire. Et toi, tu mets quoi pour ta soirée avec tes copines ?
> – Ben, je sais pas. Peut-être, un jean et un tee-shirt ?
> – Oh, tu ne veux pas mettre ta robe ?
> – Bof ! Tu peux me prêter ta veste blanche ?
> – Oui, si tu veux…

˃ cahier
Activités 1 à 3, p. 52.

page 74
⏳ 5 minutes

Activité 5

ⓐ

– Écrire les trois sons au tableau et les lire.
– Faire écouter les mots et demander aux apprenants de choisir le son qu'ils entendent.
– Écouter de nouveau et corriger.

Corrigé : a. [ɑ̃] **b.** [ɛ̃] **c.** [ɔ̃]

> ▶ Piste 101
>
> **a.** manteau
> **b.** ceinture
> **c.** chausson

– Lire les sons et demander aux apprenants d'associer une proposition à chaque son.
– Corriger et faire répéter les sons.

Corrigé : [ɛ̃] bouche tirée et ouverte — [ɑ̃] bouche arrondie et ouverte ●
[ɔ̃] bouche arrondie et fermée ●

> ▶ Piste 102
>
> [ɛ̃] [ɑ̃] [ɔ̃]

> *cahier*
> **Activités 4 à 5, p. 53.**

page 74

⧖ 10 minutes

Activité 6

– Montrer le mot « JUPE » puis lire la phrase. Écrire « VESTE » et « ROBE » de la même manière au tableau.
– Constituer des binômes et laisser les apprenants imaginer une phrase. S'ils le souhaitent, laisser les apprenants choisir d'autres noms de vêtements.

Proposition de corrigé : Vous Essayez un Sac et un Tee-shirt Elégants. Je mets une Robe Orange et des Bottes Écrues.

> #### #culture
>
> **Un acrostiche** est une forme poétique. La première lettre de chaque vers permet de reconstituer un nom ou un mot en lien avec le poème lui-même.

page 75

⧖ 5 minutes

Activité 7

– Montrer la photo du document 3 et demander *Qu'est-ce que c'est ?*, *C'est qui ?*
– Introduire les mots « défiler », « le public », « un mannequin ».
– Lire le titre et demander aux apprenants s'ils connaissent le magazine *Vogue*.

Corrigé : C'est un défilé de mode. C'est un mannequin.

page 75

⧖ 20 minutes

Activité 8

ⓐ

– Lire le document 3.
– Demander aux apprenants de repérer les informations sur Kohei Takabatake. Corriger.

Corrigé : Kohei Takabatake a vingt ans. Il est japonais. Il est mannequin.

ⓑ

– Lire les questions de la partie **b**.
– Expliquer les mots difficiles : « carrière = travail », « il a appris = étudier ».
– Laisser les apprenants écrire des réponses aux questions en binômes.
– Corriger et lire l'encadré « la mode » pour rappeler les mots-clés.

Corrigé : a. Il a rencontré un styliste à 19 ans. **b.** Il travaille pour Versace et Louis Vuitton. **c.** Il a appris à être patient et à communiquer avec tout le monde. **d.** Son rêve est d'avoir sa propre famille.

> #### #culture
>
> **Louis Vuitton** est un malletier français du XIXᵉ siècle. Il crée son atelier à Paris et développe une gamme de malles de luxe adaptées aux transports en chemin de fer. À sa mort, l'entreprise est reprise par son fils qui la fait prospérer et qui la transmettra aux générations suivantes. Aujourd'hui, la marque est reconnue comme une des plus grandes sur le marché international.

| page 75 | | **Grammaire : Le passé composé (1)** |

<table>
<tr><td>page 75
⏳ 10 minutes</td><td></td></tr>
</table>

page 75
⏳ 10 minutes

Grammaire : Le passé composé (1)

– Lire les phrases de la partie « Observez ». Demander si les actions sont maintenant, avant ou après.
– Faire repérer l'utilisation du verbe *avoir*. Demander aux apprenants de nommer l'infinitif des verbes. Montrer que le verbe est en deux parties *avoir* + participe passé.
– Montrer que le participe passé des verbes en *-er* est *-é*. Expliquer la formation des verbes en *-ir* et faire remarquer que certains verbes sont irréguliers (*apprendre – appris*).
– Laisser les apprenants compléter les phrases de la partie « Appliquez ».

Corrigé : Le verbe *avoir* est en gras. Le passé composé est composé du verbe *avoir* et du participe passé. Nous avons regardé les photos du défilé. Tu as compris sa décision ? Ils ont aimé le défilé avec Kohei Takabatake.

Demander aux apprenants de faire une liste des verbes qu'ils connaissent. Leur demander d'écrire les participes passés. Indiquer les participes passés irréguliers.

> *cahier*
Activités 6 à 8, p. 53.

page 75
⏳ 5 minutes

Activité 9

– Lire les trois noms de vêtements et demander aux apprenants d'écrire une phrase pour décrire la tenue du mannequin.
– Corriger en écrivant une phrase au tableau.

Corrigé : Il porte une chemise beige/marron, un pantalon et des chaussures marron. Il ne porte ni cravate ni costume.

page 75
⏳ 10 minutes

Activité 10

– Lire les expressions et s'assurer que les apprenants les comprennent.
– Demander aux apprenants d'écrire des questions au passé composé.
– En binôme, demander à un apprenant de poser une question à son voisin et d'imaginer une réponse. Inverser les rôles.

Proposition de corrigé : Est-ce que tu as aimé le défilé ? Tu as rencontré des personnes célèbres ? Tu as demandé un autographe à Kohei Takabatake ? Tu as pris des photos des tenues ?

page 75
⏳ 5 minutes

Activité 11

– Écrire « tenue de tous les jours », « tenue de soirée » et « tenue rêvée » au tableau. S'assurer que les apprenants comprennent les trois expressions.
– Constituer des binômes et laisser les apprenants échanger.

Proposition de corrigé : Tous les jours, je porte un pantalon noir avec un pull gris et des chaussures marron. Ma tenue de soirée, c'est une robe longue noire, des chaussures à talons et un collier. Ma tenue idéale est un jean bleu, un tee-shirt rouge et des baskets.

Constituer des binômes. Demander aux apprenants de dessiner une tenue pour un événement spécial (remise des diplômes, festival...) ou un uniforme pour la classe. Laisser les binômes présenter leur tenue et organiser un vote pour choisir la tenue idéale.

page 75
⏳ 10 minutes

Activité 12

– Demander aux apprenants quels sont les mannequins et couturiers qu'ils connaissent. Écrire les noms au tableau.
– Laisser chaque apprenant choisir une des personnalités et écrire quelques phrases pour la présenter.

Proposition de corrigé : Lily-Rose Depp est mannequin. Elle est franco-américaine. C'est la fille de Johnny Depp et Vanessa Paradis. Elle a 20 ans. Elle a habité en France et aux États-Unis. Elle a défilé pour Chanel. Elle a posé pour *Vogue Paris*. Elle a porté la robe de mariée de Chanel. Elle a aussi chanté.

> *cahier*
Activités 9 à 11, p. 53.

p. 76-77

$\mathbb{S}$ ITUATION ❷ Décrire une ambiance

LA MINUTE PÉDAGOGIQUE

Les moments de découverte et de plaisir permettent d'entretenir la motivation des apprenants. Le temps passé à s'imprégner de connaissances culturelles ou déclenchant des émotions favorise l'implication pour la suite de l'apprentissage.

PRÉPARER SA CLASSE
Choisir une chanson de Daft Punk.

---

page 76
⏳ 5 minutes

Activité 1

Lire les questions et laisser les apprenants répondre librement. Lire les expressions de l'encadré « Des instruments » pour aider les apprenants à formuler leurs réponses.

Proposition de corrigé : J'aime le hip-hop. Je vais parfois à des concerts. Je suis allé au concert de Jane et de Claudio Capéo. Je joue du piano et un peu de violon.

---

page 76
⏳ 20 minutes

Bonne pratique

J'insère des moments de découverte dans les activités.

Activité 2

 a

Faire observer la photo du document 1. Demander aux apprenants s'ils connaissent le groupe. Si oui, demander s'ils aiment leur musique. Si non, faire écouter une chanson et demander s'ils aiment.

Corrigé : a. Ce sont les Daft Punk. **b.** Oui, j'aime bien ce groupe.

 b

Lire le titre et poser les questions aux apprenants. Les laisser répondre oralement.

Corrigé : a. On va faire des cours de musique électro. **b.** Pour trouver les nouveaux Daft Punk.

c

– Lire le texte. Demander aux apprenants de faire une lecture silencieuse et de choisir si les propositions sont vraies ou fausses.
– Demander à un apprenant de lire le texte à voix haute et corriger.

Corrigé : a. vrai. **b.** faux. **c.** vrai. **d.** faux. **e.** vrai.

--- **#culture** ---

Daft Punk est un groupe de musique électronique. Ses chanteurs sont connus pour n'apparaître en public qu'à visage caché par un casque et vêtus de costumes. Ils ont contribué à faire connaître la French Touch à l'étranger, notamment par leur premier succès *Da Funk*.

Activité 3

– Lire le nom des activités et les adjectifs pour décrire une ambiance.
– Faire écouter les situations et laisser les apprenants y associer un adjectif.
– Corriger en associant des gestes à chaque ambiance.

Corrigé : le match / génial - le festival de poésie / intéressant - le festival du cirque / amusant - le festival Rock en Seine / bruyant - la soirée entre collègues / animé.

> ▶ Piste 103
>
> – Alors, c'était comment le match ?
> – Génial ! Ils ont marqué trois buts !
> – Je suis allé au festival de poésie ce week-end.
> – Ah oui ? C'était bien ?
> – Pas mal. C'était tranquille, mais intéressant.
> – Les enfants ont adoré le festival du cirque. C'était très amusant.
> – Tu as aimé le festival Rock en Seine ?
> – Oui c'était bien, mais bruyant. J'ai encore mal aux oreilles.
> – Alors, ta soirée avec tes collègues ?
> – Super ! C'était très animé et très sympa. On a bien rigolé.

Activité 4

– Demander aux apprenants de faire individuellement une playlist des chansons qu'ils aiment. En binôme, les laisser comparer leurs choix et sélectionner une chanson.
– Lire l'encadré « Décrire une ambiance ».
– Demander aux apprenants d'écouter une chanson et de décrire l'ambiance.

Proposition de corrigé : 1. Joyce Jonathan, *Ça ira*. **2.** Vianney, *Pas là*. **3.** Claudio Capéo, *Un homme debout*. **4.** Maître Gims, *Sapé comme jamais*. **5.** Soprano, *Mon précieux*. **6.** Kendji Girac, *Andalouse*. **7.** Grégoire, En souvenir de nous. **8.** Hoshi, *Ta marinière*. **9.** Jain, *Makeba*. **10.** Clara Luciani, *Comme toi*.

> *cahier*
> **Activités 1 à 3, p. 54.**

Activité 5

– Faire observer le document 2. Demander *C'est qui ?*
– Faire lire le nombre de « J'aime » à l'aide de l'encadré « Les nombres ».
– Demander aux apprenants s'ils aiment David Guetta. S'ils ne connaissent pas, faire écouter *Gotta feeling*.

Corrigé : a. C'est la page Instagram de David Guetta. **b.** Il y a cent mille cent trente-neuf « J'aime ». **c.** Oui, j'aime bien David Guetta.

> **#culture**
>
> **David Guetta** est un DJ et producteur de musique français. Il représente la French Touch. Il a notamment composé l'hymne de l'Euro 2016. Il a débuté sa carrière dans les boîtes de nuit parisiennes, puis a animé des soirées à Ibiza avant de connaître un succès international.

Activité 6

– Demander aux apprenants de lire les amorces de phrases puis faire écouter le dialogue.
– Laisser les apprenants associer les éléments. Corriger.

Corrigé : 1. d - **2.** e - **3.** f - **4.** a - **5.** b - **6.** c

Piste 104

> – Tu aimes bien la musique électronique?
> – Oui, j'adore! J'ai vu David Guetta en concert en janvier.
> – Ah oui? C'était bien?
> – Oui, il y avait beaucoup de monde, 20 000 personnes! C'était à l'Arena, elle est grande cette salle. On a chanté ensemble, on a dansé, on a sauté… Il faisait très chaud mais Il y avait une super ambiance!
> – Et tu as acheté son dernier album?
> – Oui, il est super!

+ +

Proposer des questions de compréhension sur le document: «On parle de qui?», «C'était quoi et quand?», «Il y avait combien de personnes?», «Qu'est-ce que la personne a fait?»

> **> cahier**
> **Activités 4 à 6, p. 54-55.**

---

page 77

⏳ 10 minutes

👤

Grammaire: *C'était / Il y avait / Il faisait*

– Demander à un apprenant de lire les phrases de la partie «Observez».
– Laisser les apprenants souligner les verbes et les classer en deux groupes «Action» et «Description».
– Corriger et demander quels sont les verbes au passé composé. Montrer que «C'était / Il y avait / Il faisait» décrivent l'ambiance et expliquer qu'ils sont équivalents à «C'est / Il y a / Il fait» au passé.
– Laisser les apprenants compléter les phrases de la partie «Appliquez». Corriger.

Corrigé: Action: *J'ai vu, on a chanté.* Description: *C'était, il y avait, il faisait, il y avait.* - J'ai vu Superbus en concert. C'était à La Cigale. Il faisait froid. Il y avait des musiciens connus.

> **> cahier**
> **Activités 8 à 9, p. 55.**

Bonne pratique

Je demande aux apprenants de faire un dessin ou un schéma pour synthétiser les informations sur les temps du passé.

---

page 77

⏳ 5 minutes

👤

Activité 7

– Montrer l'image du document 2 et demander *C'était quoi?*
– Lire l'encadré sur la musique.
– Dites *Vous êtes allé au concert. Vous écrivez un commentaire.*
– Laisser les apprenants écrire une phrase de commentaire et une émoticône puis, mettre en commun.

Proposition de corrigé: C'était génial! J'ai adoré!

---

page 77

⏳ 10 minutes

👤

Activité 8

Faire écouter le document et demander aux apprenants s'ils entendent des pauses.

Corrigé: non.

Piste 105

> **a.** Tu as aimé.
> **b.** Tu as acheté.

b

– Laisser les apprenants lire les phrases. Donner des exemples de voyelles (a, e, i…).
– Faire écouter le document et laisser les apprenants montrer les enchaînements entre les voyelles.
– Corriger, faire répéter les phrases et montrer que les voyelles sont dites dans un seul souffle.

Corrigé: a. On a vu un spectacle. **b.** On a chanté ensemble. **c.** On a acheté un album.

▶ Piste 106

a. On a vu un spectacle.
b. On a chanté ensemble.
c. On a acheté un album.

> *cahier*
Activités 10 à 11, p. 55.

page 77
⧗ 15 minutes

Activité 9

Proposition de corrigé :
Chère Mélanie,
Je suis allée au spectacle de Zingaro hier soir. C'était magnifique. Il y avait beaucoup de monde et beaucoup de chevaux. Les chevaux ont dansé. J'ai pris beaucoup de photos. C'était vraiment génial !
À bientôt.
David

page 77
⧗ 10 minutes

Activité 10

– Écrire la liste des événements au tableau, puis demander *C'était comment ?* et montrer de nouveau l'encadré « Décrire une ambiance » p. 76.
– Demander aux apprenants d'écrire une phrase pour chaque événement.

Proposition de corrigé :
Une conférence à l'université : C'était intéressant. C'était calme.
Une fête d'anniversaire : C'était animé. C'était amusant.
La fête de la musique : Il y avait beaucoup de monde. Il faisait chaud. C'était bruyant.
Un concert de musique classique : C'était agréable. C'était calme.
La visite d'un musée : C'était passionnant. C'était tranquille.

> **#culture**
>
> **La Foire de Paris** est un grand salon commercial qui a lieu chaque année à Paris depuis 1904. Elle rassemble des experts dans des domaines variés au mois d'avril pendant 10 jours.
> **Les Vieilles Charrues** est un festival de musique qui a lieu en Bretagne. Il rassemble des artistes de styles musicaux et origines variés.
> **La Braderie de Lille** est l'un des plus grands marchés aux puces d'Europe. Elle a lieu chaque année en septembre. L'ouverture de la braderie est précédée d'un semi-marathon. Lors de la braderie, les visiteurs dégustent les moules-frites, ce qui donne lieu à un concours informel du plus grand tas de coquilles de moules devant les restaurants.

> *cahier*
Activités 12 à 14, p. 55.

p. 78-79

Ⓢ ITUATION ❸ Raconter une expérience

LA MINUTE PÉDAGOGIQUE
Prendre en compte les émotions des apprenants permet de dédramatiser des situations d'inconfort. Une fois l'émotion exprimée, il est possible d'amener les apprenants à la dépasser.

page 78
⧗ 5 minutes

Activité 1

– Poser les questions aux apprenants. Si nécessaire, expliquer le mot « art » en citant le nom d'artistes célèbres.
– Demander quelles sont les œuvres d'art dans la rue et s'ils les aiment.

Proposition de corrigé : Oui, j'aime beaucoup l'art dans la rue. J'aime les colonnes de Buren et *Le Mur des Je t'aime* à Paris.

#culture

Charlot est un personnage de cinéma créé par Charlie Chaplin au début du XXᵉ siècle. Charlie Chaplin, acteur britannique, devient célèbre grâce à ce personnage du cinéma muet. Il choisit d'interpréter un vagabond reconnaissable à son costume, son chapeau, sa canne et sa démarche, un peu maladroite. *Le Kid*, *La Ruée vers l'or* ou encore *Les Temps modernes* font partie des films les plus célèbres avec le personnage de Charlot.

---

page 78

⏳ 5 minutes

Bonne pratique

Demander aux apprenants ce qu'ils ressentent permet de faire du lien entre le vocabulaire étudié et leur vie quotidienne.

Activité 2

– Faire observer le document 1 et demander quelles sont les formes d'art. Lire les légendes des images pour introduire le vocabulaire.
– Faire lire l'encadré « Les émotions » et demander *Les personnages expriment quelles émotions ?* Laisser les apprenants associer une émotion à un personnage.

Corrigé : a. Les formes d'art sont la statue vivante, le Street art et la sculpture. **b.** Les personnages expriment la surprise, la colère et la joie.

page 78

⏳ 15 minutes

Activité 3

– Faire écouter le document une première fois et demander aux apprenants de repérer quelques mots.
– Laisser les apprenants lire les questions, puis proposer une deuxième écoute.
– En binôme, laisser les apprenants partager leurs informations et rédiger des réponses. Proposer une dernière écoute.
– Corriger et écouter le dialogue en lisant la transcription.

Corrigé : a. Noémie mime Charlot avec un costume noir, une chemise blanche, une cravate et un chapeau. **b.** Elle a commencé l'été dernier à Montmartre. **c.** Le premier jour, elle a fait la statue vivante mais elle n'a pas pu rester longtemps. C'était fatigant. **d.** Son souvenir : un petit garçon a regardé longtemps. Il n'a pas bougé. C'était mignon.

▶ Piste 107

– Bonjour Noémie. Vous êtes une artiste de rue, plus exactement une « statue vivante », c'est bien ça ?
– Oui, c'est ça. Je suis Charlot.
– Et pour être Charlot, vous portez quoi ?
– Je porte un costume noir, une chemise blanche, une cravate et un chapeau. Et bien sûr, j'ai une canne.
– Et vous avez commencé quand ?
– L'été dernier, à Montmartre.
– Vous pouvez raconter votre premier jour ?
– Le premier jour, j'ai fait la statue et les gens ont pris des photos, mais je n'ai pas pu rester longtemps. C'était trop fatigant. Je n'ai pas gagné beaucoup d'argent.
– Vous avez un souvenir particulier ?
– Oui, un jour, un petit garçon a regardé Charlot longtemps. Il n'a pas parlé et n'a pas bougé. C'était vraiment mignon.

#culture

La butte Montmartre est le point culminant de Paris et un des principaux lieux touristiques. Aux XIXᵉ et XXᵉ siècles, Montmartre est un lieu de rassemblement pour de nombreux artistes : Buffet, Toulouse-Lautrec, Renoir, Monet, Pissaro, Satie...

---

page 78

⏳ 10 minutes

Grammaire : Le passé composé (2) et la forme négative

– Demander à un apprenant de lire les phrases de la partie « Observez ».
– Demander *C'est quel temps ?*, puis *Où se place la négation ?*
– Montrer que la négation se place avant et après le verbe *avoir*.
– Montrer l'élision du « e » de la négation devant le verbe *avoir*.
– Laisser les apprenants modifier les phrases de la partie « Appliquez », puis corriger.

Intro

Unité 1

Unité 2

Unité 3

Unité 4

Unité 5

Unité 6

Unité 7

Unité 8

Outils

Corrigé : Les phrases sont au passé composé. La négation se place avant et après le verbe *avoir*. Je n'ai pas regardé le spectacle. Je n'ai pas aimé cette sculpture.

> *cahier*
Activités 1 à 3, p. 56.

page 78

⏳ 10 minutes

Activité 4

– Lire l'exemple. Demander à un apprenant de poser une question au passé composé et à son/sa voisin(e) de répondre avec une phrase négative et corriger avec une phrase affirmative.
– Constituer des groupes et laisser les apprenants pratiquer. Si les apprenants ont tendance à utiliser les verbes qui forment le passé composé avec *être*, proposer une liste de verbes (*manger, étudier, parler...*) au tableau.

Proposition de corrigé :
– Tu as mangé de la soupe ? – Je n'ai pas mangé de la soupe, j'ai mangé des frites.
– Tu as étudié à la bibliothèque ?– Je n'ai pas étudié à la bibliothèque, j'ai étudié chez moi.
– Tu as rencontré Julien ? – Je n'ai pas rencontré Julien, j'ai rencontré Hugo.

page 78

⏳ 10 minutes

Activité 5

– Faire écouter la première situation et demander aux apprenants quelle est l'émotion de la personne.
– Corriger et faire écouter les autres situations. Laisser les apprenants choisir une émotion pour chaque situation, individuellement.
– Corriger et si nécessaire, faire mimer les situations pour s'assurer qu'elles ont été comprises.

Corrigé : a. la joie. **b.** la colère. **c.** la tristesse. **d.** la surprise.

> ▶ Piste 108
>
> **a.** Le mois dernier, j'ai visité Toulouse pour la première fois.
> **b.** Hier, le chat a mangé les photos de mon album.
> **c.** La semaine dernière, mon meilleur ami a décidé de partir à l'étranger.
> **d.** Hier soir, mes amis ont organisé une fête pour mon anniversaire.

> *cahier*
Activité 4, p. 56.

page 78

⏳ 10 minutes

Activité 6

ⓐ

– Donner quelques exemples de consonnes : *t, d, f...*
– Écrire un mot qui finit par une consonne (*argent*) et souligner la consonne finale. Dire le mot et demander aux apprenants s'ils entendent le « t ».
– Faire écouter le document et demander aux apprenants s'ils entendent des consonnes à la fin du mot.
– Corriger en nommant les consonnes entendues : *n, r.*

Corrigé : a. non. **b.** oui.

> ▶ Piste 109
>
> **a.** une
> **b.** souvenir

ⓑ

Faire écouter le deuxième document et montrer qu'on ne fait pas de pause.

Corrigé : a. non. **b.** non.

> ▶ Piste 110
>
> **a.** une artiste
> **b.** souvenir agréable

c

– Laisser les apprenants lire les phrases. Faire écouter le document et laisser les apprenants marquer les enchaînements entre les consonnes et les voyelles.
– Corriger et faire répéter les phrases.

Corrigé : a. Je porte un costume. **b.** Je porte un costume et une chemise.
c. Je porte un costume, une chemise et une cravate.

> ▶ Piste 111

a. Je porte un costume.
b. Je porte un costume et une chemise.
c. Je porte un costume, une chemise et une cravate.

> *cahier*
Activités 5 à 6, p. 56-57.

page 78

⏳ 15 minutes

Activité 7

– Préparer un jeu pour 4 apprenants.
– Photocopier les cartes et découper les dominos.
– En classe, constituer des groupes de quatre.
– Poser les dominos face cachée sur la table et demander à chaque apprenant de prendre 7 dominos.
– Mettre les dominos restant en tas, c'est la pioche.
– Un apprenant pose un domino au centre de la table.
– Demander à l'apprenant assis à droite de poser un domino qui peut être associé au premier (exemple : « eu/ elle est - allée/ nous sommes ». « elle est allée » est une forme correcte au passé composé). Demander à l'apprenant de faire une phrase avec la forme verbale constituée.
– Les apprenants jouent chacun leur tour.
– Si un apprenant ne peut pas jouer, il prend un autre domino dans la pioche.
– S'il ne peut toujours pas jouer ou si la pioche est finie, il passe son tour.
– **Variante :** Si un apprenant se trompe en faisant une phrase, il reprend son domino.
– Consulter la fiche pédagogique du jeu p. 291.
– Ce moment de détente doit avoir lieu après avoir fait les activités de la page 79.

page 79

⏳ 5 minutes

Activité 8

Faire observer le document 2 et demander aux apprenants de trouver le nom des auteurs et le titre du livre.

Corrigé : Auteurs : Amélie Charcosset, Hélène Koscielniak, Noura Bensaad. Titre : *Nouvelles du monde.*

➕ ➕

Demander aux apprenants ce qu'ils voient sur la couverture du livre et l'émotion que cela évoque pour eux. Lire le titre et demander aux apprenants à quoi le titre leur fait penser et si la couverture correspond au titre selon eux.

> **Bonne pratique**
>
> Dès que l'occasion se présente, je fais prendre conscience aux apprenants des émotions engendrées par les documents.

page 79

⏳ 5 minutes

Activité 9

a

– Faire observer le début du texte et la forme. Relever l'expression « cher » et la virgule après le nom. Expliquer que c'est une lettre.
– Demander aux apprenants de lire les questions **a** et **b**.
– Laisser les apprenants repérer les informations et rédiger une réponse.

Corrigé : a. pour papy Lucien. **b.** le 8 février 2012 en Alaska.

b

– Lire le texte en marquant la ponctuation pour faciliter la compréhension.
– Laisser les apprenants lire le texte sans l'aide du dictionnaire.
– Leur demander de lire les phrases et d'indiquer si elles sont vraies ou fausses.

– Après quelques minutes, laisser les apprenants comparer leurs réponses en binômes et justifier leurs choix.
– Corriger en soulignant les informations dans le texte.

Corrigé : a. faux. **b.** faux. **c.** faux. **d.** vrai **e.** vrai.

page 79
⏳ 15 minutes

Activité 10

 a

– Demander aux apprenants de relire le texte et de souligner ou de relever les verbes au passé composé.
– Écrire les formes verbales au tableau et pour chaque forme, demander aux apprenants d'indiquer la forme à l'infinitif.
– Montrer que certains verbes sont conjugués avec *être*.

b

– Lire les propositions. Au tableau, dessiner une frise chronologique en indiquant les marqueurs de temps.
– Demander aux apprenants de lire le texte et de placer les actions dans l'ordre, puis les placer ensemble sur la frise.
– Montrer que les actions se succèdent, que la première est introduite par « D'abord,... » et la dernière par « Enfin,... ».
– Montrer que chaque marqueur de temps est suivi d'une virgule.

Au tableau !

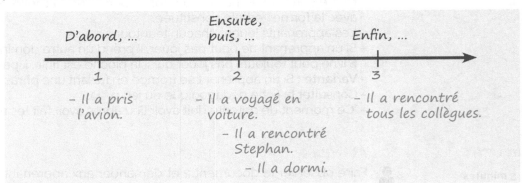

D'abord, ...	Ensuite, puis, ...	Enfin, ...
1	2	3
– Il a pris l'avion.	– Il a voyagé en voiture. – Il a rencontré Stephan. – Il a dormi.	– Il a rencontré tous les collègues.

Corrigé :
a. Je suis arrivé (arriver) – Stephan est venu (venir) – Je n'ai pas commencé (commencer) – J'ai attendu (attendre) – J'ai dormi (dormir) – J'ai rencontré (rencontrer).
b. D'abord, il a pris l'avion. Ensuite, il a voyagé en voiture. Puis, il a rencontré Stephan. Ensuite, il a dormi. Enfin, il a rencontré tous les collègues.

page 79
⏳ 15 minutes

Grammaire : Le passé composé (3)

– Demander à un apprenant de lire les phrases de la partie « Observez ».
– Demander quel est le verbe utilisé avec *aller, venir, arriver*.
– Attirer l'attention sur la première phrase et l'accord du participe passé.
– Écrire « Elle .... » et compléter avec les apprenants « Elles sont arrivées » pour indiquer la marque du pluriel.
– Laisser les apprenants compléter les phrases de la partie « Appliquez ». Corriger.

Corrigé : On utilise *être* pour former le passé composé. Quand le sujet est féminin, on ajoute « e » au participe passé. Elle est venue à l'aéroport. Ils sont allés à l'observatoire.

➤ *cahier*
Activités 7 à 8, p. 57.

page 79
⏳ 10 minutes

Activité 11

– Faire écouter la lecture de la lettre. Attirer l'attention des apprenants sur la ponctuation, la prononciation des sons déjà étudiés et les enchaînements.
– En binôme, laisser les apprenants lire la lettre à voix haute.

> ▶ Piste 112

Le 8 février 2012, Alaska
Cher papy Lucien,
Je suis arrivé à l'observatoire. Quatre heures de voiture depuis l'aéroport, après les douze heures d'avion. Stephan, mon nouveau collègue, est venu me chercher. Je n'ai pas commencé à travailler tout de suite. J'ai d'abord attendu que la fatigue du voyage me laisse tranquille. J'ai beaucoup dormi. Et puis j'ai rencontré les autres membres de l'équipe. Stephan est très grand et a une grosse barbe. Il est très impressionnant. Il y a Fiona. Aux repas, elle mange des graines. C'est elle l'oiseau, peut-être. Il y a aussi Sam : il aime marcher sans chaussures ; Lawrence, lui, est tout le temps en train de dessiner ; Carole est là depuis des années et n'arrive pas à partir. Ils sont tous accueillants, tous gentils. Je pense que je vais être bien ici.

page 79
⏳ 15 minutes

Bonne pratique
Avant de ramasser un travail écrit, je demande aux apprenants de relire leur travail.

Activité 12

– Demander aux apprenants de lire la consigne.
– Leur demander quelles sont les formules à utiliser pour débuter et terminer un courriel.
– Leur demander quels temps ils vont utiliser pour rédiger leur message et pourquoi.
– Les laisser rédiger le message, puis ramasser pour corriger.

Proposition de corrigé :

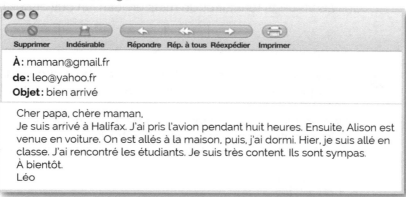

À : maman@gmail.fr
de : leo@yahoo.fr
Objet : bien arrivé

Cher papa, chère maman,
Je suis arrivé à Halifax. J'ai pris l'avion pendant huit heures. Ensuite, Alison est venue en voiture. On est allés à la maison, puis, j'ai dormi. Hier, je suis allé en classe. J'ai rencontré les étudiants. Je suis très content. Ils sont sympas.
À bientôt.
Léo

page 79
⏳ 10 minutes

Activité 13

– Constituer des groupes de trois ou quatre.
– Au tableau, écrire « Votre premier jour au travail, c'était comment ? » et « Votre premier jour à l'université, c'était comment ? ».
– Laisser les apprenants discuter.

Proposition de corrigé : Le premier jour à l'université, je suis allé dans la classe. Il y avait quinze étudiants. On a appris le nom des étudiants. On a parlé français. Il faisait chaud dans la classe. Ensuite, je suis allé à la cafétéria. J'ai mangé avec un étudiant coréen. On a parlé anglais. Je suis rentré à 17 h.

✚ ⁺

Demander aux apprenants de prendre deux morceaux de papier. Sur le premier, leur demander d'écrire le nom d'un lieu (université, Élysée, école, piscine…), sur le deuxième, une célébrité (Emmanuel Macron, Lady Gaga…). Mélanger les papiers « lieu » d'un côté, et les papiers « célébrité » de l'autre. Faire piocher un papier « lieu » et un papier « célébrité » à chaque apprenant. En groupe, demander aux apprenants de raconter (le premier jour d'Emmanuel Macron à la piscine, le premier jour de Lady Gaga à l'Élysée…).

> ❯ *cahier*
Activités 9 à 12, p. 57.

#culture

Le palais de l'Élysée est la résidence du président de la République. Il se situe à Paris dans le VIIIᵉ arrondissement. Dans les écrits journalistiques, l'Élysée peut désigner le président ou le gouvernement français.

page 80

⏳ 15 minutes

Comment je m'habille aujourd'hui ?

– Montrer la couverture du livre *Comment je m'habille aujourd'hui ?* (doc. 1 p. 74 du manuel). Écrire « J'ai trois minutes pour m'habiller ». Demander aux apprenants de se souvenir des « ingrédients » pour cette tenue (voir doc. 2 p. 74 du manuel).
– Lire les autres propositions. En binômes, demander aux apprenants de constituer les tenues. Écrire au tableau les mots nouveaux demandés par les apprenants sur le thème des vêtements et des accessoires.
– Mettre les propositions en commun.

Proposition de corrigé : J'ai rendez-vous avec mon banquier : Je mets un pantalon noir, une chemise blanche et une veste noire. Je mets une cravate. Du bureau à la disco : Je mets un jean, un tee-shirt blanc et une veste noire. J'ai rendez-vous avec mon amoureux : Je mets une jupe, un chemisier, un collier et des chaussures à talons. C'est l'anniversaire d'une amie : Je mets une robe rouge et des chaussures à talons. Je vais visiter la tour Eiffel : Je mets un jean, un pull et des baskets.

page 80

⏳ 5 minutes

Les voyelles nasales

– Lire les trois sons et les associer à un symbole phonétique.
– Expliquer que pour chaque proposition, les apprenants doivent choisir deux ou trois sons.
– Demander aux apprenants de choisir les sons qu'ils entendent.
– Faire écouter et laisser les apprenants choisir.
– Écouter une deuxième fois pour corriger et faire répéter les mots entendus.

Corrigé : a. 1. [ɛ̃] 2. [ɔ̃]
b. 1. [ɛ̃] 2. [ɛ̃]
c. 1. [ɛ̃] 2. [ã] 3. [ɔ̃]

▶ Piste 113

a. un blouson
b. un sac à main
c. un pantalon

page 80

⏳ 10 minutes

La vie de Jacques Brel

– Demander aux apprenants de lire les verbes et les propositions, et de les associer.
– Laisser quelques minutes aux apprenants pour écrire les phrases au passé composé.
– Corriger en demandant à des apprenants d'écrire les phrases au tableau.

Corrigé : Jacques Brel a commencé à chanter en 1951. Il a composé ses premières chansons sur le piano familial. Il a rencontré le pianiste François Rauber en 1956. Il a joué dans plusieurs films. Il a habité en France, en Belgique et aux îles Marquises.

 +

Écouter une chanson de Jacques Brel et demander aux apprenants s'ils l'aiment.

#culture

Jacques Brel est un auteur, compositeur, chanteur d'origine belge. Il est considéré comme l'un des plus grands chanteurs de langue française. Il connaît un premier grand succès en 1956 avec *Quand on n'a que l'amour*. Il a aussi été réalisateur et acteur, notamment dans *La bande à Bonnot* ou *Mon oncle Benjamin*.

page 80

⏳ 10 minutes

Au festival de Carcassonne

– Montrer la photo et expliquer que c'est la ville de Carcassonne.
– Laisser les apprenants lire les mots et reconstituer les phrases.
– Corriger.

Corrigé : a. Je n'ai pas vu les spectacles de danse. **b.** Je n'ai pas réservé ma place.
c. Nous n'avons pas beaucoup dormi. **d.** Nous n'avons pas regardé le programme.

> **#culture** ──────
>
> **Le festival de Carcassonne** fait partie des plus grands festivals français. Il propose plus d'une centaine de spectacles de théâtre, danse, opéra, concerts dont plus de la moitié sont gratuits.

page 80

⏳ 10 minutes

Le 14 juillet

– Montrer le tableau et expliquer que le peintre s'appelle André Duret. Dire *C'est le 14 juillet, c'est la fête nationale en France = la fête de la France.*
– Expliquer « C'était en 1990 » et demander *C'était comment ?*
– Lire les mots à utiliser et laisser les apprenants écrire les phrases.
– Corriger.

Corrigé : Il faisait beau. C'était à Paris. Il faisait chaud. Il y avait beaucoup de lumières. Il y avait des musiciens. C'était le 14 juillet. Il y avait les couleurs de la France : bleu, blanc et rouge.

> **#culture** ──────
>
> **Le 14 juillet** est la date de la fête nationale en France. Contrairement à une idée reçue, elle ne commémore pas la prise de la Bastille du 14 juillet 1789 mais la fête de la Fédération de 1790, c'est-à-dire le jour où Louis XVI a prêté serment à la Nation et à la loi dans le but d'unifier la nation. À cette occasion ont lieu des défilés militaires, des feux d'artifice et des bals populaires dans toute la France.

page 80

⏳ 10 minutes

Edgar Degas

– Demander aux apprenants s'ils connaissent Edgar Degas. Rappeler que c'est un peintre et sculpteur de la fin du XIXᵉ siècle.
– Faire écouter la première phrase et demander *Quel est le verbe ? À quel temps ?* Demander s'ils ont entendu *être* ou *avoir* pour composer le passé composé.
– Faire écouter les autres propositions et laisser les apprenants compléter individuellement. Corriger en écrivant le participe passé de chaque verbe au tableau.

Corrigé : b. voir – avoir. **c.** rencontrer – avoir. **d.** prendre – avoir. **e.** sortir – être. **f.** exposer – avoir.

> ▶ Piste 114
>
> **a.** Edgar Degas a étudié l'art à Paris.
> **b.** Il a vu beaucoup d'œuvres au musée du Louvre.
> **c.** Il a rencontré Édouard Manet au Louvre.
> **d.** Il a pris un atelier à Paris.
> **e.** Il est parti en Louisiane en 1872.
> **f.** Il est souvent sorti dans les cafés-concerts.
> **g.** Il a exposé *La petite danseuse de 14 ans*, en 1881.

> **#culture** ──────
>
> **Edgar Degas** est un peintre de la fin du XIXᵉ siècle. Il a fait partie du mouvement des Impressionnistes. Parmi ses œuvres, on compte notamment *La chanteuse au gant* (peinture) ou *La petite danseuse de quatorze ans* (sculpture).

<table>
<tr><td>

page 81

⏳ 15 minutes

</td><td>

Les artistes et leur vie

 a Montrer les deux œuvres. Lire les deux propositions et demander aux apprenants comment s'appelle chaque œuvre.

Corrigé : a. *Le Penseur*, Rodin. **b.** *Allées et venues*, Jean Dubuffet.

b

– Demander aux apprenants de choisir un des deux artistes et d'écrire quelques phrases sur sa vie. Les laisser rechercher et consulter les documents nécessaires. Rappeler d'écrire des phrases simples et courtes en utilisant le passé composé.
– Ramasser les productions pour les corriger.

Proposition de corrigé :
Rodin est un sculpteur français. Il a sculpté *Le Penseur* et *La Porte de l'enfer*. Il a aimé Camille Claudel. Il a exposé avec Claude Monet. Il est allé à Giverny et il a rencontré Paul Cézanne. Il est mort en 1917.
Dubuffet est un peintre et sculpteur français. Il est né en 1901 et il est mort en 1985. Il a peint *Intérieurs* et *Temps mêlés*. Il a influencé Niki de Saint Phalle. Il a beaucoup travaillé avec les peintures des personnes malades mentales.

</td></tr>
</table>

> ── **#culture** ─────
>
> **Auguste Rodin** est un des sculpteurs français les plus reconnus de la deuxième partie du XIXᵉ siècle. Il appartient au mouvement réaliste et se distingue par un nombre exceptionnel d'œuvres produites grâce à un travail très organisé. L'une de ses œuvres les plus célèbres est *Le Penseur*.
> **Jean Dubuffet** est un peintre et sculpteur français du XXᵉ siècle. Il s'est intéressé à l'art brut, c'est-à-dire à l'art produit par des personnes souffrant de maladies mentales. Il est le premier théoricien de l'art brut.

<table>
<tr><td>

page 81

⏳ 10 minutes

</td><td>

Voyage à Bruxelles

– Lire le titre « Voyage à Bruxelles » puis lire les propositions.
– Expliquer aux apprenants qu'ils vont écouter le document et qu'ils doivent remettre les actions dans l'ordre. Si nécessaire, dessiner une frise au tableau pour expliquer la consigne.
– Proposer au moins deux écoutes. Puis, corriger.

Corrigé : 1. Prendre l'avion. **2.** Visiter Bruxelles. **3.** Visiter l'Atomium. **4.** Acheter des chocolats. **5.** Marcher dans la ville. **6.** Prendre le train.

</td></tr>
</table>

> ── ▶ Piste 115 ─────
>
> – Alors, ce voyage ?
> – Super ! D'abord, lundi, j'ai pris l'avion jusqu'à Bruxelles. J'ai visité la ville et j'ai pris des photos du Manneken-Pis. Après, je suis allée à Bruges. Bien sûr, j'ai acheté des chocolats. Ah oui… Avant de quitter Bruxelles, j'ai visité l'Atomium. C'était très intéressant.
> – Et à Bruges, qu'est-ce que tu as fait ?
> – J'ai marché dans la ville. C'était très agréable. Et puis, je suis retournée à Bruxelles et j'ai pris le train pour Paris.

<table>
<tr><td>

page 81

⏳ 5 minutes

</td><td>

Je suis…

Laisser les apprenants lire les phrases individuellement et faire des propositions de réponse.

Corrigé : Coco Chanel.

</td></tr>
</table>

> ── **#culture** ─────
>
> **Coco Chanel**, de son vrai nom « Gabrielle Chasnel », est une couturière française à l'origine de la maison Chanel. Elle symbolise l'élégance française. La maison Chanel est notamment connue pour sa *Petite robe noire* et ses parfums.

page 81

⏳ 5 minutes

Les Français disent...

– Demander aux apprenants de regarder l'image. Lire « se tenir à carreau » et demander *Qu'est-ce que c'est ?*
– Lire les propositions et demander aux apprenants d'en choisir une.
– Corriger et expliquer « être sage ».

Corrigé : être sage.

page 81

⏳ 5 minutes

▶ Vidéo lab'

PROJET

– Visionner la vidéo. Demander aux apprenants *Qu'est-ce que c'est ?* et *C'est où ?* Montrer qu'il s'agit d'art dans la ville.
– Expliquer que les apprenants vont préparer une balade audio et décider ensemble s'ils vont la faire pour leur ville ou leur pays.

▶ À deux

– Constituer des binômes. Laisser les apprenants choisir un lieu culturel.
– Donner un temps limité pour préparer la présentation du lieu (nom, architecture, couleurs, ambiance, sentiments…) et l'enregistrer.

▶ Ensemble

– Constituer des groupes. Rassembler les enregistrements sur un forum ou une plateforme et laisser les apprenants découvrir les productions.

Proposition de corrigé : La tapisserie Jean Lurçat est une grande tapisserie très colorée. Elle date du XXᵉ siècle. Elle donne un sentiment d'espoir. Elle raconte l'histoire des hommes. Elle utilise beaucoup de symboles. Elle se situe dans l'ancien hôpital Saint-Jean.

p. 82- 83

Ateliers Acheter des vêtements

page 82

⏳ 5 minutes

Activité 1

– Montrer le document 1 et laisser les apprenants lire l'affiche.
– Poser les questions **a** et **b**, et laisser les apprenants répondre oralement. Expliquer la différence entre un vide-dressing et un vide-grenier (Pendant le vide-dressing, on vend ses vêtements. Pendant le vide-grenier, on vend aussi des objets).
– Demander aux apprenants s'ils font des vide-dressing et laisser plusieurs apprenants répondre.

Corrigé : a. C'est une vente de vêtements et de chaussures. Des personnes vendent leurs vêtements parce qu'ils ne les portent pas. **b.** C'est dimanche 21 septembre de 10 h à 19 h, 61 rue des Archives. **c.** Je ne fais pas de vide-dressings, je donne mes vêtements.

page 82

⏳ 10 minutes

Activité 2

ⓐ

– Montrer la photo du document 2. Demander aux apprenants de dire ce qu'ils voient. Lire les questions **a** et **b**. Demander *C'est où ?* et *Qu'est-ce que la femme fait ?* Corriger.

Corrigé : a. La femme est dans un magasin de vêtements, dans une cabine d'essayage. **b.** Elle essaye des vêtements.

ⓑ

Faire écouter le dialogue et demander aux apprenants d'écrire les mots qu'ils comprennent.

Corrigé : grand – 38 – rouge – noir – pantalon.

– Demander aux apprenants de lire les questions de la partie **c**. Proposer une deuxième écoute. Corriger.
– Lire l'encadré « Acheter des vêtements ».

Corrigé : a. Elle essaye un pantalon rouge. **b.** Elle fait du 38. **c.** Elle essaye un pantalon noir.

> ▶ Piste 116
>
> – Alors, ça va la taille ?
> – C'est pas mal. Hum… C'est peut-être un peu grand.
> – Vous voulez essayer le 38 ?
> – Oui, je veux bien.
> – …
> – Ça vous va très bien.
> – Ce n'est pas trop serré ?
> – Non, c'est à la mode.
> – J'aime bien le rouge mais je vais aussi essayer le pantalon noir, pour voir…
> – Oui, bien sûr.

page 82

⏳ **10 minutes**

Activité 3

– Demander aux apprenants quels problèmes on a quand on essaye un vêtement. Proposer plusieurs réponses à l'oral.
– Laisser chaque apprenant écrire un problème sur un papier. Ramasser et mélanger les papiers.
– En binôme, demander aux apprenants de choisir des vêtements à acheter et une taille.
– Par écrit, laisser les apprenants faire une liste des questions posées par les clients et par les vendeurs.

Proposition de corrigé : 1. C'est trop long. C'est trop court. C'est trop grand. C'est trop petit. Je n'aime pas la couleur. **2.** pull, robe, veste, pantalon… **3.** Vendeur : Ça va ? Vous voulez essayer une autre taille ? Client : C'est combien ? Vous avez la taille 36 ? Vous avez le pantalon en rouge ?

> **#culture**
>
> En France, **les tailles de vêtements** pour adultes commencent à 34 et augmentent de deux en deux (36, 38 …). Les tailles de chaussures se comptent à partir de 35 ou 36 et augmentent de un en un.

page 82

⏳ **10 minutes**

Activité 4

– Demander à un binôme de se placer devant la classe. Un des deux apprenants prend un papier avec un problème.
– Lire l'encadré « Apprendre » et demander aux apprenants s'ils vont utiliser « tu » ou « vous ».
– Les laisser jouer le dialogue entre le client et le vendeur.

Proposition de corrigé : – Alors, ça va la veste ?
– Non, c'est trop petit. Vous avez la taille 40 ?
– Oui, mais en bleu.
– D'accord, je vais essayer. …
– C'est pas mal. C'est combien ?
– 40 euros.

➕ +

Demander aux apprenants quelles sont les tailles de vêtements et de chaussures dans leur pays. Comparer avec les tailles utilisées en France.

page 83

⏳ 5 minutes

👤

Activité 1

 et

– Faire observer le document 1. Lire le titre « Le petit guide de la buanderie » et demander aux apprenants *Qu'est-ce que c'est ?*
– Montrer le document 2 pour expliquer le mot « lave-linge » et dire qu'on utilise aussi le mot « machine à laver ».
– Revenir au document 1 et demander *C'est pour faire quoi ?* Laisser les apprenants choisir une réponse, puis corriger.

Corrigé : a. laver les vêtements. **b.** À savoir comment laver les vêtements.

page 83

⏳ 5 minutes

👤

Activité 2

– Montrer les symboles. Faire deux colonnes au tableau : « Conseils » et « Interdictions » (dessiner un symbole « sens interdit » au tableau).
– Pour chaque symbole, demander aux apprenants si c'est un conseil ou une interdiction.

Corrigé :

Conseils :

Interdictions :

page 83

⏳ 5 minutes

👥👥

Activité 3

Demander aux apprenants quels verbes sont importants dans le document et les écrire au tableau.

Corrigé : laver, sécher, repasser, trier, préparer, vider.

page 83

⏳ 10 minutes

👤

Activité 4

– Proposer une première écoute et demander *Qui parle ?* et *Où sont les personnes ?*
– Proposer une deuxième écoute et laisser les apprenants choisir les symboles sur le document 1 qui correspondent à la conversation.

Corrigé : a. une mère et son fils. **b.** Il fait la lessive.

c.

▶ Piste 117

– Maman, je mets mon linge dans la machine !
– Tu as trié tes vêtements ?
– Tu veux dire les couleurs d'un côté et le blanc de l'autre ?
– Oui, et tu as regardé les étiquettes ?
– C'est écrit « Lavage en machine à 60° ».
– Même ton pull ?
– Ah non, c'est à la main.
– Et tu as vidé tes poches ?
– Ah ! Zut !

#culture

Contrairement à d'autres pays, **les lave-linge** en France possède une fonction pour choisir la température de lavage (de 30 à 90°C). Aussi, il est nécessaire de trier le linge en fonction des couleurs pour éviter que le linge ne déteigne ou ne rétrécisse.

Activité 5

Montrer un ou deux objets de la classe. Demander aux apprenants de lister individuellement les objets de la classe.

Proposition de corrigé : un téléphone, un ordinateur, un dictionnaire électronique, une photocopieuse...

Activité 6

– Constituer des groupes. Demander au groupe de choisir un objet.
– Une fois les objets choisis, faire deux colonnes au tableau « Conseils » et « Interdictions ».
– Attirer l'attention sur l'encadré « Donner des instructions » et montrer la forme infinitive et l'infinitif négatif.
– Demander aux groupes de compléter les deux colonnes avec des instructions.
– Une fois les instructions rédigées, montrer le document 1 et demander de rédiger une affiche en indiquant les instructions « titres », les symboles et les conseils et interdictions.
– Valoriser les productions en posant les affiches sur le mur.

Proposition de corrigé : Le téléphone : Éteindre la sonnerie – Ne pas laisser en mode vibreur – Ne pas utiliser les réseaux sociaux – Utiliser seulement pour chercher des mots dans le dictionnaire – Ne pas laisser sur la table – Ne pas regarder ses messages.

p. 84-85   *mémo*

Activité 1

– Demander aux apprenants de lire le point grammatical sur le passé composé, ainsi que le point lexical sur les vêtements.
– Lire l'exemple. Souligner la forme au passé composé et le mot « robe ».
– Demander aux apprenants d'écrire des phrases individuellement.

Proposition de corrigé : J'ai acheté une ceinture. Il a mis son manteau gris. Elle a fait une jupe. Nous avons vu une jolie veste.

page 84
⏳ 10 minutes

Activité 2

– Demander aux apprenants de lire le point grammatical «C'était / Il y avait / Il faisait», ainsi que le point lexical sur l'ambiance.
– Constituer des groupes de trois ou quatre apprenants. Expliquer la consigne. Laisser les apprenants discuter en groupe.

Proposition de corrigé : C'était à la mer. Il faisait chaud. Il faisait beau. Il n'y avait pas beaucoup de monde. C'était agréable.

page 84
⏳ 10 minutes

Activité 3

– Demander aux apprenants de lire le point grammatical sur le passé composé, ainsi que le point lexical sur les indicateurs de temps.
– Lire les exemples et laisser un ou deux apprenants répondre. Souligner les formes au passé composé et les indicateurs de temps.
– Constituer des binômes et laisser les apprenants répéter la démarche.

Proposition de corrigé : Tu as voyagé où l'année dernière ? Tu es sorti hier soir ? Tu es parti en vacances l'hiver dernier ?

page 84
⏳ 10 minutes

Activité 4

– Demander aux apprenants de lire le point lexical sur les nombres. Lire le point phonétique sur les voyelles nasales.
– Écrire un nombre et demander à un apprenant de le lire. Insister sur la prononciation des nasales.
– Constituer des binômes et laisser les apprenants répéter la démarche.

Proposition de corrigé : 110 – cent dix, 1380 – mille trois cent quatre-vingts, 72 – soixante-douze.

page 84
⏳ 10 minutes

Activité 5

– Demander aux apprenants de lire le point lexical sur les émotions, ainsi que le point phonétique sur les enchaînements vocaliques et consonantiques.
– Lire la situation d'exemple et l'émotion. Indiquer « situation » et « émotion » pour chaque phrase.
– Donner un autre exemple de situation et demander à la classe de trouver l'émotion.
– Constituer les groupes et laisser les apprenants répéter la démarche.

Corrigé : Je ne pars pas en vacances : Je suis triste. J'ai eu un cadeau : Je suis heureux. Je ne trouve pas ma voiture : Je suis surpris.

> *cahier*
Mémo, p. 58 et 59

page 85
⏳ 15 minutes

⟜ Mission

LA MINUTE PÉDAGOGIQUE

La mission reprend l'ensemble des objectifs communicatifs étudiés dans l'unité. Les apprenants les mettent en œuvre pour répondre à un besoin concret en contexte. Elle favorise la collaboration entre les apprenants.

– Lire le titre « C'est arrivé quand ? »
– Avec les apprenants, écrire sur une partie du tableau, de toutes les couleurs et dans tous les sens, des réponses possibles à la question.
– Tracer un trait vertical et sur la deuxième partie du tableau, avec les apprenants,

faire une liste de lieux de sortie (théâtre, concert...) et une liste de tenues (costume-cravate, short-tongs...). Demander aux apprenants quelle tenue n'est pas adaptée pour quel lieu.

– Lire le point 1 avec les apprenants. Leur laisser quelques minutes pour imaginer une situation individuellement.
– Constituer des binômes et laisser les apprenants raconter leur histoire en précisant quand ça s'est passé.
– Attirer l'attention sur les lieux de sortie et expliquer aux apprenants qu'ils sont invités à une soirée. Dire *Attention à votre tenue !*
– Expliquer aux apprenants qu'ils vont demander un conseil pour bien choisir leur tenue. Demander de préciser quand a lieu la soirée.
– Au tableau, faire une liste de mots pour parler d'une ambiance et des activités pendant une soirée.
– Demander aux apprenants d'écrire un courriel pour raconter leur soirée.

Laisser chaque apprenant constituer un poster en dessinant la tenue qui a posé problème dans la partie 1 de la mission, puis la tenue conseillée pour la deuxième sortie et ajouter le courriel. Laisser les apprenants lire les posters et observer quels conseils ont été efficaces.

Proposition de corrigé : 1. Le 14/12 – étudiants de la classe – soirée – tenues chics : robes, costumes, cravates, chaussures à talons – ambiance animée, sympa, beaucoup de monde – dîner, danse, jeux. **2.** C'était quand ? Il y avait qui ? Vous avez porté quoi ? Qu'est-ce que vous avez fait ? **3.** C'était une soirée. C'était sympa. Il y avait des étudiants de la classe. Les femmes ont mis des robes et des chaussures à talons. Les hommes ont porté des costumes avec des cravates. C'était animé. D'abord, ils ont dîné et discuté. Ensuite, ils ont fait des jeux. Enfin, ils ont dansé.

 cahier

Bilan linguistique, p. 60 et 61
Préparation au DELF, p. 62 et 63

TEST 📍

GRAMMAIRE

1 Écrivez les phrases au passé composé avec *avoir*. — 5 points

1. Jeanne et Damien .... (réserver) une table au restaurant.

2. Sylvaine .... (essayer) une robe rouge.

3. Les mannequins .... (mettre) les vêtements pour défiler.

4. Nous .... (prendre) des photos.

5. Vous .... (finir) votre travail ?

2 Écrivez les phrases au passé composé avec *être*. — 5 points

1. Benjamin .... (sortir) hier soir.

2. Finalement, nous .... (ne pas aller) au musée.

3. Tu .... (partir) à quelle heure ?

4. Vous .... (rentrer) chez vous ?

5. Julie .... (tomber) dans la rue.

3 Écrivez les phrases au passé composé avec *être* ou *avoir*. — 5 points

1. Elle .... (aller) à Paris.

2. Nous .... (acheter) une nouvelle tenue.

3. Vous .... (aller) au concert de David Guetta ?

4. Tu .... (voir) sa page Instagram ?

5. Les enfants .... (sortir) dans le jardin.

4 Complétez les phrases avec *C'était / Il y avait / Il faisait*. — 5 points

.... en 1998. .... beau et chaud. .... beaucoup de supporters. Les footballeurs français ont joué et ils ont gagné. .... des drapeaux français dans les rues. .... génial !

LEXIQUE

1 Entourez le vêtement qui correspond le mieux à la situation. — 5 points

1. Il fait froid. Je mets *un manteau / une chemise / un tee-shirt*.

2. Il fait chaud. Je mets *un pull / une veste / un tee-shirt*.

3. C'est une soirée chic. Je porte *une robe / un short / des chaussettes*.

4. Je vais à la plage. Je prends *un chapeau / un manteau / une écharpe*.

5. Avec mon costume, je mets *une robe / une cravate / une jupe*.

2 Entourez l'émotion qui correspond le mieux à la situation. — 5 points

1. Mon chat est mort. Je suis *triste / heureux*.

2. J'ai réussi l'examen. Je suis *heureux / en colère*.

3. Il y a un éléphant dans la rue. Je suis *triste / surpris*.

4. J'ai rencontré Vianney à l'université. Je suis *surpris / en colère*.

5. Mon voisin a pris mon téléphone. Je suis en *colère / heureux*.

3 Associez les phrases de même sens. — 5 points

Le concert, c'était génial ! •   • C'était nul !

Le musée, c'était passionnant ! •   • C'était tranquille !

La soirée, c'était bruyant ! •   • C'était intéressant !

Les vacances, c'était calme ! •   • C'était super !

Le spectacle, c'était ennuyeux ! •   • C'était animé !

PHONÉTIQUE

1 ▶17 | Écoutez et choisissez le son que vous entendez : [ɛ̃] [ɑ̃] [ɛ] — 5 points

1. .... **2.** .... **3.** .... **4.** .... **5.** ....

2 Indiquez les enchaînements consonnes-voyelles. — 5 points

1. Il a cinq ans.

2. Elle met un vêtement.

3. Il achète un pantalon.

4. Elle met un pull épais.

5. Il y avait une super ambiance.

③ Pour chaque phrase, indiquez les enchaînements de voyelles. 5 points

1. une jolie écharpe

2. des chaussettes jaunes

3. Tu es allé au ciné ?

4. Il a adoré le spectacle.

5. On a mangé ensemble.

Compréhension de l'oral
10 points

▶18 | Écoutez le dialogue et répondez aux questions.

1. C'était quoi ?

2. C'était quand ?

3. Qu'est-ce que les personnes ont fait ?

4. Il a mis quelle tenue ?

5. C'était comment ?

Compréhension des écrits
10 points

Lisez le texte.

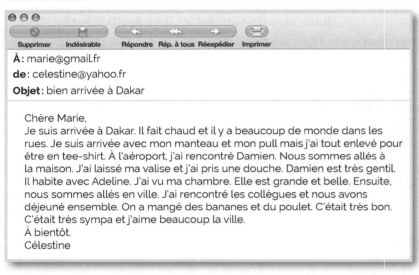

À : marie@gmail.fr
de : celestine@yahoo.fr
Objet : bien arrivée à Dakar

Chère Marie,
Je suis arrivée à Dakar. Il fait chaud et il y a beaucoup de monde dans les rues. Je suis arrivée avec mon manteau et mon pull mais j'ai tout enlevé pour être en tee-shirt. À l'aéroport, j'ai rencontré Damien. Nous sommes allés à la maison. J'ai laissé ma valise et j'ai pris une douche. Damien est très gentil. Il habite avec Adeline. J'ai vu ma chambre. Elle est grande et belle. Ensuite, nous sommes allés en ville. J'ai rencontré les collègues et nous avons déjeuné ensemble. On a mangé des bananes et du poulet. C'était très bon. C'était très sympa et j'aime beaucoup la ville.
À bientôt.
Célestine

① Vrai ou faux ? Cochez la case qui convient.

	Vrai	Faux
1. D'abord, Célestine est allée manger.		
2. Elle a mangé de la viande.		
3. Célestine aime bien Dakar.		
4. C'est une ville animée.		
5. Adeline, Célestine et Damien vont habiter ensemble.		
6. Célestine n'a pas aimé le repas.		
7. Célestine et Damien sont allés au travail.		

2 Répondez aux questions.

1. Célestine a mangé avec qui ?

....

2. Comment est l'ambiance ?

....

3. Comment est le climat ?

....

Production écrite   15 points

Exercice 1 : (10 points)

Vous avez acheté des vêtements. Vous écrivez un courriel à un(e) ami(e) pour raconter votre shopping.

```
◉ ◉ ◉
  ⊘         💾         ←      ⇇      →        🖨
Supprimer  Indésirable  Répondre Rép. à tous Réexpédier  Imprimer
À :
De :
Objet :


```

Exercice 2 : (5 points)

Vos collègues utilisent souvent leur téléphone au travail. Vous écrivez cinq instructions pour bien utiliser le portable au travail.

....

....

....

....

....

Production orale   15 points

Racontez votre premier jour de classe (ambiance, activités…).

Total: ...... /100 points

Corrigés du test

GRAMMAIRE

1 **1.** ont réservé **2.** a essayé **3.** ont mis **4.** avons pris **5.** avez fini

2 **1.** est sorti **2.** ne sommes pas allés **3.** es parti(e) **4.** êtes rentré(e)(s) **5.** est tombée

3 **1.** est allée **2.** avons acheté **3.** êtes allé(e)(s) **4.** as vu **5.** sont sortis

4 C'était en 1998. Il faisait beau et chaud. Il y avait beaucoup de supporters. Les footballeurs français ont joué et ils ont gagné. Il y avait des drapeaux français dans les rues. C'était génial!

LEXIQUE

1 **1.** un manteau. **2.** un tee-shirt. **3.** une robe. **4.** un chapeau. **5.** une cravate

2 **1.** Je suis triste. **2.** Je suis heureux. **3.** Je suis surpris. **4.** Je suis surpris. **5.** Je suis en colère.

3 Le concert, c'était génial! → C'était super!
Le musée, c'était passionnant! → C'était intéressant!
La soirée, c'était bruyant! → C'était animé!
Les vacances, c'était calme! → C'était tranquille!
Le spectacle, c'était ennuyeux! → C'était nul!

PHONÉTIQUE

1 **1.** [ɑ̃] **2.** [ɑ̃] **3.** [ɔ̃] **4.** [ɛ̃] **5.** [ɑ̃]

2 **1.** Il a cinq ans. **2.** Elle met un vêtement. **3.** Il achète un pantalon. **4.** Elle met un pull épais.
5. Il y avait une super ambiance.

3 **1.** une jolie écharpe. **2.** des chaussettes jaunes. **3.** Tu es allé au ciné? **4.** Il a adoré le spectacle.
5. On a mangé ensemble.

COMPRÉHENSION DE L'ORAL

1. C'était une fête d'anniversaire.
2. C'était samedi soir.
3. Les personnes ont mangé, discuté et dansé.
4. Il a mis un costume, une chemise et un chapeau.
5. C'était génial et sympa.

COMPRÉHENSION DES ÉCRITS

1 **1.** Faux, d'abord elle est allée à la maison. **2.** Vrai. **3.** Vrai. **4.** Vrai. **5.** Vrai. **6.** Faux, c'était très bon. **7.** Faux, ils sont allés en ville.

2 **1.** Célestine a mangé avec ses collègues. **2.** L'ambiance était sympa. **3.** Il fait chaud.

PRODUCTION ÉCRITE

Exercice 1:

Proposition de corrigé:

Bonjour Camille,
Tu vas bien? Moi, ça va. J'ai fait du shopping samedi après-midi. Il faisait froid mais j'ai beaucoup marché. J'ai essayé une robe rouge. C'était très joli mais c'était trop petit. Il n'y avait pas la taille 40. Finalement, j'ai acheté un manteau et des gants. J'ai payé 50 euros. Il y avait des soldes. Il y avait beaucoup de monde dans les boutiques mais c'était vraiment bien.
Et toi, tu as fait du shopping?
À bientôt.

Soline

Grille d'évaluation

L'apprenant utilise une formule de salutation au début et à la fin du message.	.... /1
L'apprenant peut utiliser le passé composé.	.... /3
L'apprenant peut utiliser l'imparfait pour décrire.	.... /3
L'apprenant peut parler des vêtements, de la taille…	.... /3

Exercice 2 :

Proposition de corrigé :

Couper la sonnerie du téléphone au travail.

Utiliser le téléphone après le travail ou à l'heure du déjeuner.

Ne pas utiliser les réseaux sociaux sur son téléphone au travail.

Ranger son téléphone dans son sac.

Ne pas laisser son téléphone portable sur le bureau.

Grille d'évaluation

L'apprenant peut utiliser l'infinitif pour donner des instructions.	…. /2,5
L'apprenant peut utiliser le lexique pour donner des instructions (*éteindre, utiliser…*).	…. /2,5

PRODUCTION ORALE

Proposition de corrigé :

Le premier jour, je suis arrivé à 9 h. Je suis entré dans la classe et il y avait cinq étudiants. Le professeur est entré. Il a parlé français. Je n'ai pas compris. J'ai regardé et j'ai répété. J'ai écouté et j'ai fait les exercices. À la pause, j'ai bu un café. J'ai parlé anglais avec les autres étudiants. C'était difficile. On a fini les cours à 16 h. Je suis rentré et j'ai dormi.

Grille d'évaluation

L'apprenant peut s'exprimer au passé en alternant le passé composé et l'imparfait.	…. /5
L'apprenant peut décrire l'ambiance.	…. /5
L'apprenant peut parler de ses activités.	…. /5

Transcriptions du test

PHONÉTIQUE

1 Piste 17

1. ennuyeux

2. intéressant

3. concert

4. jardin

5. passionnant

COMPRÉHENSION DE L'ORAL

▶ Piste 18

– Alors, la fête d'anniversaire d'Alexandre, c'était comment ?

– C'était génial ! Il y avait beaucoup de monde et c'était très sympa.

– Vous avez fait la fête le dimanche ?

– Non, le samedi soir. On a mangé ensemble et on discuté. À minuit, on a commencé à danser.

– Tu as mis quoi comme vêtements ?

– J'ai mis mon costume gris clair avec une chemise blanche.

– Et tu as mis une cravate ?

– Non, mais j'ai pris mon chapeau.

UNITÉ 6

Alors, ton nouveau travail ?

Agir

OBJECTIFS
❶ Se présenter pour un travail
❷ Parler de ses habitudes
❸ Décrire ses collègues

ATELIERS D'EXPRESSION
• Prendre un rendez-vous par téléphone
• Rédiger son profil professionnel sur LinkedIn

Coopérer

PROJET CULTUREL
Rédiger une infographie des métiers de demain

 **MISSION**
Résoudre un problème au travail

Apprendre

STRATÉGIES *p. 96-97*

MÉMO
Réviser ✚ S'exercer, *p. 98*
J'agis, je coopère, j'apprends
Cahier, p. 70-71

ÉVALUATION
• Bilan linguistique *Cahier, p. 72-73*
• Préparation au DELF *Cahier, p. 74-75*

Grammaire	**Lexique**	**Phonétique**	**Culture**
• Les questions (3) : les interrogatifs *comment, où, pourquoi* • L'obligation et la possibilité avec *devoir* et *pouvoir* • Les verbes pronominaux • L'accord des adjectifs (2)	• Les qualités et les défauts • Exprimer les qualités nécessaires • Les activités quotidiennes • La description physique • Téléphoner	• L'intonation • Le « e » muet (3) • Les consonnes finales [f], [v], [s], [z] ((•)) Vidéo phonétique	• Le bonheur au travail • Des acteurs français  ▶ Le parcours de Mathilde

CONJUGAISON
• Devoir
• Pouvoir
• Se coucher

○UVERTURE DE L'UNITÉ

page 86

⏳ 5 minutes

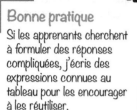

Titre de l'unité

Lire le titre de l'unité et écrire le mot « travail » au tableau. Laisser les apprenants imaginer une réponse à la question (*C'est bien ! C'est intéressant !…*).

page 86

⏳ 10 minutes

Illustration

– Montrer l'illustration à l'ensemble de la classe. Demander ce que font les personnes. Demander de décrire l'image, de décrire l'ambiance.
– Montrer le contraste entre la personne au centre et les autres.
– Lire la question. Demander à quelques apprenants de répondre en faisant une phrase complète.

Proposition de corrigé : Je travaille 7 heures. Je fais une pause au déjeuner. Je bois un café le matin. Je fais du sport le soir.

> **Bonne pratique**
> Si les apprenants cherchent à formuler des réponses compliquées, j'écris des expressions connues au tableau pour les encourager à les réutiliser.

S ITUATION ❶   Se présenter pour un travail

LA MINUTE PÉDAGOGIQUE

Il n'est pas nécessaire pour les apprenants de posséder un bagage riche en lexique pour pouvoir interagir mais d'apprendre à mobiliser ses connaissances pour les réutiliser dans plusieurs situations.

page 88

⏳ 5 minutes

Activité 1

– Montrer le document I et poser quelques questions pour aider les apprenants à décrire l'affiche (*C'est quoi ? C'est où ? C'est quand ?*).
– Demander aux apprenants *Vous avez déjà fait un job dating ?* Laisser quelques apprenants répondre librement. Les encourager à préciser leur réponse (*quand, où, quel type de travail*). Expliquer ce qu'est un *job dating*.

Proposition de corrigé : C'est un *job dating* pour les jobs d'été, le 13 avril en salle B003. J'ai fait un *jobdating* en juin dernier à l'université pour un job d'été.

> **#culture**
>
> Le mot anglais « job » est utilisé pour parler d'un petit boulot, d'un travail de courte durée ou à temps partiel, souvent pour les étudiants, alors que « travail » est utilisé de manière plus générale pour tous les types d'emplois. Un *job dating* est une rencontre entre des personnes qui cherchent un emploi et des employeurs. Chaque rencontre dure 7 à 10 minutes. Si l'employeur est intéressé, il propose un deuxième rendez-vous au candidat.

page 88

⏳ 30 minutes

Activité 2

ⓐ

– Faire observer le document I et demander combien il y a de personnes et ce qu'elles font. Faire formuler plusieurs hypothèses.
– Montrer la fiche et faire lire le nom « Sarah Hamsa ». Expliquer qu'il s'agit de la femme sur la photo.
– Lire les catégories et proposer une première écoute du document.
– Laisser les apprenants répartir les informations selon les catégories et si nécessaire, proposer une deuxième écoute.
– Corriger.

Corrigé : Situation professionnelle : étudiante, Formation : Master de droit, Expériences professionnelles : baby-sitting, Qualités : curiosité, patience, Motivations : travailler avec des enfants, rencontrer des entreprises.

 ⓑ

– Au tableau, écrire : « .... ? – Sarah Hamsa », puis, ensemble, rédiger la question.
– Demander aux apprenants d'écrire les autres questions et faire écouter le document deux fois. Si nécessaire, faire des pauses pour que les apprenants aient le temps d'écrire les questions. Corriger.

Corrigé : Comment est-ce que vous vous appelez ? Vous êtes étudiante ? Où est-ce que vous faites vos études ? Et qu'est-ce que vous étudiez ? Est-ce que vous avez travaillé avec des enfants ? Quelles sont vos principales qualités ? Combien de langues est-ce que vous parlez ? Est-ce que vous voulez travailler pour nous ? Pourquoi est-ce que vous avez choisi le *job dating* ?

> **▶ Piste 120**
>
> – Comment est-ce que vous vous appelez ?
> – Sarah Hamsa.
> – Vous êtes étudiante ?
> – Oui, je suis en master.
> – Où est-ce que vous faites vos études ?
> – À Paris, et j'ai étudié un an en Angleterre.
> – Et qu'est-ce que vous étudiez ?
> – J'étudie le droit.
> – Est-ce que vous avez travaillé avec des enfants ?
> – Oui, j'ai fait du baby-sitting au lycée.
> – Quelles sont vos principales qualités ?
> – Je dirais... la curiosité et la patience.
> – Combien de langues est-ce que vous parlez ?
> – Trois. Le français, l'anglais et un peu d'italien.
> – Est-ce que vous voulez travailler pour nous ?
> – Oui, je voudrais vraiment travailler avec des enfants.
> – Très bien. Pourquoi est-ce que vous avez choisi le *job dating* ?
> – Pour rencontrer beaucoup d'entreprises.

page 88

⌛ 10 minutes

Grammaire : Les questions (3) avec « est-ce que »

– Écrire les phrases d'exemples au tableau et barrer « est-ce que ».
– Demander aux apprenants de reformuler la question sans « est-ce que ».
– Entourer les mots interrogatifs et montrer que la place change entre les deux formes de questions.
– Demander aux apprenants d'écrire trois questions avec « est-ce que » pour une personne de la classe, puis trois questions sans « est-ce que ».
– S'assurer que, selon le type de question, les apprenants placent le mot interrogatif au bon endroit. Si nécessaire, attribuer une couleur au mot interrogatif et une autre à « est-ce que » pour aider les apprenants à visualiser la place des mots.

Corrigé : Vous vous appelez comment ? Vous faites vos études où ? Pourquoi vous avez choisi le *job dating* ? – Dans la question avec « est-ce que », le mot interrogatif se place au début de la phrase. – Est-ce que tu aimes travailler ? Comment est-ce que tu vas au travail ? Où est-ce que tu travailles ? Tu as été baby-sitter ? Tu travailles combien d'heures ? Tu manges où ?

Pour montrer les équivalences entre les questions, on peut proposer un tableau à compléter. Les apprenants peuvent entourer les mots interrogatifs pour comparer les équivalences et montrer la place des mots.

Tu travailles ?	Est-ce que tu travailles ?
Tu vas où ?	Où est-ce que tu vas ?
Tu fais quoi ?	Qu'est-ce que tu fais ?
Pourquoi tu as choisi le *job dating* ?	Pourquoi est-ce que tu as choisi le *job dating* ?
Vous vous appelez comment ?	Comment est-ce que vous vous appelez ?

Demander aux apprenants de se lever. Pour s'asseoir, ils doivent poser une question avec « est-ce que ».

> *cahier*
Activités 1 à 6, p. 64-65.

page 88

⏳ **15 minutes**

Activité 3

ⓐ

– Demander aux apprenants de « chanter » une question (dessiner un point d'interrogation au tableau) avec « lalala », puis une affirmation (dessiner un point au tableau).
– Faire écouter la piste 121 et laisser les apprenants indiquer s'il s'agit d'une question ou d'une affirmation. Corriger.

Corrigé : a. question. **b.** affirmation. **c.** question. **d.** question.

> ▶ Piste 121
>
> **a.** Tu es étudiante ?
> **b.** Il est curieux.
> **c.** C'est le directeur ?
> **d.** Tu participes au *job dating* ?

ⓑ

– « Chanter » une question en levant les bras progressivement, puis « chanter » une affirmation en posant les mains par terre ou sur la table.
– Faire écouter le document et laisser les apprenants lever ou baisser les bras selon l'intonation.

Corrigé : a. lever les bras. **b.** baisser les bras. **c.** baisser les bras. **d.** lever les bras.

> ▶ Piste 122
>
> **a.** Vous êtes curieuse ?
> **b.** Tu es patient.
> **c.** Tu as étudié trois ans.
> **d.** Tu as travaillé à Rome ?

> *cahier*
Activités 9 à 10, p. 65.

page 88

⏳ **15 minutes**

Activité 4

– Expliquer la situation aux apprenants : Ils sont recruteurs. Ils ont fait un *job dating*. Ils ont choisi un nouvel employé. Leur demander de choisir cet employé parmi les personnes de la classe.
– Constituer des binômes. Poser une ou deux questions à un apprenant pour savoir qui il a recruté. Laisser les apprenants répéter la démarche en créant d'autres binômes.

Proposition de corrigé : Est-ce qu'il/elle est patient(e) ? Est-ce qu'il/elle a fait des études de maths ? Est-ce qu'il/elle a travaillé dans un supermarché ? Est-ce qu'il/elle parle italien ? Est-ce qu'il/elle aime travailler avec les enfants ?

page 88

⏳ **15 minutes**

Activité 5

– Faire observer le dessin. Demander qui sont les personnes et quelle est la situation. Faire remarquer les outils et demander aux apprenants pourquoi c'est drôle (L'homme doit monter / faire la chaise pour pouvoir s'asseoir. C'est un test).
– Lire la consigne. Insister sur la négation « ne pas poser » et donner un exemple. Laisser les apprenants imaginer les questions.
– Comparer les propositions de réponses. Corriger les phrases en insistant sur la formulation des questions.

Proposition de corrigé: Combien de jours de vacances il y a? Est-ce que je peux arriver en retard? À quelle heure est-ce que le travail finit? Combien de temps est-ce que la pause dure? Est-ce que le café est gratuit?

#culture

Ikea est une entreprise néerlandaise connue pour vendre des meubles à petits prix. Les meubles sont le plus souvent en kit à monter soi-même.

page 89

⏳ 15 minutes

Activité 6

 a

– Faire observer le document. Lire le titre « Vous êtes étudiant(e)! Vous voulez avoir de l'expérience et gagner de l'argent? ». Montrer les deux numéros dans le texte et expliquer que ce sont des annonces pour des jobs étudiants.
– Laisser les apprenants lire les annonces et les associer aux deux jobs, puis corriger.

Corrigé: a. annonce 1. **b.** annonce 2.

 b

– Dessiner un tableau. Laisser les apprenants lire silencieusement les annonces et compléter le tableau.

Au tableau!

	Possibilités	Obligations
1		
2		

– Faire lire des apprenants à voix haute et corriger le tableau.

Proposition de corrigé: 1. Obligations: avoir un bon niveau d'études. – Possibilités: choisir les horaires. **2.** Obligations: préparer le goûter et le dîner. Possibilités: dîner sur place.

 c

– Constituer des groupes. Demander aux apprenants quel job ils préfèrent et quelles qualités sont nécessaires. Les laisser échanger en groupe.
– Lire ensemble l'encadré « Exprimer les qualités nécessaires ».

Proposition de corrigé: Je préfère être professeur particulier. Il faut être patient, calme et rigoureux.

page 89

⏳ 10 minutes

Grammaire: Les verbes *devoir* et *pouvoir*

– Lire les deux phrases d'exemples.
– Expliquer l'idée d'obligation (= il n'y a pas de choix, par exemple, les devoirs obligatoires). Demander quel verbe est utilisé pour exprimer l'obligation et lequel est utilisé pour exprimer la possibilité.
– Lire les conjugaisons des deux verbes et laisser les apprenants formuler des phrases pour la partie « Appliquez ».

Corrigé: Obligation: *devoir* + infinitif – possibilité: *pouvoir* + infinitif. Pour bien parler français, je dois pratiquer et apprendre du vocabulaire. Avec le français, je peux rencontrer des gens, je peux voyager.

> *cahier*
Activités 7 à 8, p. 65.

page 89

⏳ 10 minutes

Activité 7

– Lire la question « Qu'est-ce que vous devez faire pour trouver un travail? ». Demander si c'est une obligation ou une possibilité.
– Demander aux apprenants de rédiger plusieurs réponses individuellement.
– Ramasser pour corriger.

Proposition de corrigé : Je dois regarder les annonces. Je dois parler avec les gens. Je dois écrire une lettre. Je dois beaucoup étudier.

page 89
⏳ 10 minutes

Activité 8

– Montrer le formulaire d'inscription. Expliquez que c'est un *job dating*.
– Laisser les apprenants remplir le formulaire individuellement.
– Mettre en commun plusieurs réponses pour corriger.

Proposition de corrigé : Prénom NOM : Vini SHALINI – Situation professionnelle : stagiaire. – Formation : Master « métiers du livre ». – Expériences professionnelles : stage dans une bibliothèque, caissière. – Qualités : autonome, organisée. – Langues parlées : français, anglais. – Motivations : rencontrer des professionnels.

page 89
⏳ 15 minutes

Activité 9

– Partager la classe en deux groupes et répartir un rôle à chaque groupe « recruteurs », « étudiants ».
– Laisser quelques minutes aux recruteurs pour choisir un métier et les qualités nécessaires pour ce métier.
– Pendant ce temps, demander aux apprenants de faire une liste de leurs qualités.
– Demander aux recruteurs et aux étudiants de se rencontrer et de discuter. Laisser les apprenants choisir les profils qui conviennent pour le poste.
– Échanger les rôles et recommencer l'activité.

Proposition de corrigé : Métier : vendeur. – Qualités : autonome, créatif, sociable. – Métier : serveur. – Qualités : patient, organisé. – Métier : journaliste. – Qualités : curieux, organisé.

> *cahier*
Activités 11 à 13, p. 65.

p. 90-91

 ITUATION ❷   Parler de ses habitudes

LA MINUTE PÉDAGOGIQUE

Donner des repères auditifs, visuels et gestuels (par exemple, compter les syllabes, le nombre de mots, ajouter des couleurs…) permet de faciliter la compréhension et l'appropriation d'un nouveau point linguistique.

PRÉPARER SA CLASSE

Préparer une image pour expliquer le mot « trottinette électrique ».

page 90
⏳ 5 minutes

Activité 1

– Montrer la photo du document I et poser la question : *À votre avis, quelle est la journée d'un danseur ?* Laisser les apprenants faire des hypothèses.
– Écrire les mots-clés au tableau.

Proposition de corrigé : Il travaille beaucoup. Il mange peu. Il dort tôt.

page 90
⏳ 10 minutes

Activité 2

ⓐ

– Laisser les apprenants lire silencieusement le texte du document I et répondre aux questions de la partie **a**.
– Corriger en soulignant les informations dans le texte.

Corrigé : **a.** Elle est danseuse. **b.** Elle travaille à l'Opéra Garnier. **c.** Elle se déplace en trottinette électrique.

 b

– Lire la question **b** et y répondre ensemble en relevant les éléments dans le texte. Associer un geste à chaque action.

Corrigé : Elle se réveille, elle fait du yoga, elle prend son petit déjeuner, elle se douche, elle va à l'opéra, elle se prépare, elle se maquille, elle se coiffe pour le spectacle ou elle s'entraîne, elle rentre chez elle et elle se couche.

> #### #culture
>
> **Dorothée Gilbert** est une danseuse étoile du ballet de l'Opéra de Paris depuis 2007. Elle a dansé pour de nombreux ballets en France et à l'étranger (*La Belle au bois dormant, Giselle, Casse-noisette…*).

page 90

⏳ 10 minutes

Grammaire : Les verbes pronominaux (1)

– Lire l'exemple et demander aux apprenants quel est l'infinitif des verbes.
– Demander aux apprenants de chercher des verbes avec la même forme dans le texte. Faire la liste au tableau et indiquer l'infinitif.
– Relever la phrase « Je ne me maquille pas » et entourer les deux mots de la négation.
– Lire la conjugaison du verbe *se coucher* et laisser les apprenants compléter la partie « Appliquez ». Si nécessaire, ajouter les formes avec « nous » et « ils ».

> **Bonne pratique**
>
> Je compte le nombre de mots sur les doigts en lisant des exemples de conjugaison (Je - 1, ne - 2 - me - 3 - couche - 4, pas - 5).

Corrigé : se réveiller, s'étirer, se doucher, se maquiller, se préparer, se coiffer, s'entraîner, se coucher. La négation se place avant le pronom et après le verbe. Je me réveille, je me douche, je m'habille, je prends mon petit-déjeuner, je me brosse les dents et je pars au travail.

> *cahier*
Activités 1 à 5, p. 66.

page 90

⏳ 10 minutes

Activité 3

– Laisser les apprenants lire les quatre phrases. Montrer que certains « e » sont soulignés.
– Faire écouter et demander aux apprenants s'ils entendent ou non les « e ».
– Expliquer que la prononciation du « e » n'est pas toujours obligatoire.

Corrigé : **a.** non. **b.** non. **c.** non. **d.** oui.

> Piste 123
>
> **a.** Je m' couche tôt.
> **b.** On s' lève ?
> **c.** Tu t' prépares ?
> **d.** Il se rase.

page 90

⏳ 20 minutes

Activité 4

– Ensemble, faire une liste de métiers.
– Constituer des binômes et demander à chaque binôme de choisir un métier.
– Laisser quelques minutes aux apprenants pour écrire des phrases qui présentent la journée d'une personne qui fait ce métier.
– Demander à chaque binôme de présenter les activités habituelles et laisser la classe deviner de quelle profession il s'agit.

Proposition de corrigé : Je me réveille à 15 heures. Je me douche, je me prépare, je me coiffe. Je vais au bar et je commence à mixer. (DJ)

 +

Demander à un apprenant de choisir une célébrité. Les journalistes (les autres apprenants) posent des questions sur sa vie quotidienne.

page 90
⏳ 15 minutes

Activité 5

– Dire une action *Je me lave* et la mimer. Demander à un apprenant de dire une action et de la mimer (par exemple : *je me réveille*), puis lui faire répéter la première action avec le geste (*Je me lave. Je me réveille.*). Choisir un deuxième apprenant et continuer la chaîne.
– Quand l'activité est comprise, constituer des groupes pour faire l'activité.

page 91
⏳ 10 minutes

Activité 6

– Montrer le document 2 et lire le titre « Les jours fériés en France ».
– Demander « Un jour férié, c'est quoi ? ». Laisser les apprenants chercher le mot-clé dans le document.

Corrigé : a. C'est une fête. **b.** Il y a 11 jours fériés. On fête des événements religieux ou historiques.

– Lire la question et laisser les apprenants répondre oralement.
– Constituer des groupes et laisser les apprenants échanger autour de la question.

Proposition de corrigé : En Suisse, il y a 7 jours fériés. Les jours fériés sont des fêtes religieuses : Pâques, l'Ascension, la Pentecôte, le vendredi Saint, Noël et le Nouvel an. La fête nationale (le 1er août) est aussi un jour férié.

> **#culture**
>
> Il existe treize jours fériés en France. Certains sont liés à des fêtes religieuses chrétiennes, d'autres à des événements laïcs. La fête du travail a lieu le 1er mai. Ce jour est consacré aux manifestations afin que les travailleurs puissent exprimer leurs revendications. Traditionnellement, on vend aussi du muguet dans les rues ce jour-là.

✚ +

Laisser les apprenants faire quelques recherches sur les jours fériés et les répartir en deux catégories : dates religieuses et dates historiques. Demander aux apprenants d'associer un symbole à chaque jour férié.

page 91
⏳ 10 minutes

Activité 7

Faire écouter une première fois le document et laisser les apprenants lire la question et y répondre.

Corrigé : Le premier mai, c'est la fête du travail.

– Faire observer les images et proposer une deuxième écoute pour répondre aux questions. Si nécessaire, proposer une troisième écoute.
– Corriger et relever les phrases qui permettent de choisir les images.

Corrigé : Aline : **c.** Elle va rester à la maison, elle va se lever tard, elle va faire du sport. Thomas : **b.** Il va aller au cinéma avec sa chérie. Cécile : **b :** Elle va se promener avec sa famille.

▶ Piste 124

Aline : À demain !
Thomas : Non Aline, demain c'est férié !
Aline : Ah oui ? C'est quel jour ?
Cécile : C'est le 1ᵉʳ mai, la fête du travail…
Aline : Ah c'est vrai !
Cécile : Tu vas faire quoi ?
Aline : Ah, moi, quand je ne travaille pas, je reste à la maison, je me lève tard et je fais du sport. Et toi, Cécile ?
Cécile : Demain, on va se promener : une petite randonnée en forêt en famille, ça fait du bien ! Et toi, Thomas ?
Thomas : Moi, demain, je vais au cinéma avec ma chérie.

page 91

⏳ 10 minutes

Grammaire : Les verbes pronominaux (2)

– Lire les deux phrases. Demander aux apprenants laquelle est au présent et laquelle est au futur proche.
– Corriger en montrant l'utilisation et la place du verbe *aller*.
– Laisser les apprenants écrire quelques phrases pour répondre à la question de la partie « Appliquez ». Corriger en écrivant plusieurs propositions.

Corrigé : « Je me lève tard » est au présent. « Demain, on va se promener » est au futur proche. – Ce soir, je vais rentrer chez moi. Je vais faire mes devoirs, je vais dîner et je vais regarder un film.

> *cahier*
Activités 7 à 8, p. 67.

page 91

⏳ 10 minutes

Activité 8

– Montrer l'image et demander aux apprenants ce qu'ils voient (une fleur, 1er). Expliquer que c'est du muguet et que cette plante est vendue pour le 1er mai (jour férié) en France.
– Constituer des groupes et lire « Demain, c'est férié ! Qu'est-ce que vous allez faire ? »
– Laisser les apprenants imaginer plusieurs réponses à l'oral. S'assurer que les apprenants utilisent bien le futur proche et insister sur la place des mots.

Proposition de corrigé : Je vais me lever à 10 h. Je vais prendre mon petit-déjeuner. Je vais faire le ménage. Je vais déjeuner avec des amis. Nous allons nous promener. Je vais rentrer à 19 h. Je vais dîner et je vais lire.

> *cahier*
Activité 6, p. 67.

page 91

⏳ 10 minutes

Activité 9

– Lire la consigne. Expliquer qu'il y a deux personnes : un journaliste et un étudiant. Entourer le thème de l'interview « une journée type ».
– Constituer des binômes et laisser les apprenants jouer la situation.
– Proposer aux apprenants d'enregistrer leur interview pour les partager sur le réseau social de la classe.

Proposition de corrigé :
– À quelle heure tu te lèves ?
– Je me lève à 6 h.
– Après, qu'est-ce que tu fais ?
– Après, je me douche. Je prends mon petit déjeuner. Je m'habille et je me coiffe.
– Tu pars à quelle heure ?
– Je pars à 7 h 15. Je prends le bus.
– À quelle heure tu arrives à l'université ?
– J'arrive à 8 h.
– Tu déjeunes où ?
– Je déjeune à la cafétéria avec des amis.
– Qu'est-ce que tu fais l'après-midi ?
– L'après-midi, je vais à la bibliothèque et je fais les courses. Parfois, je vais à la salle de sport.
– Tu rentres à quelle heure ?
– Je rentre à 18 h.
– Tu te couches à quelle heure ?
– Je me couche à 23 h.

Intro
Unité 1
Unité 2
Unité 3
Unité 4
Unité 5
Unité 6
Unité 7
Unité 8
Outils

page 91

⏳ **10 minutes**

Activité 10

– Si les apprenants ont enregistré les interviews de l'activité 9, leur demander de choisir une interview et de rédiger un article à partir des informations.
– Si l'activité n'a pas été enregistrée, demander aux apprenants de rédiger un article à partir de l'interview qu'ils ont faite en binôme.
– Leur demander de donner un titre à leur article.
– Les laisser rédiger individuellement puis ramasser pour corriger.

Proposition de corrigé : Augustin, la journée d'un étudiant sérieux : Augustin se lève à 6 h. Il se douche et il prend son petit déjeuner. Il s'habille et il se coiffe. Il part de la maison à 7 h 45. Il prend le bus. Il arrive à l'université à 8 h. Le midi, il déjeune à la cafétéria avec des amis. L'après-midi, il va à la bibliothèque et il fait les courses. Parfois, il va à la salle de sport. Il rentre chez lui à 22 h. Il se couche à 23 h.

> *cahier*
Activités 11 à 13, p. 67.

---

p. 92-93

Ⓢ ITUATION ❸   Décrire ses collègues

LA MINUTE PÉDAGOGIQUE

Jouer sur l'intonation facilite la compréhension et la mémorisation du vocabulaire nouveau. Elle provoque aussi des émotions.

page 92

⏳ **5 minutes**

Activité 1

– Expliquer le mot « collègue » (= Deux personnes travaillent ensemble, elles sont collègues.)
– Expliquer « qualités » (= points positifs +) et « défauts » (= points négatifs –).
– Écrire les amorces de phrases : « Un collègue doit.... » et « Un collègue ne doit pas... ». Laisser les apprenants compléter à l'oral.

Proposition de corrigé : Un collègue doit être patient et organisé. Un collègue ne doit pas être en retard, paresseux.

page 92

⏳ **10 minutes**

> **Bonne pratique**
> Je relie les profils et les adjectifs en associant des intonations différentes pour les qualités et les défauts et selon les profils.

Activité 2

– Faire observer le document 1. Demander quelles sont les couleurs et à quels profils elles correspondent.
– Laisser les apprenants lire les adjectifs et choisir ceux qui leur correspondent.
– Demander à plusieurs apprenants de présenter les adjectifs qu'ils ont choisis et expliquer les mots difficiles.

Corrigé : a. bleu = organisation – vert = affection – jaune = imagination – rouge = action.
b. Je suis patient, calme et doux. Mon profil est « affection ».

➕ ⁺

Demander aux apprenants de créer un nouveau profil. En groupe, leur demander de choisir une couleur et un nom (performance, médiation...) et d'y associer trois ou quatre qualités et défauts.

page 92

⏳ **10 minutes**

Activité 3

ⓐ

Lire les questions et proposer une première écoute du document. Répondre aux questions. Corriger.

Corrigé : a. Ils sont au travail. **b.** Ils parlent de leurs collègues.

Montrer le tableau et lire les prénoms. Proposer une deuxième écoute et laisser les apprenants compléter le tableau en binôme. Si nécessaire, proposer une troisième écoute.

Corrigé : Directeur : impatient, autoritaire, énergique. – Florence : sympa, créative. – Juliette : calme, douce.

> ▶ Piste 125
>
> – Tu veux un café ?
> – Oui, merci !
> – Tu es nouveau ?
> – Oui, je suis arrivé hier.
> – Tu as rencontré le directeur ?
> – Non pas encore. Il est comment ?
> – Impatient et autoritaire, mais très énergique.
> – Et Florence, au 7ᵉ étage, tu travailles avec elle ? Elle a l'air sympa.
> – Oui tout à fait, et super créative dans son travail. Tu as rencontré Juliette ?
> – Oui. Elle fait du yoga, c'est ça ?
> – Oui, elle est toujours très calme et douce.

page 92

⏳ 10 minutes

Grammaire : L'accord des adjectifs (2)

- Lire les phrases de la partie « Observez ».
- Laisser les apprenants compléter le tableau individuellement, puis mettre en commun. Insister sur la terminaison de chaque adjectif.
- Laisser les apprenants rédiger des réponses pour la partie « Appliquez ». Corriger en mettant quelques phrases en commun et en s'assurant que les adjectifs ont bien été accordés.

Corrigé :

Masculin singulier	Féminin singulier	Adjectifs
calme	calme	=
créatif	créative	-if ➔ -ive
doux	douce	-oux ➔ -ouce

Ma sœur est énergique et créative mais autoritaire.
Elle est impatiente et exigeante mais rigoureuse.

> *cahier*
Activités 1 à 6, p. 68-69.

page 92

⏳ 15 minutes

Activité 4

- Lire les deux sons proposés. Faire écouter le document et demander aux apprenants de choisir celui qu'ils entendent. Répéter la démarche pour les autres propositions.
- Écouter une deuxième fois pour corriger.

Corrigé : a. [v]. **b.** [f]. **c.** [s]. **d.** [z].

> ▶ Piste 126
>
> **a.** créative
> **b.** attentif
> **c.** douce
> **d.** précise

- Faire écouter les différents sons.
- Mettre la main sur la gorge et demander aux apprenants de faire le même geste. Lire ensemble « f » (attention à ne pas ajouter « e »), puis les autres sons.

– Demander aux apprenants pour quels sons ils sentent une vibration. Les laisser associer, corriger puis écouter de nouveau et faire répéter les sons.

Corrigé : [v], [z] = ça vibre. [f], [s]= ça ne vibre pas.

> ▶ Piste 127
>
> [f] – [v] – [s] – [z]

c

– Écrire « créatif » et « créative » au tableau puis prononcer les deux mots. Demander aux garçons de se lever à la lecture de « créatif » puis aux filles de se lever à la lecture de « créative ».
– Faire écouter les propositions et laisser chaque groupe se lever en fonction de l'accord de l'adjectif.

Corrigé : a. f. **b.** f. **c.** f. **d.** m

> ▶ Piste 128
>
> **a.** merveilleuse
> **b.** sportive
> **c.** douce
> **d.** heureux

> *cahier*
> **Activité 7, p. 69.**

page 92

⏳ 10 minutes

Activité 5

– Constituer des binômes. Lire et expliquer la consigne.
– Laisser les apprenants échanger.
– En conclusion, calculer le nombre d'étudiants de chaque profil dans la classe.

Proposition de corrigé : Il est impatient, créatif et énergique. Il a un profil « Rouge, action ».

page 92

⏳ 5 minutes

Bonne pratique

En fonction des mots associés aux sons, je répète les sons sur des intonations différentes (en chuchotant, en hurlant…).

Activité 6

– Faire écouter un premier son et demander aux apprenants à quoi ils pensent. Écrire toutes les idées au tableau.
– Faire écouter les autres sons et laisser les apprenants réagir à l'oral ou en dessinant un objet, un animal ou une ambiance.

Proposition de corrigé : le vent – un téléphone – un serpent – une mouche.

> ▶ Piste 129
>
> – ffffff
> – vvvv
> – sssss
> – zzzzz

page 93

⏳ 5 minutes

Activité 7

– Laisser les apprenants lire individuellement le document 2 et les questions de l'activité 7.
– Corriger en montrant les informations sur le document (« CASTING CINÉMA », « recherche »).

Corrigé : a. Ce sont des annonces. **b.** C'est dans le domaine du cinéma.

Activité 8

– Faire observer les photos.
– Laisser les apprenants chercher les informations de description dans les annonces du document 2 et choisir un casting adapté à chaque photo.
– Corriger en lisant les descriptions et en montrant pourquoi elles correspondent à la photo.
– Prendre connaissance de l'encadré « La description physique », expliquer les équivalences de couleurs (blond = jaune, brun= noir…).

Au tableau !

ALINE	FAMILLE	LES MOTS
Homme 25/30 ans	Femme 60/75 ans	Petite fille 8/10 ans
Grand assez mince	Petite	Grand assez mince
Brun	Cheveux gris au blanc	Blonde
Yeux marron	Yeux verts	Yeux bleus
	Sportive	

Corrigé : Première photo : Rôle secondaire : Famille – Deuxième photo : Fillette 8/10 ans : Les mots – Troisième photo : Premier rôle : Aline.

Activité 9

– Penser à une célébrité et laisser les apprenants poser des questions sur son physique pour savoir de qui il s'agit. Laisser les apprenants poser des questions sur d'autres informations (profession, âge…) pour retrouver plus facilement la personne.
– Constituer des groupes et laisser les apprenants renouveler la démarche.

Proposition de corrigé :
Est-ce qu'il est grand ? – Oui.
Est-ce qu'il a les cheveux blonds ? – Non.
Est-ce qu'il a les cheveux bruns ? – Oui.
Est-ce qu'il a les yeux marron ? – Non.
Est-ce qu'il a les yeux noirs ? – Oui…
Il a joué dans quel film ? Dans *Bienvenue chez les ch'tis*.
C'est Kad Merad.

Vous êtes réalisateur. Écrivez les petites annonces pour le casting de vos acteurs.

> cahier
Activité 8, p. 69.

Activité 10

– Lire la consigne et laisser les apprenants rédiger un texte pour présenter leurs collègues.
– Proposer aux apprenants de relire leur texte avec un(e) voisin(e) et de s'assurer qu'ils ont bien fait les accords nécessaires pour les adjectifs.
– Ramasser pour corriger.

Proposition de corrigé :
Soazig est petite et brune. Elle a les cheveux courts. Elle a le visage rond. Elle est impatiente, autoritaire et drôle.
Nicolas est grand et blond. Il a les yeux verts. Il est mince et sportif. Il est prudent et sociable.
Élise est grande et mince. Elle a les yeux noirs. Elle a les cheveux longs et bruns. Elle porte des lunettes. Elle est rigoureuse et énergique.

Activité 11

 – Laisser les apprenants circuler dans la classe pour demander à chacun quels sont ses qualités et ses défauts.
– Expliquer qu'ils vont faire un plan de table et qu'il faut 4 personnes à chaque table. Constituer des binômes et laisser les apprenants organiser le plan de table en fonction des informations qu'ils ont récoltées.

Proposition de corrigé :
Table 1 : Xavier (rigoureux, autoritaire), Alice (autoritaire, sociable), Emma (autoritaire, créative), Barbara (autoritaire, énergique).
Table 2 : Marie (sociable, créative), Vincent (sociable, prudent), Flavie (douce, sociable), Quentin (énergique, sociable).

> *cahier*
Activités 9 à 11, p. 69.

LAB' LANGUE & CULTURE

L'entretien d'embauche

 – Lire le titre et faire lire la petite annonce. Expliquer que les deux personnes sont un recruteur et une personne qui cherche un travail.
– Demander aux apprenants de souligner le mot-clé de chaque phrase (licence, à Paris…).
– Constituer des binômes et laisser les apprenants compléter le dialogue.
– Corriger en insistant sur la formulation des questions. Demander à deux apprenants de lire le dialogue final.

Proposition de corrigé :
– Alors, vous êtes étudiant ?
– Où est-ce que vous étudiez ?
– Qu'est-ce que vous étudiez ?
– Quelles sont vos qualités ?
– Vous parlez quelles langues ?

➕ +

Laisser les apprenants relire l'annonce et le dialogue. Demander aux apprenants si l'étudiant est un bon candidat pour le poste.

Les obligations et les possibilités

 – Lire le titre « Obligations et possibilités » et demander aux apprenants les expressions utilisées pour exprimer l'obligation et la possibilité.
– Lire la consigne et laisser les apprenants compléter les phrases.
– Corriger en écrivant les réponses au tableau.

Corrigé : a. pouvez. **b.** dois. **c.** dois. **d.** peut. **e.** doit.

Le « e » muet

 – Écouter la proposition **a** et compter le nombre de syllabes. Montrer qu'il s'agit de la même phrase mais qu'elle est dite de deux manières différentes (« e » prononcé ou non).
– Laisser les apprenants répéter la démarche pour les autres propositions.
– Corriger en réécoutant.

Corrigé : a. 1. 2 **2.** 3 **b. 1.** 3 **2.** 2 **c. 1.** 3 **2.** 2 **d. 1.** 2 **2.** 3

▶ Piste 130

a. 1. Je m'lève. – **2.** Je me lève.
b. 1. Je me douche. – **2.** Je m'douche.
c. 1. Je me coiffe. – **2.** Je m'coiffe.
d. 1. Je m' couche. – **2.** Je me couche.

Une journée à la Comédie Française

– Expliquer que le document est une interview d'un comédien (= acteur). Lire la liste des verbes proposés et montrer qu'il s'agit de verbes pronominaux.
– Laisser les apprenants lire l'interview et la compléter individuellement.
– Corriger en demandant à deux apprenants de lire le dialogue.

Corrigé : je me réveille – je me douche – je me prépare – vous vous couchez

 +

En binôme, demander aux apprenants de modifier le titre « Une journée à la Comédie Française » en choisissant un autre lieu. Leur faire constituer un nouveau dialogue.

> **#culture**
>
> **La Comédie Française** est le seul théâtre d'État en France. Elle a été créée en 1680, après la mort de Molière qui, pourtant, est considéré comme son principal dirigeant puisque c'est lui qui dirigeait la troupe avant la création officielle. Aujourd'hui, elle accueille les meilleurs comédiens de France.

Les acteurs français

– Montrer les trois photos et lire les noms des acteurs.
– Écrire : « yeux, cheveux, visage » au tableau et laisser les apprenants rédiger quelques phrases pour les décrire.
– Corriger en écrivant quelques phrases pour chaque acteur au tableau.

Proposition de corrigé : Audrey Tautou : Elle est brune. Elle a les cheveux longs. Elle a les yeux noirs. Elle a le visage mince. **Isabelle Huppert :** Elle est châtain. Elle a les cheveux longs. Elle a les yeux marron. **Romain Duris :** Il a les cheveux bruns et courts. Il a les yeux noirs. Il porte une barbe. Il a le visage mince.

> **#culture**
>
> **Audrey Tautou** est une actrice française rendue célèbre par son rôle dans *Le fabuleux destin d'Amélie Poulain*. Elle a aussi obtenu des rôles importants dans *Da Vinci Code*, *Un long dimanche de fiançailles* et *Coco avant Chanel*. Elle a été modèle pour de grandes marques comme Chanel.
> **Isabelle Huppert** est une actrice française qui a joué un nombre exceptionnel de rôles dans des films grand public et des films d'art et d'essai. Elle a été primée un grand nombre de fois en France et à l'étranger et a obtenu des rôles dans des films internationaux comme *Elle* ou *Back Home*.
> **Romain Duris** est un acteur français qui a régulièrement collaboré avec Cédric Klapisch. Il a joué notamment dans *Péril jeune*, *L'auberge espagnole*, *L'écume des jours* et *L'Arnacœur*.

Un nouveau métier

– Montrer le dessin et demander aux apprenants quelle émotion est exprimée. Laisser les apprenants lire le titre et répondre à la question **a**.
– Demander aux apprenants de lire le texte et répondre aux questions **b**, **c** et **d**. Corriger en rédigeant des phrases simples. Expliquer *after work* (sorties entre collègues après le travail). Demander aux apprenants s'ils aiment ce travail.

Corrigé : a. Le nouveau métier est « responsable du bonheur ». **b.** Un ingénieur chez Google a changé de métier. Il veut faire attention au bonheur des employés. **c.** L'objectif est d'avoir des employés heureux. Les employés heureux sont créatifs et en bonne santé. **d.** Le responsable du bonheur organise des entretiens, des petits-déjeuners, des *after work* et des ateliers de créativité.

page 95

⏳ 5 minutes

Je suis…

– Demander aux apprenants de regarder la photo et de lire les phrases de description.
– Demander *C'est qui ?* Laisser les apprenants proposer des réponses.

Corrigé : Jean Dujardin.

> **#culture**
>
> **Jean Dujardin** est un acteur français devenu célèbre notamment grâce à la série *Un gars, une fille*. Il a joué de nombreux rôles au cinéma, dans des styles variés (comédies, drames…). Il acquiert une certaine popularité grâce à des films qui connaissent du succès à l'étranger (*Les Infidèles*, *The Artist*). Il obtient l'Oscar du meilleur acteur grâce à son rôle dans *The Artist*.

page 95

⏳ 5 minutes

Les Français disent…

– Demander aux apprenants de regarder l'image. Lire « être lessivé » et demander *Qu'est-ce que c'est ?*
– Lire les propositions et demander aux apprenants d'en choisir une.

Corrigé : être très fatigué.

page 95

⏳ 5 minutes

Jouons avec les sons !

Faire écouter la phrase puis demander aux apprenants de s'entraîner à la dire en binôme. Faire repérer le son qui est répété et le faire prononcer plusieurs fois.

> ▶ Piste 131
>
> Ces cerises sont si savoureuses !

page 95

⏳ 5 minutes

▶ Vidéo lab'

PROJET

– Montrer la vidéo. Demander aux apprenants quelles informations ils comprennent et pourquoi. Souligner l'importance du dessin et des mots-clés pour comprendre les informations. Faire relever le nouveau métier de Mathilde et expliquer que c'est un « métier de demain ».
– Expliquer qu'ils vont rédiger une infographie. Expliquer qu'une infographie est un document fait de chiffres et de dessins qui permettent de comprendre rapidement des informations essentielles (par exemple, les informations relevées dans la vidéo).

▶ **À deux**

– Constituer des binômes et les laisser faire une liste pour les trois parties (professions, profils et lieux).

▶ **Ensemble**

– Constituer des groupes et demander aux apprenants de réaliser une infographie à partir des informations qu'ils ont rassemblées.
– Laisser quelques minutes à chaque groupe pour présenter son infographie devant toute la classe.

Proposition de corrigé : 1. Spécialiste en cybersécurité, responsable free-lance, responsable en développement durable.
2. Flexible, mobile, ouvert, rapide, connaissances de l'informatique et du web.
3. Bureaux, trains, chez soi, espace de co-working, cafés.

Ateliers   Prendre un rendez-vous par téléphone

page 96
⧖ 5 minutes

Activité 1

 Montrer le document 1 et dire *C'est un agenda*. Demander quelle information est indiquée.

Corrigé : un rendez-vous pour un entretien.

page 96
⧖ 5 minutes

Activité 2

 – Montrer le document 2. Lire les différentes étapes et laisser les apprenants faire une proposition de phrase pour chaque étape en s'appuyant sur l'encadré « Téléphoner ».
– Écrire au tableau une phrase pour chaque étape.

Corrigé : 1. « Bonjour, je suis Kevin Martin. » **2.** « Je voudrais prendre rendez-vous. » **3.** « C'est possible samedi à 13 h » **4.** « Alors, samedi à 19 h » **5.** « Merci, au revoir. »

page 96
⧖ 10 minutes

Activité 3

ⓐ
– Laisser les apprenants lire les phrases puis faire écouter la conversation.
– Laisser les apprenants remettre les phrases dans l'ordre.

Corrigé : 1. Bonjour, je suis Pablo Delmas. **2.** J'ai vu votre offre de stage. **3.** On dit mardi à 15 h ? **4.** Oui, mardi à 15 h, c'est parfait. **5.** Merci encore et bonne journée.

ⓑ
Corriger en demandant aux apprenants à quelle étape correspond chaque phrase.

Corrigé : 1. Bonjour, je suis Pablo Delmas. Se présenter. **2.** J'ai vu votre offre de stage. Donner l'objet de l'appel. **3.** On dit mardi à 15 h ? Fixer une date. **4.** Oui, mardi à 15 h, c'est parfait. Confirmer. **5.** Merci encore et bonne journée. Prendre congé.

ⓒ
Pour conclure l'activité, demander si Pablo a respecté les étapes pour prendre rendez-vous.

Corrigé : Oui, il respecte les étapes pour prendre rendez-vous.

> ▶ Piste 132
>
> – Allô oui, bonjour. Est-ce que je pourrais parler à Aline Pattier, s'il vous plaît ?
> – Oui, c'est de la part de qui ?
> – De la part de Pablo Delmas.
> – Ne quittez pas…
> – …
> – Aline Pattier, bonjour !
> – Oui, bonjour ! Je suis Pablo Delmas. J'ai vu votre offre de stage. Est-ce que c'est possible de prendre rendez-vous ?
> – Oui, quelles sont vos disponibilités ?
> – J'ai des cours à l'université mais je suis disponible tous les après-midi.
> – Très bien. On dit mardi à 15 h ?
> – Oui, mardi à 15 h, c'est parfait.
> – C'est noté.
> – Merci encore et bonne journée !
> – Au revoir !

page 96
⧖ 10 minutes

Activité 4

 – Constituer des binômes.
– Expliquer que les deux personnes sont un recruteur et un candidat.
– Laisser les apprenants échanger sur l'objet de l'appel.

> **Bonne pratique**
> Quand un binôme présente une conversation, j'incite le reste du groupe à repérer des informations dans la conversation.

– Les laisser préparer individuellement leurs disponibilités et les questions utiles pour la conversation. Les inciter à s'appuyer sur les étapes de la prise de rendez-vous de l'encadré « Téléphoner ».
– Demander aux binômes de présenter leur conversation devant la classe. Pour une écoute active, demander aux apprenants de repérer les informations clés de la conversation (date, heure, objet de l'appel…).

Proposition de corrigé :
– Bonjour, est-ce que je pourrais parler à Mathias Desmarres, s'il vous plaît ?
– Oui, c'est moi.
– Bonjour Monsieur Desmarres. Je suis Hugo Plancke. J'ai vu votre casting. Est-ce que c'est possible de prendre rendez-vous ?
– Oui, le casting est mardi et mercredi après-midi. Quelles sont vos disponibilités ?
– Je suis disponible mardi après-midi.
– Très bien, on dit mardi à 14 h ?
– Oui, mardi à 14 h, c'est parfait. Merci et bonne journée.
– Au revoir.

Ateliers Rédiger son profil professionnel sur LinkedIn

page 97
⏳ 10 minutes

Activité 1
– Faire observer le document I et demander quel est le thème (rechercher un emploi).
– Montrer qu'il y a un titre et un exemple.
– Lire la question 1 et laisser les apprenants choisir les éléments.
– Corriger en montrant les équivalences entre le texte et les propositions.

Corrigé : l'emploi occupé ou la formation en cours, le métier souhaité, les jours de travail, les qualités.

page 97
⏳ 10 minutes

Activité 2
– Montrer les quatre éléments qui constituent le résumé et montrer la partie « exemple ».
– Laisser les apprenants associer une partie du résumé de Jérôme à chaque élément.
– Corriger.

Corrigé : L'emploi occupé ou la formation en cours : en recherche d'emploi. Le métier souhaité : emploi dans une entreprise internationale. Disponibilité : dès maintenant. Mobilité : Il peut se déplacer dans une autre ville.

page 97
⏳ 15 minutes

Activité 3

Montrer les quatre rubriques et laisser les apprenants compléter individuellement sous forme de notes. En cas de difficulté, associez un mot interrogatif à chaque rubrique (mobilité = où, disponibilité = quand…).

Proposition de corrigé : Situation actuelle : étudiant en français. Poste recherché : stage de secrétaire. Disponibilité : tous les après-midi. Mobilité : Bretagne.

– Montrer l'exemple et demander aux apprenants de rédiger leur résumé à partir de leurs informations personnelles. Rappeler que les quatre éléments doivent apparaître dans le texte.
– Ramasser pour corriger.

Proposition de corrigé : Juliette Rouxel – Étudiante en langue française – Université de Rennes. Actuellement étudiante en langue française à l'université de Rennes, je cherche un stage de secrétaire dans une entreprise en France. Je suis disponible tous les après-midi. Je peux me déplacer dans toute la Bretagne.

p. 98-99

page 98

⌛ 5 minutes

Activité 1

– Demander aux apprenants de lire le point de grammaire sur les questions, ainsi que le point phonétique sur l'intonation.
– Expliquer la situation « Faire connaissance ». Poser une question à un apprenant pour faire connaissance (*quel est votre nom ?*). Constituer des binômes et laisser les apprenants poser les questions à l'oral.

Proposition de corrigé : Quel est votre nom ? Vous habitez à Lyon ? Vous avez quel âge ? Qu'est-ce que vous étudiez ? Vous cherchez quel poste ? Vous êtes disponible quel jour ? Vous venez comment au travail ?

page 98

⌛ 5 minutes

Activité 2

– Demander aux apprenants de lire le point de grammaire sur *devoir* et *pouvoir*, ainsi que le point phonétique sur les sons.
– Laisser les apprenants lire la phrase silencieusement puis les laisser pratiquer à voix haute en binômes.

page 98

⌛ 10 minutes

Activité 3

– Demander aux apprenants de lire le point de grammaire sur les verbes pronominaux, ainsi que le point lexical sur les activités quotidiennes.
– Écrire au tableau « 7 différences ». Constituer des binômes et demander aux apprenants d'échanger pour trouver 7 différences dans leurs activités du week-end.

Proposition de corrigé : Étudiant 1 : La semaine, je me lève à 6 h, je prends mon petit déjeuner et je me douche. J'arrive au travail à 7 h 30. Je déjeune à la cantine. Je finis le travail à 18 h. Le soir, je fais du sport avec mes collègues. Je me couche à 23 h. Le week-end, je me lève à 8 h 30. Je me prépare et je fais du sport. L'après-midi, je me repose et je vais au cinéma.
Étudiant 2 : Je me lève à 7 h. Je me douche et je prends mon petit déjeuner. Je vais au travail à 8 h 30. J'apporte mon déjeuner. Le soir, je chante dans une chorale. Je me couche à 22 h 30. Le week-end, je me lève à 9 h, je lis le journal et je déjeune avec ma famille. L'après-midi, j'étudie.
Différences : heure du lever, lieu du déjeuner, activités le week-end, activités le soir, ordre des activités, heure du coucher, personnes rencontrées…

page 98

⌛ 10 minutes

Activité 4

– Demander aux apprenants de lire le point lexical sur les qualités et les défauts, ainsi que le point grammatical sur l'accord des adjectifs.
– Lire les professions. Prendre un exemple de métier (danseuse) et associer ensemble des qualités nécessaires et des défauts à éviter pour faire ce métier (qualités : sportive, organisée, défaut : impatiente). Constituer des binômes et laisser les apprenants lister les qualités nécessaires pour faire ce métier et les défauts à éviter pour faire ce métier.

Proposition de corrigé : Pompier : énergique/sociable/patient – impatient/curieux/pas organisé. Infirmière : organisée/rigoureuse/prudente –autoritaire/pas sociable/

désagréable. Professeur: patient/intelligent/créatif – impatient/pas curieux/pas dynamique. Dentiste: organisé/calme/ précis – sale/imprécis/pas rigoureux.

Activité 5

– Demander aux apprenants de lire le point lexical sur la description physique, ainsi que le point phonétique sur le « e » muet. Faire lire les phrases à voix haute.
– Laisser les apprenants rédiger quelques phrases pour décrire la personne idéale.
– Leur demander de barrer les « e » muets.
– Constituer des binômes et faire lire le texte en binôme.

Proposition de corrigé : Mon homme idéal: il est grand. Il est mince. Il a les cheveux bruns et les yeux verts. Il est doux et calme. Il se lève tôt et se couche tard. Il aime sortir le soir.

⇨ Mission

– Lire le titre « Alors, ton nouveau travail ? »
– Diviser le tableau en deux parties. D'un côté, avec les apprenants, faire une liste d'emplois. De l'autre, faire une liste commune des problèmes possibles au travail.
– Demander aux apprenants d'associer un emploi à un problème. **Variante :** faire écrire un emploi et un problème sur un papier et les redistribuer dans la classe.
– Chaque apprenant réfléchit à son problème et imagine quelques solutions.
– Constituer des binômes et demander aux apprenants de prendre rendez-vous avec leur employeur. S'appuyer sur l'encadré « prendre rendez-vous par téléphone ». Puis, inverser les rôles.
– Demander aux apprenants d'écrire un courriel pour leur chef. Écrire les points importants du message : dire merci, expliquer les projets pour régler le problème. Écrire au tableau les expressions pour rédiger un courriel formel « Monsieur, », « Je vous remercie » et «Cordialement ».

 +

Constituer des groupes. Expliquer aux apprenants qu'ils sont amis et qu'ils doivent trouver ensemble des solutions au problème de chacun.

Proposition de corrigé:
1. Problème : Pour ce travail, les horaires ne sont pas fixes.
2. – Bonjour, est-ce que je pourrais parler à Monsieur Penaud, s'il vous plaît ?
– Oui, c'est moi.
– Bonjour Monsieur Penaud. Je suis Daniel Vigot. Je voudrais vous rencontrer. Est-ce que c'est possible de prendre rendez-vous ?
– Oui, je suis disponible lundi et mercredi après-midi. Quelles sont vos disponibilités ?
– Je suis disponible lundi après-midi.
– Très bien, on dit lundi à 15 h ?
– Oui, lundi à 15 h, c'est parfait. Merci et bonne journée.
– Au revoir.
3. Monsieur Penaud,
Je vous remercie pour vos conseils.
Les horaires du travail ne sont pas fixes mais je vais parler avec mes collègues. Je vais demander à mes collègues de discuter des horaires pour la semaine. Je vais prendre les rendez-vous selon les horaires décidés.
Je vais pouvoir m'organiser pour aller chercher les enfants à l'école.
Cordialement,
Daniel Vigot.

> *cahier*

Activités du Mémo, p. 70 et 71
Bilan linguistique, p. 72 et 73
Préparation au DELF, p. 74 et 75

TEST 📍

GRAMMAIRE

1 Complétez avec *pouvoir* ou *devoir* à la forme correcte.   5 points

1. Vous .... (devoir) faire les exercices tous les soirs.

2. Est-ce qu'il .... (pouvoir) nager ?

3. Tu .... (pouvoir) me donner ton numéro, s'il te plaît.

4. Pour avoir un diplôme, les étudiants .... (devoir) passer les examens.

5. Vous .... (pouvoir) poser des questions.

2 Écrivez les phrases au féminin.   5 points

1. C'est un étudiant très créatif. ➜ ....

2. Il est doux avec ses enfants. ➜ ....

3. Vous êtes sportifs ? ➜ ....

4. Ils sont très positifs. ➜ ....

5. C'est un enseignant autoritaire. ➜ ....

3 Écrivez les phrases au futur proche.   5 points

1. Je me lève tard. ➜ ....

2. Julie se promène dans le parc. ➜ ....

3. Nous nous entraînons. ➜ ....

4. Elle se maquille pour le spectacle. ➜ ....

5. Il se rase. ➜ ....

4 Écrivez les questions avec « est-ce que ».   5 points

1. Vous vous appelez comment ? ➜ ....

2. Vous avez quel âge ? ➜ ....

3. Tu fais quoi le week-end ? ➜ ....

4. Vous allez où ? ➜ ....

5. Elle se déplace comment ? ➜ ....

LEXIQUE

1 Associez les mots de même sens.   5 points

1. dynamique	**a.** calme
2. précis	**b.** intéressé
3. doux	**c.** créatif
4. imaginatif	**d.** énergique
5. curieux	**e.** rigoureux

2 Complétez le texte avec les verbes suivants. Conjuguez les verbes.   5 points

se coucher – s'entraîner – se lever – se maquiller – se promener

Chaque matin, je .... à 7 h. La femme met une robe et .... pour aller au théâtre.

Nous allons .... dans le parc.

Le soir, tu .... à quelle heure ?

Il .... pour courir le marathon.

3 Regardez l'image et entourez l'adjectif qui convient.   5 points

Elle est *grande/petite*.
Elle est *mince/grosse*.
Elle a les cheveux *bruns/blonds*.
Elle est *âgée/jeune*.
Elle a les cheveux *longs/courts*.

PHONÉTIQUE

1 ▶19 | Écoutez et mettez un point d'interrogation (?) ou un point (.).   5 points

1. Tu parles japonais .....

2. Ils vont à l'opéra .....

3. Julie est intelligente .....

4. Vous allez chercher les enfants .....

5. Vous pouvez préparer le goûter.....

Unité Intro
Unité 1
Unité 2
Unité 3
Unité 4
Unité 5
Unité 6
Unité 7
Unité 8
Outils

2 ▶20 | **Écoutez. Barrez les « e » muets.** 5 points

1. Elle se lève.
2. Je me prépare.
3. On se couche.
4. Il se promène.
5. Je me douche.

3 ▶21 | **Écrivez le son que vous entendez** [v], [f], [s] **ou** [z]. 5 points

1. .... **2.** .... **3.** .... **4.** .... **5.** ....

Compréhension de l'oral 10 points

1 ▶22 | **Écoutez l'entretien et complétez la fiche de Madame Ernoult.** 5 points

> ### Fiche de renseignements
>
> Nom : Marie Ernoult
>
> Formation : ....
>
> Langues parlées : ....
>
> Expériences professionnelles : ....

2 **Répondez aux questions.** 5 points

a. Quelle est l'habitude de Madame Ernoult ? ....

b. Quelles sont ses qualités ? ....

c. Quel est son défaut ? ....

Compréhension des écrits 10 points

Lisez le message et répondez aux questions.

> Bonjour Carole,
> Je suis allé ce matin à l'entretien d'embauche. Ce travail est bien pour moi ! On commence à 9 h et on finit à 18 h. Moi, je ne me lève pas très tôt, donc 9 h, c'est bien. L'employeur cherche quelqu'un de dynamique et de créatif. Il faut jouer avec les enfants et faire des activités. Il y a aussi des sorties culturelles. On peut aller au cinéma ou au théâtre avec les enfants. J'ai montré mon CV. J'ai déjà une expérience dans une école avec les enfants de 8 à 10 ans et j'ai un diplôme d'animateur. L'employeur est intéressé par mon parcours. J'ai rencontré les collègues. Ils sont très sympas. Antoine est très positif et patient. Carine est autoritaire et rigoureuse. C'est une super équipe !
> J'espère que je vais avoir le poste...
> À bientôt
> Florent

1. Florent a passé un entretien pour être :

❑ pompier   ❑ chef   ❑ animateur

2. Il faut quelles qualités pour faire ce travail ? ....

3. Quelle est l'habitude de Florent ? ....

4. Quelle est sa formation ? ....

5. Vrai ou faux ? Cochez la case qui convient.

	Vrai	Faux
a. Florent a déjà de l'expérience dans ce domaine.		
b. Il n'aime pas ce travail.		
c. Il aime bien les collègues.		
d. Antoine est pessimiste.		
e. Florent aime bien les horaires de travail.		

Production écrite

15 points

Vous êtes en France depuis un mois. Vous écrivez un message électronique à un(e) ami(e) français(e). Vous racontez votre vie quotidienne en France.

Production orale

15 points

Décrivez vos collègues. Comment sont-ils physiquement ? Quel est leur caractère ?

Total : ...... /100 points

Corrigés du test

Intro
Unité 1
Unité 2
Unité 3
Unité 4
Unité 5
Unité 6
Unité 7
Unité 8
Outils

GRAMMAIRE

1 **1.** devez **2.** peut **3.** peux **4.** doivent **5.** pouvez

2 **1.** C'est une étudiante très créative.
2. Elle est douce avec ses enfants.
3. Vous êtes sportives ?
4. Elles sont très positives.
5. C'est une enseignante autoritaire.

3 **1.** Je vais me lever tard. **2.** Julie va se promener dans le parc. **3.** Nous allons nous entraîner.
4. Elle va se maquiller pour le spectacle. **5.** Il va se raser.

4 **1.** Comment est-ce que vous vous appelez ?
2. Quel âge est-ce que vous avez ?
3. Qu'est-ce que tu fais le week-end ?
4. Où est-ce que vous allez ?
5. Comment est-ce qu'elle se déplace ?

LEXIQUE

1 **1.** d. **2.** e. **3.** a. **4.** c. **5.** b.

2 **1.** me lève **2.** se maquille **3.** nous promener **4.** te couches **5.** s'entraîne

3 Elle est grande.
Elle est mince.
Elle a les cheveux bruns.
Elle est jeune.
Elle a les cheveux courts.

PHONÉTIQUE

1 **1.** Tu parles japonais.
2 Ils vont à l'opéra ?
3. Julie est intelligente ?
4 Vous allez chercher les enfants.
5. Vous pouvez préparer le goûter ?

2 **1.** Elle se lève.
2. Je me prépare.
3. On se couche.
4. Il se promène.
5. Je me douche.

3 **1.** [s] **2.** [v] **3.** [f] **4.** [v] **5.** [z]

COMPRÉHENSION DE L'ORAL

1 Formation : master d'informatique. Langues parlées : anglais et italien. Expériences professionnelles : professeur d'informatique / vente d'ordinateurs dans un magasin.

2 **a.** Elle se lève tôt. **b.** dynamique, créative, rigoureuse. **c.** impatiente.

COMPRÉHENSION DES ÉCRITS

1 **1.** animateur. **2.** dynamique et créatif. **3.** Il ne se lève pas très tôt. **4.** Il a un diplôme d'animateur.
5. a. vrai. **b.** faux. **c.** vrai. **d.** faux. **e.** vrai.

PRODUCTION ÉCRITE

Proposition de corrigé :
Bonjour Sylvain,
Je suis arrivée en France en septembre. Ma vie a beaucoup changé. Ici, je me lève tous les jours à 6 h 30. Je me douche, je m'habille et je prends mon petit déjeuner. Je prends le bus à 7 h 30. Je commence les cours à 8 h. J'étudie toute la journée. Après les cours, je vais à la bibliothèque. Le soir, je me promène en ville et je fais un peu de sport. Je rentre à 18 h. Je prépare le dîner et je me repose. Je me couche à 22 h 30. Il y a beaucoup de choses mais j'adore ma vie en France.
À bientôt
Élodie

Grille d'évaluation

L'apprenant utilise une formule de salutation au début et à la fin du message.	…. /3
L'apprenant peut parler de ses habitudes.	…. /4
L'apprenant peut choisir le(s) temps adapté(s) à la situation et conjuguer les verbes.	…. /4
L'apprenant peut utiliser des verbes pronominaux.	…. /4

PRODUCTION ORALE

Proposition de corrigé :

Mes collègues sont très sympas. Il y a Célia, elle est petite. Elle a les cheveux bruns et bouclés. Elle porte des lunettes. Elle est très dynamique et drôle. Elle est très créative. Il y a Fabien. Il est grand. Il a les cheveux blonds. Il porte une barbe. Il porte toujours un jean et une chemise. Il est très patient et calme. Il y a aussi Emmanuelle. Elle est grande. Elle a les yeux verts. Elle a les cheveux courts et bruns. Elle est curieuse et positive.

Grille d'évaluation

L'apprenant peut décrire une personne physiquement.	…. /4
L'apprenant peut décrire le caractère d'une personne.	…. /4
L'apprenant peut choisir le verbe approprié pour chaque expression et le conjuguer.	…. /3
L'apprenant peut accorder les adjectifs.	…. /4

Transcriptions du test

PHONÉTIQUE

1 ▶ Piste 19
1. Tu parles japonais.
2. Ils vont à l'opéra?
3. Julie est intelligente?
4. Vous allez chercher les enfants.
5. Vous pouvez préparer le goûter?

2 ▶ Piste 20
1. Elle se lève.
2. Je me prépare.
3. On se couche.
4. Il se promène.
5. Je me douche.

3 ▶ Piste 21
1. douce
2. neuve
3. positif
4. créative
5. rigoureuse

COMPRÉHENSION DE L'ORAL

1 ▶ Piste 22
– Madame Ernoult, quelle est votre formation?
– J'ai fait un master d'informatique.
– Et vous parlez des langues étrangères?
– Oui, l'anglais et l'italien.
– Quelles sont vos expériences professionnelles?
– J'ai travaillé comme professeur d'informatique et j'ai aussi vendu des ordinateurs pour un magasin.
– D'accord. Pourquoi vous voulez ce travail?
– Le travail commence à 8 h et je me lève tôt le matin.
– Quelles sont vos qualités?
– Je suis dynamique, créative et rigoureuse.
– Et vos défauts?
– Je suis impatiente.

Intro
Unité 1
Unité 2
Unité 3
Unité 4
Unité 5
Unité 6
Unité 7
Unité 8
Outils

UNITÉ 7

Pourquoi déménager ?

Agir

OBJECTIFS
❶ Parler de sa famille
❷ Comparer des logements
❸ Changer de vie

ATELIERS D'EXPRESSION
· Téléphoner pour avoir des informations
· Informer d'un changement d'adresse

Coopérer

PROJET CULTUREL
Créer une cartographie des appartements à louer

 MISSION
Choisir un logement et trouver un accord

Apprendre

STRATÉGIES *p. 110-111*

MÉMO
Réviser ✚ S'exercer, *p. 112*

J'agis, je coopère, j'apprends
Cahier, p. 82-83

ÉVALUATION
· Bilan linguistique *Cahier, p. 84-85*
· Préparation au DELF
  Cahier, p. 86-87

Grammaire	Lexique	Phonétique	Culture
· Les adjectifs possessifs (2) · Le passé récent · Les pronoms compléments directs *le, la, les* · La comparaison · Les pronoms toniques (2) et les prépositions · Le passé composé (4) avec *être*	· La famille · Le logement · Les pièces de la maison · Justifier un choix · Changer de vie	· Les sons [ɛ] et [œ] · Les semi-voyelles [j], [ɥ] et [w] · Les sons [y], [i] et [e]	· L'habitation · Se loger en Suisse, au Canada

Vidéo phonétique

▶ Se loger

200

p. 100- 101 — OUVERTURE DE L'UNITÉ

page 100

⌛ 5 minutes

Titre de l'unité et illustration

– Montrer l'image d'ouverture et demander *Qu'est-ce qu'ils font?* Demander quelles sont les émotions des personnages. Lire le titre « Pourquoi déménager? »
– Lire la question « Pourquoi déménager? » et les propositions de réponses.
– Laisser les apprenants répondre en choisissant une ou plusieurs réponses. Écrire les autres réponses proposées par les apprenants.

Proposition de corrigé : On veut déménager pour avoir une grande maison, pour avoir un jardin, pour être à côté de son travail, pour vivre avec quelqu'un, parce qu'on va avoir un enfant…

p. 102-103 — SITUATION ❶ Parler de sa famille

LA MINUTE PÉDAGOGIQUE

La dimension affective joue aussi un rôle dans l'apprentissage. Évoquer des émotions positives facilite l'apprentissage et la mémorisation.

page 102

⌛ 5 minutes

Activité 1

– Lire la question « Vous allez souvent au cinéma? », montrer les symboles et lire les genres de film.
– Constituer des groupes et laisser les apprenants échanger. Inciter à réutiliser les adverbes de fréquences (*parfois*, *souvent…*) et l'expression du goût (*J'aime…*, *je préfère…*).

Proposition de corrigé : Je vais parfois au cinéma. Je préfère les comédies. Je déteste les films d'horreur et les films de guerre.

➕ ✛

En binôme, les apprenants miment une situation. La classe devine à quel genre de film la situation correspond.

page 102

⌛ 15 minutes

Activité 2

– Faire observer l'affiche de film du document 1.
– Poser la question **a** et laisser les apprenants répondre. Expliquer qui sont les « ch'tis » et expliquer le jeu de mots avec « ch'tite » (petite).
– Écrire les questions au tableau et entourer les mots-clés pour faciliter la compréhension et le repérage.
– Laisser les apprenants lire silencieusement le texte et répondre aux questions. Demander d'échanger leurs réponses en binôme.
– Demander à un apprenant de lire le texte à voix haute. Lire les questions et corriger.

Corrigé : a. *La ch'tite famille*. **b.** Le personnage principal s'appelle Valentin. Sa femme s'appelle Constance. Ils sont architectes. **c.** Ils font une exposition au palais de Tokyo. **d.** La mère de Valentin fête son anniversaire au palais de Tokyo. **e.** La petite fille sur l'affiche est la nièce (= la fille du frère) de Valentin. **f.** Valentin a un accident et il perd la mémoire.

Activité 3

– Montrer l'affiche. Montrer Valentin au milieu et à gauche, sa mère. Demander qui sont les autres personnes.
– Laisser les apprenants faire des phrases pour situer les personnages et dire qui ils sont.

Corrigé: À gauche, il y a sa mère. À côté de sa mère, il y a son père. À droite de Valentin, il y a sa femme. Sa femme est entre Valentin et sa nièce. En haut, il y a son frère. Entre son père et son frère, il y a sa belle-sœur.

➕ ✚

En groupe, demander aux apprenants d'imaginer un autre film en modifiant la région dans le titre. Laisser les apprenants imaginer qui sont les personnages et les laisser présenter leur film à la classe.

> *cahier*
Activités 1 à 3, p. 76-77

Grammaire : Les adjectifs possessifs (2)

– Lire les deux exemples.
– Poser les questions et y répondre ensemble. Au tableau, écrire « leur exposition = l'exposition de Valentin et Constance », « notre famille = la famille de Valentin et Constance ». Montrer que, dans un cas, on parle de Valentin et Constance (*ils*) et dans l'autre, Valentin et Constance parlent (*nous* – montrer les guillemets).
– Laisser les apprenants compléter les phrases avec « leurs » et « nos ». Corriger en montrant les guillemets pour préciser qui parle.
– Laisser les apprenants compléter la partie « Appliquez ». Corriger.

Corrigé: C'est l'exposition de Valentin et Constance. C'est la famille de Valentin. Ce sont nos parents. Comment s'appellent leurs parents? Ce sont nos professeurs et lui, c'est notre professeur de français.

#culture

« Ch'ti » ou « chtimi » évoque les habitants du nord de la France et la langue picarde. Les habitants du nord de la France sont réputés pour avoir un accent (notamment le [a] prononcé de manière fermée) et pour leur accueil chaleureux malgré un climat rigoureux. Ces stéréotypes ont été renforcés par le succès populaire rencontré par le film *Bienvenue chez les Ch'tis*. Le film *La ch'tite famille* reprend l'expression pour faire référence à la région d'origine du personnage principal.

Activité 4

– Demander aux apprenants de nommer des pronoms possessifs (*mon, tes…*).
– Faire écouter le dialogue et laisser les apprenants relever les pronoms possessifs.
– Corriger en associant le pronom possessif au nom et en indiquant si ce nom est masculin, féminin ou pluriel.

Corrigé: mes - leur - leurs - mes - tes.

▶ Piste 135

– Tu vois, eux, sur la photo, ce sont mes cousins. Leurs parents sont toujours en voyage. Alors, ils restent souvent chez leurs grands-parents. Moi, mes parents ne partent jamais en voyage. C'est dommage! Et toi, tes parents, ils voyagent beaucoup?

> *cahier*
Activités 6 à 7, p. 77

page 102

⏳ 10 minutes

Bonne pratique

J'incite les apprenants à évoquer des souvenirs ou des images positives.

Activité 5

– Montrer le dessin de la famille et lire les cinq mots. Expliquer que ces cinq mots correspondent à l'idée de la famille.
– Laisser les apprenants faire individuellement une liste de cinq mots pour parler de la famille.
– Les inciter à choisir des noms, des verbes, des adjectifs, des émotions, des activités, etc.
– Comparer les listes et relever les mots communs.

Proposition de corrigé : fête - confiance - amour - nombreux - rire.

page 103

⏳ 15 minutes

Bonne pratique

J'attire l'attention sur l'émotion de bonheur véhiculée par la photo.

Activité 6

ⓐ

– Faire observer l'image du document 2.
– Demander aux apprenants de décrire l'image (en noir et blanc, les personnes portent des chapeaux et casquettes…). Puis, demander : *C'est quand ? C'est en quelle année ?*
– Laisser les apprenants formuler plusieurs hypothèses et les écrire au tableau.

Corrigé : a. C'est peut-être en 1970. **b.** Ils font un pique-nique.

ⓑ

Faire écouter le dialogue et demander aux apprenants de confirmer ou corriger les hypothèses.

Corrigé : a. C'est en 1968. **b.** Ils mangent.

ⓒ

Montrer l'arbre généalogique. Faire écouter le dialogue une deuxième fois et laisser les apprenants indiquer qui est sur la photo.

Corrigé : l'arrière-grand-père, l'arrière-grand-mère, la grand-tante et la mère de Léa.

> ▶ Piste 136
>
> – Léa, tu viens à table ? C'est prêt.
> – Attends, viens voir, maman, je viens de trouver cette photo. Regarde, c'est pas toi, là, devant, en train de manger ?
> – Si, si c'est bien moi.
> – Et derrière toi, c'est ta mère, avec le grand chapeau de paille ?
> – Non, c'est ma tante, Noémie. Ma mère prend la photo. Et à côté, c'est ma grand-mère, donc, ton arrière-grand-mère, Paulette. Et Léon, son mari, et leur chien.
> – Regarde, derrière, il y a la date : c'était en 1968 !
> – Oh là là ! Comme le temps passe vite !

page 103

⏳ 10 minutes

Activité 7

– Lire l'exemple. Écrire « le mari de ma sœur = mon beau-frère ».
– Individuellement, laisser les apprenants lire les descriptions et trouver le membre de la famille qui correspond en s'appuyant sur l'arbre généalogique et l'encadré « la famille ».
– Corriger en montrant les liens familiaux sur l'arbre généalogique.

Corrigé : le père de mon père = mon grand-père, la femme de mon frère = ma belle-sœur, la fille de mon frère = ma nièce, la mère de ma mère = ma grand-mère.

page 103

⏳ 10 minutes

Grammaire : Le passé récent

– Lire l'exemple. Demander si l'action est passée, présente ou future et si elle est proche ou lointaine.
– Si nécessaire, indiquer sur une frise : « Je retrouve une photo, je viens de retrouver

une photo et j'ai retrouvé une photo » pour montrer la différence entre les trois temps.
– Compléter ensemble la formation du passé récent « *venir* + *de* + infinitif ».
– Laisser les apprenants compléter la phrase de la partie « Appliquez ».

Corrigé : L'action est passée, elle est proche. *venir* + *de* + infinitif. Nous venons de découvrir le passé récent.

> **❯** *cahier*
Activité 8, p. 77

page 103

⏳ 10 minutes

Activité 8

ⓐ

– Écrire les sons [œ] et [ɛ] au tableau et les prononcer.
– Faire écouter le document et laisser les apprenants écrire le son qu'ils entendent.
– Corriger en prononçant les sons.

Corrigé : a. [ɛ] **b.** [œ] **c.** [ɛ] **d.** [ɛ] **e.** [œ]

> ▶ Piste 137
>
> **a.** ta mère
> **b.** leur chien
> **c.** derrière
> **d.** arrière-grand-mère
> **e.** mille neuf cents

ⓑ

– Faire écouter le document et laisser les apprenants associer.
– Corriger en faisant répéter les sons.

Corrigé : [œ] lèvres arrondies ● – [ɛ] lèvres tirées ▬

> ▶ Piste 138
>
> [œ] – [ɛ]

> **❯** *cahier*
Activités 4 et 5, p. 77

page 103

⏳ 10 minutes

Activité 9

– Lire l'exemple puis la consigne. Ensemble, faire une liste de membres de la famille et une liste d'actions.
– Laisser les apprenants écrire cinq phrases individuellement en utilisant ou non les mots des listes.
– Corriger en laissant plusieurs apprenants lire leurs phrases. S'assurer que les verbes sont bien conjugués au passé récent.

Proposition de corrigé : Ma sœur vient d'avoir un enfant. Mon neveu vient d'entrer au lycée. Mon père vient d'acheter une voiture. Nous venons de fêter Noël. Mon frère vient de rentrer d'Allemagne.

page 103

⏳ 15 minutes

Activité 10

– Montrer l'arbre généalogique de l'activité 6.
– Demander aux apprenants de faire celui de leur famille.
– Constituer des binômes et laisser les apprenants présenter leur arbre.
– Insister sur l'utilisation des pronoms possessifs (*mon, ma, mes*) et sur l'amorce de phrase « J'ai… deux frères ».

Proposition de corrigé : J'ai deux sœurs et un frère. Mon frère s'appelle Xavier et mes sœurs s'appellent Emma et Barbara. J'ai huit oncles et deux tantes. Ma grand-mère s'appelle Marie-Louise et mon grand-père s'appelle Édouard. J'ai beaucoup de cousins et de cousines.

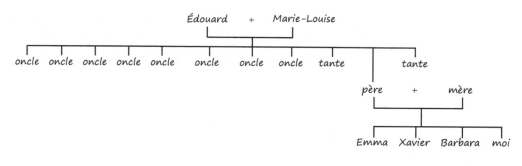

Édouard + Marie-Louise

oncle oncle oncle oncle oncle oncle oncle oncle tante tante

père + mère

Emma Xavier Barbara moi

> cahier
Activités 9 à 11, p. 77

---

p. 104-105

Situation ❷ Comparer des logements

LA MINUTE PÉDAGOGIQUE

Pour varier les situations d'utilisation de langue, proposer aux apprenants de créer des situations imaginaires. Imaginer peut permettre de se préparer pour des objectifs réels à venir (comme un déménagement, une recherche de logement, etc.).

PRÉPARER SA CLASSE

Chercher des images de logements pour faciliter la compréhension de l'activité 1.

---

page 104

⧗ 10 minutes

Bonne pratique

J'insiste sur l'expression « Je rêve de… » qui permet à chacun de s'exprimer, même ceux qui n'ont pas pour objectif de déménager ou de vivre seuls.

Activité 1

– Montrer l'image et laisser les apprenants réagir (*C'est joli. Je n'aime pas…*).
– Lire les propositions de l'activité 1 et expliquer les mots difficiles (*lumineux, campagne, loft, terrasse, chalet*) à l'aide d'images.
– Laisser les apprenants choisir individuellement le logement qu'ils préfèrent.
– Comparer les réponses.
– Lire l'encadré « Le logement » et expliquer les expressions inconnues (*meublé, non meublé*).

Proposition de corrigé: Je rêve d'un chalet à la montagne.

---

page 104

⧗ 10 minutes

Activité 2

– Montrer le document 1. Dire *C'est une annonce* et écrire le mot « annonce » au tableau.
– Écrire « type de logement, lieu, taille, prix » au tableau et expliquer les mots (« type de logement »: montrer l'encadré lexical, « lieu » = où?, *taille*: faire un geste pour montrer la taille de la pièce, « prix »: faire un geste pour expliquer « argent »).
– Laisser les apprenants chercher les informations dans le document.
– Corriger en montrant les informations sur l'annonce. Expliquer le mot « canal » en montrant l'eau sur la photo.

Corrigé: C'est un appartement à côté du canal Saint-Martin. Il fait 35 m². C'est 650 euros par mois.

---

page 104

⧗ 20 minutes

Activité 3

ⓐ

– Lire le titre « À l'agence immobilière ». Expliquer qu'une agence immobilière est un magasin avec des annonces pour des logements.

– Expliquer que le document est un dialogue entre l'agent immobilier et une cliente.
– Faire écouter le document et laisser les apprenants choisir les réponses correctes.

Corrigé : a. appartement à louer. **b.** au mois de juillet. **c.** durée : un mois. **d.** appartement meublé.

> ▶ **Piste 139**
>
> – Je cherche un appartement à louer en juillet.
> – Pour tout le mois ?
> – Si possible, oui. Je suis en mission à Paris.
> – Alors, j'ai un petit appartement près du canal Saint-Martin.
> – Il est meublé ?
> – Oui. Il y a une chambre, une cuisine équipée, une place de parking, le wi-fi et une télévision pour 650 euros par mois.
> – Super, je le prends !
> – Vous êtes sûre ?
> – Oui, oui !
> – Très bien, alors, j'ai besoin de faire une photocopie de votre carte d'identité. Vous l'avez sur vous ?
> – Oui, tenez !
> – Merci.

– Laisser les apprenants relire l'annonce du document 1. Demander *Qu'est-ce qu'il y a dans l'appartement ?* et faire écouter de nouveau le document.
– Laisser les apprenants choisir les réponses et corriger. Expliquer « louer = payer chaque mois pour le logement » et « vendre ≠ acheter ».

Corrigé : un parking, une télévision, une cuisine équipée, le wifi.

– Lire les deux questions de la partie **c** et faire écouter le document.
– Corriger en écrivant les réponses correctes.
– Faire écouter le dialogue en lisant la transcription. Puis, laisser les apprenants relire le dialogue en binômes.

Corrigé : a. Elle est en mission. **b.** une photocopie de la carte d'identité.

> **#culture**
>
> En France, **les agences immobilières** facilitent la recherche de logements en location ou en vente. Elles prennent un pourcentage sur les ventes et, en général, un mois de loyer pour les locations. Elles prennent en charge les visites et un certain nombre de démarches comme l'état des lieux ou la vérification du dossier du locataire. Pour louer un appartement, il est nécessaire de payer une caution (en général, un mois de loyer) qui peut être élevée si le locataire n'a pas de garant.

Constituer des groupes. Demander aux apprenants de faire la liste la plus longue des types de logements en une minute.

> cahier
Activités 1 à 3, p. 78

page 104

⧖ 10 minutes

Grammaire : Les pronoms compléments *le, la, les*

– Lire les exemples et laisser les apprenants compléter la partie « Réfléchissez ».
– Corriger en marquant le lien entre le nom et le pronom.
– Laisser les apprenants compléter la partie « Appliquez ». Rappeler le genre et le nombre de chaque nom. Faire remarquer que « appartement » commence par une voyelle.

Corrigé : nom masculin → pronom *le* - devant une voyelle → pronom *l'*. Le nom se place après le verbe. Le pronom se place avant le verbe. Je le vends. Je la loue. Je les donne.

> cahier
Activité 6, p. 79

Constituer des groupes. Un apprenant choisit une pièce de la maison (le salon) et nomme un objet que l'on peut trouver dans cette pièce (un canapé). Son/sa voisin(e) de droite répète la proposition et complète la liste. La liste continue jusqu'à ce qu'un apprenant fasse une erreur.

page 104
⏳ 10 minutes

Activité 4

– Lire les propositions et montrer l'encadré « Le logement ».
– Constituer des binômes et laisser les apprenants choisir un logement pour chaque proposition.
– Attirer l'attention sur le budget disponible, la superficie nécessaire, le choix entre ville ou campagne, etc.
– Corriger et laisser les apprenants justifier leur choix.

Proposition de corrigé : un skieur : un chalet à la montagne – un étudiant : un studio – une famille avec 5 enfants : une maison – une femme célibataire : un appartement en ville – une famille parisienne en vacances : une grande maison à la campagne.

> *cahier*
Activités 4 et 5, p. 79

page 104
⏳ 10 minutes

Bonne pratique
Dans l'imaginaire, tout est possible. Je laisse les apprenants évoquer tous les éléments qui leur font plaisir même si c'est irréel.

Activité 5

– Constituer des binômes. Demander à un des membres de chaque binôme de fermer les yeux et d'imaginer le logement idéal (une maison au bord de la mer, avec des grandes fenêtres…).
– Demander à l'autre membre du binôme de prendre une feuille et un crayon pour dessiner.
– Laisser les apprenants décrire le logement idéal et le dessiner.
– Puis, inverser les rôles.

Proposition de corrigé : Je rêve d'une maison au bord de la mer. Il y a trois chambres, une cuisine équipée, une terrasse, un petit jardin. Il y a un grand salon, une salle de bains avec une baignoire.

page 105
⏳ 5 minutes

Activité 6

– Montrer le document 2 et demander *La personne cherche quel logement ?*
– Laisser les apprenants décrire la recherche (taille, lieu, budget, achat ou location).

Corrigé : La personne cherche à louer un appartement ou une maison à Marseille pour 700 euros par mois.

page 105
⏳ 10 minutes

Activité 7

– Laisser les apprenants lire le document 3 individuellement. Leur demander de lire les propositions et de choisir si elles sont vraies ou fausses.
– Corriger en relevant les informations dans le document.

Corrigé : a. Faux. C'est au premier étage. **b.** Vrai. **c.** Vrai. **d.** Vrai. **e.** Vrai.

page 105
⏳ 10 minutes

Activité 8

– Laisser les apprenants lire les propositions puis faire écouter le dialogue une première fois.
– Laisser les apprenants indiquer si les phrases sont vraies ou fausses et comparer leurs réponses avec un(e) voisin(e).
– Faire écouter une deuxième fois, puis corriger en expliquant le sens de « plus… que… ». Par exemple : Dans le premier appartement, il y a 3 chambres. Dans le

deuxième appartement, il y a 4 chambres. Dans le deuxième appartement, il y a plus de chambres.
- Faire écouter le dialogue en lisant la transcription. Puis, laisser les apprenants relire le dialogue en binômes.
- Lire l'encadré lexical « Les pièces de la maison ».

Corrigé : **a.** vrai. **b.** faux, le loyer est moins cher. **c.** vrai. **d.** vrai.

> ▶️ Piste 140
>
> – Alors, tu as trouvé ?
> – J'ai visité un appartement hier, mais j'ai vu une annonce plus intéressante ce matin. Le loyer est moins cher que l'appartement d'hier. Et puis, il y a plus de chambres.
> – Oui, mais il est moins grand que l'autre, non ?
> – Oui, c'est vrai… mais il y a plus de rangements et surtout, il y a une baignoire ! J'adore prendre des bains.
> – Oh là là ! Toi alors !

page 105

⏳ 10 minutes

Grammaire : La comparaison

- Lire les phrases d'exemples.
- Laisser les apprenants compléter la partie « Réfléchissez » puis corriger. Montrer que « de » est nécessaire avec un nom. Expliquer que « que » n'est pas obligatoire (*Il y a plus de chambres. Il y a plus de chambres que dans l'autre appartement*).
- Laisser les apprenants compléter les phrases de la partie « Appliquez » puis leur demander de créer d'autres phrases avec les mêmes informations. Corriger en écrivant plusieurs phrases au tableau.

Corrigé : + : *plus* + adjectifs (+ *que*) / *plus de* + nom (+ *que*) ; – : *moins* + adjectif (+ *que*) / *moins de* + nom (+ *que*). L'autre appartement est moins cher que l'appartement de 76 m². Il y a plus de rangements dans l'autre appartement. L'appartement de 76 m² est plus cher que l'autre appartement. Dans l'autre appartement, il y a moins de rangements.

➕ +

Demander aux apprenants de comparer leur chambre et la salle de classe.

> *cahier*
Activité 7, p. 79

page 105

⏳ 10 minutes

Activité 9

- Demander aux apprenants de relire l'annonce du document 3.
- Les laisser dessiner les pièces de l'appartement.
- Constituer des groupes et laisser les apprenants comparer les plans. Demander aux apprenants de vérifier que toutes les informations sont visibles sur le plan et que les dimensions sont respectées (le salon est plus grand que la chambre, etc.). Corriger.

Proposition de corrigé :

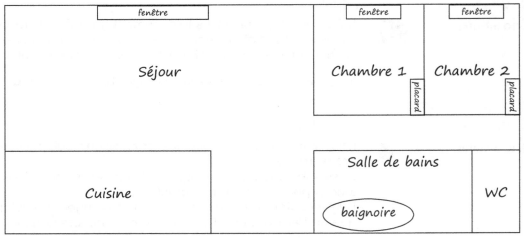

page 105

⏳ 10 minutes

Activité 10

– Montrer l'annonce du document 3. Dire aux apprenants *Vous voulez vendre votre logement. Écrivez la description.*
– Ensemble, faire une liste des points positifs d'un logement (grand, lumineux, bien situé…). Laisser les apprenants écrire individuellement. Leur demander de mettre un titre à leur annonce.
– Ramasser après l'activité 11 pour corriger.

Proposition de corrigé : 450 euros par mois. C'est un appartement avec une chambre, une petite cuisine et un salon. Il y a une baignoire dans la salle de bains. C'est très calme et lumineux. C'est à côté de l'arrêt de bus.

Demander aux apprenants d'écrire un problème avec un logement sur un papier (sombre, mal situé…). Mélanger les papiers. Un premier apprenant prend un des papiers. Les autres posent des questions pour essayer de trouver le problème du logement.

page 105

⏳ 10 minutes

Activité 11

– Ensemble, faire une liste des points importants pour choisir un appartement. À l'oral, formuler les questions pour connaître les informations essentielles pour louer un appartement (par exemple : *Il y a combien de pièces ? De combien est le loyer ?…*).
– Constituer des binômes. Laisser les apprenants lire l'annonce de leur voisin(e).
– Expliquer *Vous voulez acheter ce logement. Téléphonez pour poser des questions. Comparez avec votre logement.*
– Écrire quelques expressions utiles « Allô ? », « J'ai vu votre annonce. Je suis intéressé(e). »
– Laisser les binômes s'entraîner à la conversation.
– Demander à quelques binômes de jouer la situation devant la classe et demander aux autres apprenants de relever les informations sur l'appartement (nombre de pièces, prix, localisation…).

Proposition de corrigé :
– Allô ?
– Bonjour, j'ai vu votre annonce. Je suis intéressé par votre logement.
– Ah d'accord !
– Est-ce qu'il y a un jardin ?
– Non, mais il y a une grande terrasse.
– C'est loin du stade ?
– Non, seulement à 10 minutes.
– La chambre fait quelle taille ?
– Elle fait 25 m².
– C'est plus grand que ma chambre. Et la salle de bains ?
– Elle fait 13 m².
– Ah, c'est aussi plus grand. Mais il y a moins de fenêtres…
– Mais c'est très lumineux !

Diviser la classe en deux groupes. Demander à un groupe d'écrire individuellement une annonce pour un logement à louer (agents immobiliers). Demander à l'autre groupe de définir individuellement les critères pour louer un logement (clients).
Demander aux clients de rencontrer les agents immobiliers et de choisir un logement. Inverser les rôles.
Montrer quelques annonces sur Internet (leboncoin, SeLoger…) et demander aux apprenants de les comparer (prix, superficie, localisation, nombre de pièces…).

❯ *cahier*
Activités 8 à 10, p. 79

 ITUATION ❸ Changer de vie

Comprendre l'objectif de la séance permet aux apprenants de mieux s'impliquer dans les activités et de se concentrer sur les points linguistiques utiles pour atteindre l'objectif.

page 106

⏳ 5 minutes

Activité 1

– Montrer le document 1. Montrer la différence entre les deux paysages et l'action de l'homme. Dire *Il change de vie*. Il passe de la ville à la campagne.
– Lire les questions. Constituer des groupes et laisser les apprenants échanger.

Proposition de corrigé : J'ai déjà changé de pays. J'ai changé de travail et j'ai changé d'appartement.

page 106

⏳ 20 minutes

Activité 2

 ⓐ

– Lire le document 2 puis les propositions.
– Montrer le texte aux apprenants et les laisser relire silencieusement le texte pour mettre les propositions dans le bon ordre. Si nécessaire, écrire des numéros au tableau pour expliquer la consigne.
– Constituer des binômes et les laisser comparer leurs réponses.
– Demander à un apprenant de lire le texte du document 2 à voix haute. Corriger en montrant les indices dans le texte : *On est d'origine camerounaise, après mon bac, j'ai arrêté d'habiter chez eux, deux objectifs : trouver un boulot et un appartement, maintenant c'est fait, tu es seule pour emménager.*

ⓑ

– Lire les propositions et demander aux apprenants de trouver les mots qui correspondent aux définitions dans le texte.
– Corriger et si nécessaire, dessiner un arbre généalogique.

ⓒ

Lire la question et laisser les apprenants répondre oralement. Faire une liste au tableau de tout ce qui a changé dans la vie de Karima.

Corrigé : ⓐ d – e – c – f – b – a **ⓑ a.** sa tante (tantie) **b.** sa cousine. **c.** son oncle (tonton). **ⓒ** Elle a changé de prénom.

Bonne pratique

Je lis le titre de la séance « Changer de vie » et je demande aux apprenants quels outils ils connaissent pour atteindre cet objectif (passé composé, futur proche, avant, après, arrêter, commencer…).

> ┌─ **#culture** ───────────────────────────┐
>
> **Kidi Bebey** est une journaliste française, aux origines camerounaises, auteure de plusieurs romans. Dans *Enfin chez moi !* elle évoque la recherche identitaire. *Enfin chez moi !* est un roman de Kidi Bebey évoquant la vie d'une jeune femme africaine qui s'installe en France. Malgré le bonheur de se sentir intégrée dans la société française, elle cherche son identité entre deux pays, deux cultures.
>
> └──┘

❯ cahier
Activités 1 à 3, p. 80

page 106

⏳ 10 minutes

Grammaire : Les pronoms toniques (2) et les prépositions

– Lire les phrases d'exemple. Dire que « eux » et « toi » sont des pronoms toniques. Demander aux apprenants s'ils en connaissent d'autres. Lister les pronoms connus.
– Dire que « chez » et « autour de » sont des prépositions. Demander aux apprenants s'ils en connaissent d'autres. Lister les prépositions connues.
– Laisser les apprenants compléter la partie « Appliquez » et corriger.

Corrigé : pronoms toniques : *moi, toi, lui, elle, nous, vous, eux, elles.* prépositions : *à, de, autour de, à côté de, avec, chez...* Je vais souvent dîner chez elle. Quelquefois, son mari dîne avec nous.

> *cahier*
Activités 4 à 5, p. 80

page 106
⏳ 10 minutes

Activité 3

  ⓐ

– Écrire les sons [j], [ɥ] et [w] au tableau et les lire.
– Faire écouter le document **a** et laisser les apprenants écrire les sons qu'ils entendent. Corriger.

Corrigé : a. [j] **b.** [j] **c.** [w] **d.** [w] **e.** [ɥ]

ⓑ

– Lire les propositions de l'activité **b**. Faire écouter le document.
– Demander aux apprenants de répéter et de choisir la bonne proposition pour chaque son.

▶ Piste 141

a. la famille
b. un lien
c. autour de toi
d. Enfin chez moi !
e. chez lui

Corrigé : [ɥ] – ressemble au son « u » : la langue touche les dents. → [j] : ressemble au son « i ». [w] : ressemble au son « ou » : la langue ne touche pas les dents →

▶ Piste 142

[j] – [ɥ] – [w]

> *cahier*
Activité 9, p. 81

page 106
⏳ 10 minutes

Activité 4

– Montrer la roue de la vie. Lire les différentes catégories et les exemples.
– Laisser les apprenants exprimer un souhait pour chaque catégorie.

Bonne pratique

J'encourage les apprenants à faire une liste des outils qu'ils utilisent pour parler d'un changement de vie. Je reprends les expressions utilisées dans l'activité 2.

Proposition de corrigé :
Ma famille : je voudrais faire une fête avec ma famille.
Mes amours : j'aimerais me marier.
Mon alimentation : je voudrais manger plus de fruits.
Mes loisirs : je voudrais faire plus de sport.
Mes voyages : j'aimerais aller en Afrique du Sud.
Mes dépenses : je voudrais dépenser moins d'argent pour les vêtements.
Mes amis : je voudrais partir en voyage avec mes amis.
Ma profession : j'aimerais travailler avec des personnes de différentes nationalités.

page 107
⏳ 10 minutes

Activité 5

– Lire la consigne « Imaginez ! Vous habitez à Paris ! » et laisser les apprenants découvrir le document et répondre aux questions.
– Pendant la lecture, laisser les apprenants s'entraider pour comprendre les informations et donner des explications complémentaires si nécessaire.
– Après quelques minutes, demander aux apprenants quel résultat ils ont obtenu. Demander s'ils sont d'accord avec ce résultat.
– Échanger sur les points positifs de vivre en ville ou à la campagne.

Demander aux apprenants de faire une liste des changements possibles dans une vie (changer de nom, changer de travail...). Constituer des groupes, leur demander de réaliser une série de questions pour faire un quiz comme le document 1. Mélanger les groupes et laisser les apprenants répondre aux différents quiz.

Activité 6

 a

– Faire écouter le témoignage d'Agnès.
– Laisser les apprenants observer la frise et lire les éléments.
– Proposer une deuxième écoute et les laisser les placer sur la liste.
– Corriger.

Corrigé :

Tours	Paris	Tours
ville natale	études avocate étranger	maison aujourd'hui

▶ Piste 143

– Alors, Agnès…vous habitez à Tours maintenant, mais racontez-nous! Pourquoi vous avez quitté Paris?
– À 18 ans, j'ai quitté Tours pour faire mes études à Paris parce que dans ma région, il n'y avait rien. Ensuite, je suis devenue avocate. J'ai voyagé en France et à l'étranger pour réaliser quelques missions. Et puis, j'ai eu des enfants. Acheter un appartement à Paris pour quatre, c'était beaucoup trop cher! Nous sommes donc revenus dans ma région et j'ai commencé à prendre le train: Paris-Tours, c'est 1h15! Aujourd'hui, on a du confort, de l'espace, une maison avec un jardin. C'est plus agréable!

b

– Lire la question et écrire les propositions de réponse au tableau. « Elle est allée à Paris pour faire ses études », « Elle a quitté Paris parce que les appartements sont trop chers ».
– Corriger et lire l'encadré « Justifier un choix ». Montrer la différence de structure entre « pour » et « parce que » (*pour* + infinitif, *parce que* + phrase complète).

Corrigé : Agnès est allée à Paris pour faire des études. Elle a quitté Paris parce que les appartements sont trop chers.

c

– Demander aux apprenants quels temps ils connaissent et les écrire au tableau en faisant des colonnes (présent, passé composé, imparfait).
– Demander aux apprenants d'écouter et de placer les verbes entendus dans les colonnes. Faire écouter le document une ou deux fois.
– Corriger en rappelant l'infinitif du verbe.

Corrigé : Présent: vous habitez, racontes-nous, on a (du confort), c'est. **Passé composé:** vous avez quitté, j'ai quitté, je suis devenue, j'ai voyagé, j'ai eu, nous sommes revenus, j'ai commencé. **Imparfait:** il n'y avait, c'était.

❯ *cahier*
Activités 7 et 8, p. 81

Grammaire : Le passé composé (4)

– Lire les phrases de la partie « Observez ». Faire remarquer le « e » et le « s » à la fin des participes passés et demander aux apprenants pourquoi on les a ajoutés.
– Au tableau, montrer le lien entre le verbe *être* et l'accord entre le sujet et le participe passé.
– Demander aux apprenants quels verbes forment le passé composé avec *être* et compléter la liste.
– Demander aux apprenants de compléter la partie « Appliquez », puis corriger.

Corrigé : On ajoute un « e » parce que « je » est féminin (Agnès) et un « s » parce que le sujet est pluriel. Verbes qui forment le passé composé avec *être*: *devenir, venir, rentrer (entrer), retourner, partir, sortir, aller, naître, mourir, tomber, monter, descendre, arriver, passer* et les verbes pronominaux. Emma est née à Paris en 2000. L'année dernière, elle est partie vivre à Lyon.

❯ *cahier*
Activité 6, p. 81

page 107

⏳ 10 minutes

Activité 7

a

– Écrire les sons [y], [i] et [e] au tableau et les lire. Écrire une forme verbale au participe passé (J'ai déjeuné) et souligner la fin du participe passé.
– Faire écouter le document et laisser les apprenants écrire le son qu'ils entendent à la fin des participes passés.
– Réécouter pour corriger.

Corrigé : a. [e] **b.** [y] **c.** [e] **d.** [y] **e.** [i]

> ▶ Piste 144
>
> **a.** j'ai quitté
> **b.** je suis devenue
> **c.** j'ai voyagé
> **d.** j'ai eu
> **e.** je suis partie

b

– Faire écouter et répéter les sons.
– Faire associer un son à une proposition, puis corriger.

Corrigé :
[y] – bouche arrondie ●, très fermée ◖ et la langue touche les dents �
[i] – bouche tirée ▬, très fermée ◖ et la langue touche les dents ➡
[e] – bouche tirée ▬, fermée ◖ et la langue touche les dents ➡

> ▶ Piste 145
>
> [y] – [i] – [e]

Corrigé :
a. **a.** [e] **b.** [e] **c.** [i] **d.** [i] **e.** [y] **f.** [y]
b. [y] – bouche arrondie ●, très fermée ◖ et la langue touche les dents ➡
[i] – bouche tirée ▬, très fermée ◖ et la langue touche les dents ➡
[e] – bouche tirée ▬, fermée ◖ et la langue touche les dents ➡

➕ ✦

En binômes, demander aux apprenants de faire une liste de participes passés. Mélanger les binômes. Un apprenant lit les participes passés, l'autre écrit le son qu'il entend. Inverser les rôles.

> *cahier*
> **Activité 10, p. 81**

page 107

⏳ 10 minutes

Bonne pratique

Je demande aux apprenants de reprendre leur liste d'outils avant de commencer à écrire. La réutilisation des outils permet d'obtenir une expression plus fluide et plus naturelle et facilite l'appropriation des outils linguistiques.

Activité 8

– Lire la consigne. Demander aux apprenants quels temps ils peuvent utiliser (passé composé, présent, imparfait de situation) pour parler du changement et quelles expressions ils peuvent utiliser pour justifier leur choix (*pour, parce que*).
– Les laisser rédiger un texte individuellement.
– Ramasser pour corriger.

Proposition de corrigé : J'ai déménagé. Je suis partie à la campagne pour avoir une grande maison. Je préfère la campagne parce que c'est calme et il y a beaucoup de nature. En ville, c'était bruyant. J'ai quitté la ville pour avoir plus de place. Maintenant, j'ai un grand jardin.

page 107

⏳ 10 minutes

Activité 9

– Constituer des groupes et lire la question. Expliquer « quitter votre lieu de vie = partir, changer de maison, de ville, de pays… » et « pour quelles raisons = pourquoi ? ».
– Laisser les étudiants échanger en groupe. Leur demander ce qu'ils voudraient changer et ce qu'ils ne voudraient pas changer.

Proposition de corrigé : Je voudrais bien changer de lieu de vie parce que je n'aime pas vivre en appartement. Je voudrais avoir un jardin pour avoir des animaux et des plantes. J'aimerais habiter dans une petite maison avec trois chambres et un grand salon. Je voudrais une maison lumineuse et confortable.

> *cahier*
Activités 11 à 13, p. 81

LAB' LANGUE & CULTURE

page 108
⏳ 10 minutes

La famille des rois de France

– Demander aux apprenants de lire le texte et de dessiner l'arbre généalogique.
– Les laisser comparer les arbres en binôme, puis corriger.

Proposition de corrigé :

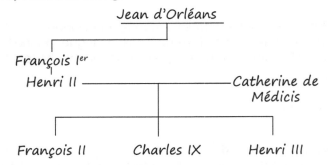

Jean d'Orléans

François Ier
Henri II — Catherine de Médicis

François II   Charles IX   Henri III

> **#culture**
>
> **François Ier** (François d'Orléans) (1494-1547) a été roi de France de 1515 à 1547. Il représente une des principales figures de la Renaissance et a encouragé le développement des arts et des lettres.
> **Henri II** (1519-1559) a été roi de France de 1547 à 1559. Son règne est marqué par la montée du protestantisme qu'il tente de réprimer.
> **Catherine de Médicis** (1519-1589) épouse Henri II et devient reine de France en 1547. Elle exerce une forte influence sur le pouvoir et tente d'imposer la liberté de culte à une époque troublée par les guerres de religion.

page 108
⏳ 5 minutes

Les sons [œ] et [ɛ]

– Faire écouter les groupes de mots les uns après les autres et les faire répéter. Rappeler que [œ] correspond à la bouche arrondie ● et que [ɛ] correspond à la bouche tirée ▬.

> ▶ Piste 146
>
> **a.** ta mère
> **b.** ta sœur
> **c.** leur sœur
> **d.** leur frère
> **e.** leur arrière-grand-père

page 108

⏳ 10 minutes

Se loger en Suisse

– Demander aux apprenants de lire l'article et d'indiquer si les propositions sont vraies ou fausses.
– Corriger et demander aux apprenants de justifier leur choix en lisant une phrase du texte.

Corrigé : a. Vrai. « Se loger en Suisse, c'est cher ! » **b.** Faux. « En moyenne, le prix du logement en Suisse est 60 % plus élevé que dans la moyenne des 28 pays de l'Union européenne. » **c.** Vrai. « Pour une location, vous devez fournir un contrat de travail » **d.** Vrai. « Dans les zones rurales, les loyers sont 20 % moins chers ». **d.** Faux. « 800 CHF » (francs suisses).

page 108

⏳ 10 minutes

Les objets de la maison

– Lire l'exemple.
– Constituer des binômes et laisser les apprenants faire des devinettes à l'oral.

Proposition de corrigé :
Je l'utilise pour ranger mes livres. ➜ une bibliothèque.
Je l'utilise pour faire des gâteaux. ➜ un four.
Je le fais tous les matins : le lit.
Je l'utilise pour me laver les dents : le lavabo.
Je m'y assois pour regarder la télé : le canapé.
Je m'y allonge pour me détendre : la baignoire.

page 108

⏳ 15 minutes

Destination Canada

(a)

– Lire les questions avec les apprenants et faire repérer les mots-clés (objectif, combien de Belges, pourquoi).
– Faire écouter le document une première fois et laisser les apprenants échanger sur leurs réponses.
– Proposer une deuxième écoute et corriger.

Corrigé : a. L'objectif est d'attirer et de choisir les nouveaux habitants pour le Canada. **b.** 900 Belges peuvent partir. **c.** Ils veulent aller au Canada parce que c'est facile de trouver un travail, parce que la culture canadienne est proche de la culture belge, parce qu'on parle français et parce que la vie est tranquille.

(b)

– Expliquer la situation, lire les questions puis laisser les apprenants écrire une réponse individuellement.
– Corriger en écrivant une phrase de réponse des apprenants au tableau.

Proposition de corrigé : a. Je viens de Belgique. **b.** J'ai quitté la Belgique pour trouver un travail. **c.** J'ai choisi le Canada parce qu'on parle français.

> ▶ Piste 147
>
> Cette année encore, le Canada organise à Bruxelles un forum « Destination Canada » pour attirer et sélectionner les futurs résidents belges au Canada : 900 Belges de 18 à 30 ans ont la possibilité de partir au Canada pour deux ans avec le permis vacances-travail. Mais pourquoi est-ce que les Belges veulent aller au Canada ? Parce qu'il est facile de trouver du travail, parce que la culture canadienne est proche de la culture belge, parce qu'on parle français, et aussi parce que la vie est tranquille. Écoutez !
> « Je viens d'arriver. J'ai déjà mon permis de travail, un logement et j'ai rencontré beaucoup de gens chaleureux. »
> Le Canada, la destination à la mode ?

page 109

⏳ 5 minutes

Les sons [y], [i] et [e]

Faire écouter et répéter les phrases en insistant sur les parties de mot soulignées.

Corrigé : a. [e] [e] **b.** [e] [e] **c.** [i] [i] **d.** [i], [i] **e.** [y], [i] **f.** [y], [i]

Piste 148

a. J'ai quitté Montpellier.
b. J'ai emménagé à Yaoundé.
c. J'ai choisi l'Algérie.
d. Je suis partie en Italie.
e. Je suis venue en Turquie.
f. J'ai vécu en Russie.

page 109

⏳ 5 minutes

Les semi-voyelles [j], [ɥ] et [w]

– Demander aux apprenants de regarder le document 2 page 106 et faire écouter le dialogue.
– Constituer des binômes et demander aux apprenant de lire le dialogue. Insister sur la prononciation des semi-voyelles.

Piste 149

– En fait, je m'appelle Karima. C'est mon vrai prénom, mais je l'ai transformé en Karine parce que c'est plus simple, plus français. On est d'origine camerounaise. En plus de mes deux petites sœurs, j'ai la chance d'avoir toujours mes parents et toute une grande famille autour. J'ai des oncles, des tantes, des cousines et pas mal de gens que j'appelle tonton ou tantie, mais je ne sais pas si nous avons un lien de famille. Après mon bac, j'ai arrêté d'habiter chez eux avec deux objectifs : avoir un boulot et un appartement. Maintenant c'est fait.
– Si je comprends bien, tu as toute cette grande famille autour de toi, mais tu es seule pour emménager et monter tes meubles ?

page 109

⏳ 10 minutes

Pourquoi ?

👤

– Rappeler la construction : *pour* + infinitif – *parce que* + phrase complète.
– Laisser les apprenants compléter les phrases individuellement puis corriger.

Corrigé : a. pour. **b.** parce que. **c.** pour. **d.** pour.

page 109

⏳ 5 minutes

Je suis...

– Laisser les apprenants lire la description du personnage et faire des propositions de réponse.
– Montrer des photos des différents bâtiments.

Corrigé : Jean Nouvel.

#culture

Jean Nouvel est un architecte français contemporain qui a été sollicité notamment pour la construction du Musée du quai Branly (2006) et le Louvre à Abou Dabi (2017).

page 109

⏳ 5 minutes

Les Français disent...

– Demander aux apprenants de regarder l'image. Lire « avoir le coup de foudre » et demander *Qu'est-ce que c'est ?*
– Lire les propositions et demander aux apprenants d'en choisir une.
– Corriger et expliquer « tomber amoureux ».

Corrigé : tomber amoureux.

page 109

⏳ 5 minutes

Jouons avec les sons !

– Faire écouter la phrase puis demander aux apprenants de s'entraîner à la dire en binôme.
– Montrer la similitude de prononciation entre « maire » et « mère » et insister sur la différence de sens des deux mots.

Piste 150

Mon père est maire et mon frère est masseur.

■ **Vidéo lab'**

PROJET

▶ **À deux**

– Constituer des binômes et leur demander de choisir une ville francophone.
– Expliquer qu'ils vont chercher un appartement et faire ensemble une liste de critères (taille, prix…).
– Laisser les binômes définir les critères et repérer les quartiers de la ville choisie.

▶ **Ensemble**

– Si possible, laisser les apprenants faire des recherches sur Internet et montrer une carte avec les appartement trouvés.
– Si les apprenants n'ont pas d'accès à Internet, leur montrer la page d'ouverture de l'unité 3 et leur demander d'imaginer un plan avec les résultats de leurs recherches.
– Laisser chaque groupe présenter la recherche et la cartographie à la classe.

Proposition de corrigé : Kinshasa, quartier de Gombe, appartement 35 m², salon, 2 chambres – 1500 francs.

– Nous avons cherché un appartement à Kinshasa dans le quartier de Gombe, 35 m², avec un salon, 2 chambres pour 1500 francs congolais.
– Dans ce quartier, il y a un appartement avec 3 chambres, un grand balcon et deux salles de bains pour 1500 francs. Il y a aussi un appartement avec un grand hall, un grand séjour, deux chambres et une salle de bains avec baignoire pour 1900 francs congolais.

| **p. 110-111** | *Ateliers* Téléphoner pour avoir des informations |

Activité 1

Montrer le document 1 et laisser les apprenants répondre aux questions **a** et **b** à l'oral. Leur demander de décrire les indices sur la photo : une lampe, une table, un canapé…

Corrigé : a. Ils sont dans un appartement. **b.** Ils visitent un nouvel appartement.

Activité 2

a

– Montrer le document 2 et lire la question.
– Laisser les apprenants répondre à l'oral et relever les indices (les vêtements, les cartons).

Corrigé : C'est une société de déménagement.

– Laisser les apprenants lire les questions et faire écouter le dialogue. Aider les apprenants à relever les mots-clés (déménager, tarifs, conditions). Expliquer « tarif : prix ».
– Corriger et lire l'encadré « Dire l'objet d'un appel ».

Corrigé : a. La femme appelle une société de déménagement. **b.** Elle demande les tarifs et les conditions de déménagement. **c.** Elle entend très mal, le téléphone ne marche pas bien. **d.** Elle va rappeler plus tard.

> ▶ Piste 151
>
> – Oui, bonjour, j'appelle pour un renseignement. Nous souhaiterions déménager début avril et nous aimerions connaître les tarifs et conditions de déménagement.
> – Oui, alors…
> – Excusez-moi, la ligne est mauvaise. Vous pouvez parler plus fort ?
> – Oui… ça dépend de la superficie…
> – Excusez-moi, j'entends très mal. C'est peut-être mon téléphone. Je vous rappelle !

page 110
⏳ 5 minutes

Activité 3

Constituer des binômes. Lire les deux questions et laisser les apprenants échanger. Au fur et à mesure des échanges, faire une liste des démarches nécessaires pour déménager.

Proposition de corrigé : Oui, j'ai déjà déménagé. J'ai appelé une société de déménagement. J'ai visité des appartements. J'ai acheté des meubles.

page 110
⏳ 10 minutes

Activité 4

– Lire les deux consignes. Lire l'encadré « Apprendre ».
– En binôme, laisser les apprenants choisir une situation et pratiquer la conversation en se mettant dos à dos. S'assurer qu'ils parlent suffisamment clairement pour pouvoir se comprendre sans se voir et sans faire de gestes.

Proposition de corrigé :
Situation 1 :
– Allô ?
– Bonjour maman ! J'appelle pour avoir de tes nouvelles. Tu vas bien ?
– Oui, ça va.
– J'ai regardé les offres de travail et je vais partir en Égypte.
– Ah bon ? En Égypte ? Pour travailler ?
– Oui… Je pense que c'est un bon travail. Je vais travailler pour une entreprise française.
– Ah, d'accord.

Ateliers Informer d'un changement d'adresse

page 111
⏳ 10 minutes

Activité 1

– Montrer le document 1. Laisser les apprenants lire le document et les questions. Souligner les mots-clés dans les questions « qui », « à qui », « pour quelle raison = pourquoi », « quand ». Laisser les apprenants chercher les réponses dans le document.
– Corriger en montrant les informations sur le document.

Corrigé : a. Mathieu Tijou écrit au service clients. **b.** Il veut informer que son adresse va changer à partir de la semaine prochaine. **c.** C'est un courriel pour un service administratif.

Intro
Unité 1
Unité 2
Unité 3
Unité 4
Unité 5
Unité 6
Unité 7
Unité 8
Outils

<table>
</table>

page 111

⏳ 10 minutes

Activité 2

– Constituer des binômes.
– Lire les éléments à chercher et laisser les apprenants les retrouver sur le document.
– Corriger.

Corrigé: le destinataire: service-clients – **l'expéditeur:** Mathieu Tijou – **la date:** le 16 février 2019 – **l'objet:** changement d'adresse – **la formule de politesse:** cordialement – **l'information principale:** Mon adresse ne va plus être valable. Voici ma nouvelle adresse: m.tijou@orange.fr – **la demande:** Merci de mettre votre carnet d'adresses à jour.

---

page 111

⏳ 15 minutes

Activité 3

– Constituer des binômes. Expliquer les deux situations.
– Laisser les binômes se mettre d'accord pour choisir chacun une situation.
– Leur demander de rédiger individuellement un courriel.
– Les laisser lire leur courriel à leur voisin(e).
– Ramasser pour corriger.

Proposition de corrigé:

À: olioli@yahoo.com
de: romaincaspar@gmail.com
Objet: Nouvelle adresse

Bonjour Olivier,
Tu vas bien?
Je vais déménager à Alençon le 14 septembre. Ma nouvelle adresse est: 10, boulevard Koutiala.
Merci de mettre ton carnet d'adresses à jour.
À bientôt
Romain

---

p. 112–113

mémo

---

page 112

⏳ 5 minutes

Activité 1

– Demander aux apprenants de lire le point de grammaire sur les adjectifs possessifs (2), ainsi que le point lexical sur la famille et le point phonétique sur les sons [œ] et [ɛ].
– Lire l'exemple et laisser les apprenants en comprendre le sens.
– Constituer des binômes. Laisser les apprenants créer des phrases à l'oral.

Proposition de corrigé: Ton cousin n'est pas mon cousin. Ce n'est pas non plus son cousin, c'est ton cousin! - Ta grand-mère n'est pas ta mère. Ce n'est pas non plus ma tante. C'est ta grand-mère.

---

page 112

⏳ 10 minutes

Activité 2

– Demander aux apprenants de lire le point de grammaire sur les pronoms compléments directs, ainsi que le point lexical sur les pièces de la maison.
– Mimer des jumelles et dire *Je regarde chez mon voisin*. Lire le dialogue. Lire le nom des différents personnages.

– Constituer des binômes.
– Laisser les étudiants décrire la pièce et parler de leurs voisins.

Proposition de corrigé:
– Je la vois dans la chambre.
– Qui? Madame Verte?
– Non, Mademoiselle Rose. Elle y dort. Il la regarde.
– Le chien?
– Non, M. Moutarde. Il travaille et il regarde Mademoiselle Rose.
– Il la met dans son sac.
– Mademoiselle Rose?
– Mais non, sa chaussette!

page 112
⏳ 10 minutes

Activité 3

– Demander aux apprenants de lire le point de grammaire sur la comparaison, ainsi que le point lexical sur le logement.
– Constituer des binômes. Demander aux apprenants de décrire leur logement. Puis, les laisser écrire cinq phrases pour comparer les logements.

Proposition de corrigé:
Mon logement est plus grand que le logement de Ruth.
Mon balcon est plus petit que sa terrasse.
Il y a plus de chambres chez elle que chez moi.
Sa cuisine est moins lumineuse.
Sa baignoire est plus grande que ma baignoire.

page 112
⏳ 10 minutes

Activité 4

– Demander aux apprenants de lire le point de grammaire sur le passé composé (4), ainsi que le point phonétique sur les sons [y], [i] et [ɛ].
– Écrire « DR et MRS P. VANDERTRAMP » au tableau. Sous la lettre « D », écrire « devenir », puis donner une phrase d'exemple « Il est devenu acteur » et souligner le verbe *être*.
– Laisser les apprenants trouver les autres verbes.

Corrigé : **D**evenir **R**evenir – **M**onter **R**ester **S**ortir – **V**enir **A**ller **N**aître **D**escendre **E**ntrer **R**entrer **T**omber **R**etourner **A**rriver **M**ourir **P**artir

page 112
⏳ 10 minutes

Activité 5

– Demander aux apprenants de lire le point de grammaire sur les pronoms toniques avec les prépositions, ainsi que le point phonétique sur les semi-voyelles [j], [ɥ] et [w].
– Montrer une photo de groupe et décrire qui sont les personnes et où elles sont (par exemple, en haut à droite, c'est un collègue).
– Laisser les apprenants choisir une photo (dans leur portable ou sur Internet) et la décrire à leur voisin(e).

Proposition de corrigé : À gauche, c'est mon ami Michaël. À côté de Michaël, c'est sa femme Allison. Devant sa femme, c'est son fils. Derrière Michaël, il y a son père et sa mère.

> cahier
Activités du Mémo, p. 82 et 83

⇨ Mission

LA MINUTE PÉDAGOGIQUE

La mission reprend l'ensemble des objectifs communicatifs étudiés dans l'unité. Les apprenants les mettent en œuvre pour répondre à un besoin concret en contexte. Elle favorise la collaboration entre les apprenants.

– Lire le titre « Pourquoi déménager ? ». Demander aux apprenants de faire des propositions de réponses à la question.
– Constituer des binômes et demander aux apprenants de choisir une raison de déménager.
– Leur laisser quelques minutes pour définir les critères importants pour choisir le nouveau logement.
– Dire « On déménage ! » et demander aux apprenants de changer de place. Les laisser chercher des logements individuellement selon les caractéristiques choisies en binômes. Donner un temps limite pour les obliger à faire des choix rapidement.
– Expliquer aux apprenants (toujours éloignés de leur binôme) qu'ils vont téléphoner à leur ami(e) pour comparer les logements trouvés et choisir un appartement à visiter.
– Les laisser jouer la situation par téléphone en restant à distance ou en s'asseyant dos à dos.

Chaque groupe joue la conversation téléphonique devant la classe. Les autres groupes doivent identifier le problème de départ.

Proposition de corrigé :
1. Problème : appartement trop petit. **Caractéristiques :** 40 m², deux chambres, lumineux, près de la gare, 500 euros.
2. – Allô, Mika ? Je t'appelle parce que j'ai trouvé des annonces pour le logement.
– Ah oui ? Moi aussi.
– J'ai trouvé un logement de 38 m² avec deux chambres juste en face de la gare.
– Ah, c'est super ! Moi, j'ai trouvé un logement de 45 m² avec un balcon.
– C'est seulement 450 euros mais c'est à 10 minutes à pied de la gare.
– C'est lumineux ?
– Oui, très. Et il y a un balcon.
– D'accord, on peut le visiter.

＞ *cahier*
Bilan linguistique, p. 84 et 85
Préparation au DELF, p. 86 et 87

TEST ⦿

GRAMMAIRE

① Écrivez les phrases au passé récent.   5 points

1. Il .... (sortir) de la maison.

2. Nous .... (manger).

3. Vous .... (finir) le test.

4. Tu .... (éteindre) la télévision.

5. Je .... (comprendre) l'exercice.

② Choisissez le pronom.   5 points

1. Nous regardons   *leurs / sa / son*   photos.

2. Vous avez   *ta / mon /votre*   carte d'identité ?

3. Il a donné   *ma / ta / ses*   chaussures.

4. Ce sont   *nos / ton / sa*   clés.

5. Apporte   *ton / ta / sa*   livre !

③ Transformez les phrases avec un pronom complément (*le, la, les, l'*).   5 points

1. Je regarde la télé. ➜ ....

2. Il mange les chocolats de Noël. ➜ ....

3. Les étudiants mémorisent la règle de grammaire. ➜ ....

4. Justin aime bien la maison. ➜ ....

5. Il prend le chalet en photo. ➜ ....

④ Écrivez les phrases pour comparer.   5 points

1. Jean 1 m 63   Abder 1 m 80   Jean est ....

2. moi : 10 livres   toi : 20 livres   J'ai ....

3. Tony : 3 chiens   Zoé : 2 chiens   Tony a ....

4. mon appartement : 70 m²   ton appartement : 110 m²   Mon appartement est ....

5. Maryline : 300 euros   Françoise : 350 euros   Maryline a ....

LEXIQUE

① Regardez l'arbre généalogique et complétez les phrases.   5 points

1. Marie-France est .... de Victorien.

2. Marjolaine est .... de Luce.

3. David est .... de Luis.

4. Claude est .... de Marjolaine.

5. Marie-France et Guy sont......................... de Claude et Christelle.

```
                    Marie-France ─┬─ Guy
                        (f.)       │   (m.)
            ┌──────────────────────┴──────────────────┐
        Claude ─┬─ Max                    Christelle ─┬─ David
         (f.)   │   (m.)                      (f.)     │   (m.)
         ┌──────┴──────┐                     ┌─────────┴─────────┐
       Luis          Luce                 Victorien       Marjolaine
       (m.)          (f.)                    (m.)            (f.)
```

② Associez une activité à une pièce de la maison.   5 points

a. Je prépare les repas.

b. Je dors.

c. Je mange avec mes amis.

d. Je me lave.

e. Je travaille.

1. La chambre

2. La salle de bains

3. Le bureau

4. La cuisine

5. La salle à manger

③ Complétez avec « pour » ou « parce que/qu'».   5 points

1. Je vais à la montagne .... faire du ski.

2. Ils sont partis .... il faisait trop froid.

3. Olivier a réussi l'examen .... il a bien travaillé.

4. Ils ont déménagé .... être à la campagne.

5. Juliette a préparé des sandwichs .... partir faire un pique-nique.

PHONÉTIQUE

1 ▶23 | Écoutez et écrivez le son que vous entendez [œ] ou [ɛ]. **5 points**

1. .... **2.** .... **3.** .... **4.** .... **5.** ....

2 ▶24 | Écoutez et dites quels sons vous entendez [y], [i] ou [e]. **5 points**

1. .... **2.** .... **3.** .... **4.** .... **5.** ....

3 Classez les mots selon leur prononciation. **5 points**
fille – loyer – quartier – cuisine – lien – construit – réservation – payer – aujourd'hui – toilettes

[j]	[ɥ]	[w]

Compréhension de l'oral 10 points

▶25 | **1.** Écoutez, complétez l'annonce et répondez aux questions.

> Appartement ...... m²
>
> ...... chambres
>
> ...... salles de bains
>
> ❑ grand salon ❑ petit salon
>
> ❑ centre-ville ❑ campagne

2. Qui vient à Noël ? ....

3. Pourquoi est-ce que les personnes veulent déménager ?
❑ pour avoir un jardin
❑ pour avoir moins de bruit
❑ pour sortir plus souvent
❑ pour être proches du bus

Compréhension des écrits 10 points

Lisez le texte et répondez aux questions.

ACCUEIL   À PROPOS   CONTACT   MES VOYAGES

Qui suis-je ?

Je m'appelle Christian et j'ai 30 ans.
En 2016, j'ai décidé de rendre les clés de mon appartement pour voyager.
Sur ce blog de voyage, je partage mes conseils, mes aventures et mes rencontres. Bonne lecture !

Alors pourquoi j'ai tout quitté pour changer de vie ? C'est simple : j'ai suivi mes rêves.
J'ai changé de vie depuis 2 257 jours exactement.
Je n'ai plus de patron, je ne fais plus de travaux inutiles. Je ne reste pas au bureau jusqu'à 18 h. Je n'ai plus de collègues. Je peux choisir mes activités. Je peux aussi voyager autour du monde. Je n'ai plus d'appartement de 80 m² et je n'ai plus besoin de faire le ménage pendant des heures ! Mais j'ai à nouveau une routine : je me réveille, je vais prendre un jus d'orange au café en bas de chez moi et je parle croate avec les serveurs. Je bois tranquillement, puis je rentre travailler sur mon blog de voyage mais toujours sans patron, sans collègues. Ici, sur mon blog, je suis vraiment content d'écrire et échanger avec des gens. Ensuite, je fais un bon petit plat avec des légumes du marché. Et l'après-midi, je sors marcher dans Zagreb. Ma vie est très simple. J'ai un petit appartement dans le centre-ville : une chambre, une cuisine et un petit salon. J'ai un petit balcon et je peux mettre une table et une chaise pour travailler. Je suis heureux mais je voudrais aussi voir ma famille plus souvent. Mon frère vit à Paris. Ma tante habite à Oslo et j'y vais parfois. Mon cousin aussi a changé de vie. Il est maintenant en Australie.

1. Pourquoi est-ce que Christian a changé de vie ? (1 point)

....

2. Christian habite où maintenant ? Il parle quelle langue ? (1 point)

....

3. Au travail, Christian n'aime pas : (3 points)
- ❏ écrire un blog
- ❏ choisir ses activités
- ❏ avoir des collègues
- ❏ échanger avec les gens
- ❏ avoir un patron
- ❏ être sur le balcon
- ❏ finir à 18 h

4. Vrai ou faux ? Cochez la bonne réponse. (5 points)

	Vrai	Faux
a. Son appartement aujourd'hui est plus petit que son ancien appartement.		
b. Christian habite à la campagne.		
c. Christian n'a pas d'habitudes.		
d. La mère de son père habite à Oslo.		
e. Le fils de sa tante habite en Australie.		

Production écrite   15 points

Un ami va passer une semaine dans votre famille. Vous écrivez un courriel et vous décrivez votre famille.

Production orale   15 points

Vous cherchez un nouveau logement. Vous décrivez votre recherche à un agent immobilier.
Vous comparez votre logement actuel et le logement que vous cherchez.
L'examinateur joue le rôle de l'agent immobilier.

Total : ...... /100 points

Corrigés du test

GRAMMAIRE

① **1.** Il vient de sortir **2.** Nous venons de manger. **3.** Vous venez de finir **4.** Tu viens d'éteindre **5.** Je viens de comprendre

② **1.** leurs **2.** votre **3.** ses **4.** nos **5.** ton

③ **1.** Je la regarde. **2.** Il les mange. **3.** Les étudiants la mémorisent. **4.** Justin l'aime bien. **5.** Il le prend en photo.

④ **1.** Jean est plus petit qu'Abder. **2.** J'ai moins de livres que toi. **3.** Tony a plus de chiens que Zoé. **4.** Mon appartement est plus petit que ton appartement. **5.** Maryline a moins d'argent que Françoise.

LEXIQUE

① **1.** la grand-mère. **2.** la cousine. **3.** l'oncle. **4.** la tante. **5.** les parents.

② **a.** 4 **b.** 1 **c.** 5 **d.** 2 **e.** 3

③ **1.** pour **2.** parce qu' **3.** parce qu' **4.** pour **5.** pour

PHONÉTIQUE

① **1.** [œ] **2.** [œ] **3.** [ɛ] **4.** [ɛ]. **5.** [œ]

② **1.** [y] **2.** [e] **3.** [i] **4.** [y] **5.** [i]

③

[j]	[ɥ]	[w]
fille, quartier, lien, réservation, payer	construit, aujourd'hui, cuisine	loyer, toilettes

COMPRÉHENSION DE L'ORAL

1. Appartement 110 m² 4 chambres 2 salles de bains grand salon campagne

2. les parents, le frère, l'oncle et deux cousines de l'homme.

3. pour avoir moins de bruit

COMPRÉHENSION DES ÉCRITS

① **1.** Christian a changé de vie pour suivre ses rêves.

2. Maintenant, il habite à Zagreb, il parle croate.

3. Au travail, Christian n'aime pas : avoir des collègues, avoir un patron, finir à 18 h.

4. a. Vrai **b.** Faux **c.** Faux **d.** Faux **e.** Vrai

PRODUCTION ÉCRITE

Proposition de corrigé :

Cher Frédéric,

J'ai bien lu ton message. Nous allons venir à la gare samedi à 10 h. Tu vas rester avec ma famille pendant une semaine.

Dans ma famille, il y a mon père. Il s'appelle Patrick. Il est grand et brun. Il est drôle et il aime beaucoup discuter. Ma mère aussi va venir. Elle est grande et mince. Elle fait bien la cuisine et elle est très dynamique. J'ai aussi un petit frère. Il s'appelle Barnabé. Il a 8 ans. Il est gentil mais il pose beaucoup de questions… Ma grand-mère habite dans la maison à côté avec mon oncle et ma tante. J'ai aussi deux cousins de 18 et 22 ans. Ils sont très sympas.

À samedi

Ronan

Grille d'évaluation

L'apprenant peut utiliser une formule de salutation au début et à la fin du message.	.... /2
L'apprenant peut présenter une personne.	.... /5
L'apprenant peut définir des liens de parenté.	.... /5
L'apprenant peut utiliser des pronoms possessifs.	.... /3

PRODUCTION ORALE

Proposition de corrigé :
– Bonjour, je voudrais des informations, je cherche un nouveau logement.
– Oui, vous cherchez quel genre de logement ?
– Je voudrais une petite maison en ville.
– C'est pour acheter ou louer ?
– Pour louer.
– D'accord. Quelle superficie vous cherchez ?
– Mon appartement actuel fait 50m². Je voudrais un logement plus grand. Peut-être 80 m².
– Vous voulez combien de pièces ?
– Je voudrais deux chambres et un grand salon.
– Une grande cuisine ?
– Non, une petite cuisine mais je voudrais un petit jardin pour mon chat.
– Et comment est votre logement actuel ?
– Il est calme mais je voudrais un logement plus lumineux et proche des transports

Grille d'évaluation

L'apprenant peut utiliser la comparaison.	.... /5
L'apprenant peut décrire les différentes pièces d'un logement.	.... /5
L'apprenant peut utiliser des adjectifs pour décrire un logement.	.... /5

Transcriptions du test

PHONÉTIQUE

1 ▶ Piste 23

1. sœur
2. couleur
3. mère
4. frère
5. peur

2 ▶ Piste 24

1. voulu
2. travaillé
3. fini
4. couru
5. sorti

COMPRÉHENSION DE L'ORAL

1 ▶ Piste 25

Agent : Vous cherchez quel type de logement ? Quelle superficie ?
Homme : Environ 110 m². Il faut une chambre pour chaque enfant. Donc trois chambres minimum.
Femme : Non, quatre chambres. On invite souvent leurs deux cousins. Il faut une chambre supplémentaire.
Agent : D'accord, quatre chambres.
Homme : Et un grand salon. À Noël, il y a mes parents, mon frère, mon oncle et mes deux cousines qui viennent. On a besoin de place.
Femme : Oui, et une grande cuisine.
Homme : Il faut deux salles de bains.
Agent : Plutôt dans le centre-ville ?
Femme : Non, on quitte la ville. On veut habiter à la campagne. On veut vivre au calme et être proches de la nature.
Homme : On ne veut plus entendre les bus, les soirées étudiantes… et on ne veut plus de la pollution !

Intro
Unité 1
Unité 2
Unité 3
Unité 4
Unité 5
Unité 6
Unité 7
Unité 8
Outils

UNITÉ 8

Il y a un problème ?

Agir

OBJECTIFS
❶ Parler de sa santé
❷ Donner son opinion
❸ Exprimer son accord et son désaccord

ATELIERS D'EXPRESSION
· Exposer un problème
· Écrire une invitation par courriel

Coopérer

PROJET CULTUREL
Imaginer un objet connecté pour l'apprentissage

 MISSION
Résoudre un problème

Apprendre

STRATÉGIES *p. 124-125*

MÉMO
Réviser ✚ S'exercer, *p. 126*

J'agis, je coopère, j'apprends Cahier, p. 94-95

ÉVALUATION
· Bilan linguistique *Cahier, p. 96-97*
· Préparation au DELF *Cahier, p. 98-99*

Grammaire	Lexique	Phonétique	Culture
· L'impératif · Les pronoms démonstratifs *celui-ci / celle-ci* · Les pronoms relatifs *qui* et *que* · La durée avec *pendant* et *depuis* · La place des adjectifs	· Les parties du corps · Chez le médecin · Désigner un objet · Les réseaux sociaux · Le téléphone portable · Donner son opinion	· Le son [a] · Les sons /R/ et [l] · La liaison (2) Vidéo phonétique	· La santé · Les nouvelles technologies

▶ C'est quoi un objet connecté ?

p. 114- 115    OUVERTURE DE L'UNITÉ

page 114

⏳ 5 minutes

Titre de l'unité et illustration

– Lire le titre de l'unité « Il y a un problème ? » et montrer l'image.
– Demander aux apprenants *Qu'est-ce que c'est ? C'est difficile ou c'est facile ?*
– Lire la question et les propositions de réponse. Laisser les apprenants réagir.

Proposition de corrigé : Quand j'ai un problème, je parle à des amis, je cherche des idées sur Internet, je reste calme.

p. 116-117    SITUATION ❶   Parler de sa santé

LA MINUTE PÉDAGOGIQUE

Il est difficile de comprendre le sens d'un mot ou d'une expression qui n'a pas d'équivalent dans la langue ou la culture d'origine. Pour faciliter la compréhension et la mémorisation, il est nécessaire de l'associer à un contexte concret.

PRÉPARER SA CLASSE

Pour l'activité 5, faire de la place. Retirer les tables et créer un espace de détente.

page 116

⏳ 10 minutes

Activité 1

– Montrer l'image du document 1. Montrer le personnage et demander *Qu'est-ce qu'il va faire ?* (Il va dormir). Expliquer que « le sommeil » est le temps où l'on dort.
– Lire le document. Demander combien de temps dorment les Français en semaine, le week-end et combien de temps il faut dormir. Encourager les apprenants à chercher les informations principales du texte plutôt qu'à en comprendre tous les mots.
– Demander aux apprenants *Vous dormez plus ou moins que les Français ?* et les laisser réagir.

Proposition de corrigé : Je dors moins que les Français. En semaine, je dors 5 heures. Le week-end, je dors 7 ou 8 heures.

Expliquer les mots nouveaux qui apparaissent dans le texte : réduire ≠ augmenter (dessiner des flèches montantes et descendantes pour expliquer), en moyenne (+ ou –), récupération (mimer la fatigue puis être en forme).

page 116

⏳ 15 minutes

Activité 2

– Montrer le document 2 et lire le titre. Demander aux apprenants de décrire l'image (un réveil, un mouton, un oreiller). Demander aux apprenants pourquoi on a choisi un mouton (symbole du sommeil, on compte les moutons pour s'endormir).
– Lire la question **a**. Demander *C'est quoi une astuce ?* et laisser les apprenants faire des propositions de réponse. Choisir la réponse la plus appropriée.
– Lire la question **b**. Dessiner trois colonnes au tableau : repas, activités, corps. Pour expliquer le mot « corps », lire l'encadré « Les parties du corps » et montrer chaque partie du corps. Demander aux apprenants de lire les conseils et de les classer dans les trois catégories.

Au tableau!

Repas	Activités	Corps
Dînez léger! ...	Prenez un bain chaud! ...	Fermez les yeux. ...

– Demander à des apprenants de lire les conseils à voix haute et corriger.
– Lire la question **c** et laisser les apprenants répondre.
– Écrire une phrase pour corriger.

Corrigé : a. Une astuce est un bon conseil.
b. Repas : Dînez léger! Arrêtez le café après 16 h! **Activités :** Écrivez les choses importantes sur un carnet et oubliez vos soucis. Prenez un bain chaud. Ne faites pas de sport après 18 h! Déconnectez! Évitez les écrans une heure avant de dormir.
Corps : Massez votre visage. Fermez les yeux et pensez à chaque partie du corps : les jambes, les bras, le cou...
c. Pendant la journée, on doit manger léger, ne pas faire de sport le soir, prendre un bain chaud, ne pas boire trop de café. Juste avant de dormir, on doit écrire les choses importantes, éviter les écrans, masser son visage, fermer les yeux et penser à chaque partie du corps.

page 116

⏳ 10 minutes

Activité 3

– Lire les deux questions puis faire écouter le document.
– Laisser les apprenants rédiger une réponse et proposer une deuxième écoute.
– Corriger : Écouter le dialogue en lisant la transcription. Laisser les apprenants lire le dialogue en binôme. Lire l'encadré «Les parties du corps».

Corrigé : a. Louison n'a pas dormi de la nuit. **b.** Il conseille d'arrêter les jeux vidéo le soir, d'éteindre son téléphone et de prendre un peu de lait chaud avant de dormir.

> ▶ Piste 154
>
> – Ça va, Louison?
> – Oh non! Je n'ai pas dormi de la nuit...
> – Ah bon pourquoi?
> – Je ne sais pas.
> – Tu veux mon avis? Arrête les jeux vidéo le soir, éteins ton téléphone et fais comme moi, prends un peu de lait chaud avant de dormir!
> – Ah bon? Ça marche? Ok, je vais essayer.

Jouer à « Jacques a dit ». Donner un premier ordre «Jacques a dit : levez les bras» et encourager les apprenants à le faire. Puis, donner un deuxième ordre sans «Jacques a dit» («Fermez les yeux»). Expliquer aux apprenants qu'ils ne doivent pas fermer les yeux. Écrire «Jacques a dit» au tableau et répéter les mêmes ordres (une fois avec l'expression et une fois sans l'expression). Donner encore quelques exemples, puis demander à un apprenant de donner les ordres. Répéter l'activité avec plusieurs apprenants.

> **cahier**
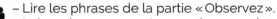
Activités 1 à 3, p. 88

page 116

⏳ 5 minutes

Grammaire : L'impératif

– Lire les phrases de la partie «Observez».
– Laisser les apprenants associer un verbe à un sujet dans la partie «Réfléchissez».
– Corriger et faire la comparaison entre l'indicatif présent et l'impératif présent.
– Demander *Où se place la négation?*
– Laisser les apprenants transformer les phrases dans la partie «Appliquez» puis corriger.

Unité 1   Intro

Unité 2

Unité 3

Unité 4

Unité 5

Unité 6

Unité 7

Unité 8   Outils

Au tableau!

Fermer	→	~~vous~~ fermez	→	Fermez!
	→	~~tu~~ fermes	→	Ferme!
Boire	→	~~vous~~ buvez	→	Buvez!
	→	~~tu~~ bois	→	Bois!

Corrigé: a. Fermez les yeux! / vous – Arrête! / tu. **b.** la négation se place devant et derrière le verbe. Ne regardez pas la télé! Ne buvez pas de café!

 +

Préparer des papiers avec la description d'un enseignant (un professeur sympathique, un professeur sévère, un professeur paresseux…). Demander à un apprenant de prendre un papier et de se placer devant la classe. Lui demander de donner des instructions à l'impératif en fonction de la description qu'il a reçue (un professeur sévère : Ne parlez pas! Ne bougez pas!...). Laisser les autres apprenants découvrir quelle description l'apprenant a reçue.

> cahier
Activités 4 à 5, p. 88-89

page 116
⌛ 10 minutes

Activité 4

– Lire la consigne et expliquer «avoir mal au dos» en montrant le dos et en mimant la douleur.
– Constituer des binômes et laisser les apprenants formuler des conseils. Insister sur l'utilisation de l'impératif. Si nécessaire, faire une liste de verbes à l'infinitif pour aider les apprenants en difficulté (bien dormir, faire de la natation…).
– Corriger en partageant les conseils qui ont été donnés.

Proposition de corrigé: Fais de la natation ! Change de lit ! Fais du sport ! Fais des massages ! Reste au chaud !

page 116
⌛ 10 minutes

Activité 5

– Montrer l'image. Demander aux apprenants de se détendre.
– Leur proposer de fermer les yeux.
– Donner les premières instructions puis demander à un apprenant de continuer. Laisser les apprenants donner des instructions les uns après les autres.

Proposition de corrigé: Respirez! Imaginez un beau paysage! Oubliez la classe ! Imaginez un grand soleil ! Pensez à vos amis ! Massez vos épaules !

page 117
⌛ 5 minutes

Bonne pratique
Je montre les indices qui permettent de reconnaître le nouvel objet (carte vitale = couleur, nom, forme…) et je l'associe à des situations concrètes (pharmacie, hôpital, médecin).

Activité 6

– Montrer le document 3. Demander aux apprenants de le lire et de répondre à la question.
– Corriger et faire le lien entre la profession et l'action (acheter des médicaments – pharmacien, aller chez le docteur – médecin).
– Expliquer que la carte vitale est une carte qui permet de payer le médecin, les médicaments, l'hôpital, le dentiste…

Corrigé: b. et **c.**

┌─ **#culture** ──────────────────────

La **carte vitale** est une carte au format d'une carte bancaire, avec une carte à puce qui permet aux personnes affiliées à la Sécurité sociale d'obtenir les remboursements de frais de santé. Elle est distribuée par les organismes de la Sécurité sociale et remplace la feuille de soins.

Activité 7

– Lire «un rhume, une grippe» et dire que ce sont des maladies. Lire «mal à la tête, toux, fièvre, mal à la gorge» et dire que ce sont des symptômes.
– Expliquer aux apprenants qu'ils doivent associer des symptômes à une maladie et faire écouter les dialogues.
– Proposer une deuxième écoute, si nécessaire, puis corriger en mimant les symptômes pour les expliquer.

Corrigé : un rhume : mal à la gorge, toux – une grippe : fièvre, mal à la tête

b

– Demander aux apprenants d'écrire les instructions et les conseils du médecin.
– Faire écouter les dialogues une ou deux fois, puis corriger.

Corrigé : Respirez bien fort ! Toussez ! Vous devez vous reposer.

> ▶ Piste 155
>
> **1.**
> – Bonjour Mme Legrand,
> – Bonjour docteur.
> – Qu'est-ce qui vous arrive ?
> – J'ai mal à la gorge et je tousse.
> – Vous avez de la fièvre ?
> – Non.
> – Bon, je vais regarder cela. Allez-y, respirez bien fort. Encore ! Toussez ! C'est juste un rhume.
> **2.**
> – Bonjour docteur !
> – Bonjour M. Moreau. Qu'est-ce qui ne va pas ?
> – J'ai de la fièvre et j'ai mal à la tête.
> – Vous avez pris votre température ?
> – Oui, j'ai 38,5.
> – Vous avez de l'aspirine ?
> – Oui, mais presque plus.
> – C'est une grippe. Vous devez vous reposer. Ça va passer. Voici l'ordonnance pour l'aspirine.

Activité 8

– Montrer l'image avec le médecin et une patiente et expliquer les deux mots.
– Laisser les apprenants lire les phrases et les classer. Corriger et expliquer le mot « ordonnance = document pour avoir des médicaments ».

Corrigé : Le médecin : Vous avez de la fièvre ? Vous avez votre carte vitale ? Je vous fais une ordonnance. Respirez bien fort. Le patient : J'ai mal à la gorge. J'ai mal au ventre.

> cahier
Activités 6 à 8, p. 89

Activité 9

– Prononcer le son [a].
– Faire écouter le document et laisser les apprenants compter le nombre de fois où ils entendent le son pour chaque groupe de mots, puis corriger en réécoutant.

Corrigé : a. 1. **b.** 1. **c.** 3. **d.** 3. **e.** 3.

> ▶ Piste 156
>
> **a.** Votre température.
> **b.** De l'aspirine.
> **c.** J'ai mal à la gorge.
> **d.** J'ai mal à la tête.
> **e.** Ça va passer.

Faire écouter le document. Demander aux apprenants de répéter, puis d'associer des propositions au son. Corriger.

Corrigé : Bouche très ouverte . Lèvres tirées et arrondies ▬ ● .

[a]

> *cahier*
Activité 9, p. 89

page 117

⏳ 20 minutes

Activité 10

– Ce moment de détente doit avoir lieu après avoir fait les activités de la page 117.
– Le jeu « Il y a un problème » a pour but de :
  réviser le lexique du niveau A1 ;
  poser des questions ;
  comprendre et répondre à des questions ;
  s'amuser.
– Constituer des groupes. Dans chaque groupe, désigner un médecin. Les autres apprenants sont les patients. Les patients reçoivent une carte avec trois problèmes. Ils choisissent chacun un problème sans l'énoncer.
– Le médecin pose des questions aux patients. Ils doivent répondre par « oui » et compléter leur réponse. Le médecin essaie de trouver le problème de chaque patient grâce aux réponses données.
– Pour faciliter le jeu, il est possible de désigner un patient dans chaque groupe et d'attribuer le rôle de médecin à tous les autres apprenants.
– Consulter la fiche pédagogique du jeu p. 295.

page 117

⏳ 10 minutes

Activité 11

– Lire la consigne. Oralement, demander aux apprenants de formuler quelques conseils pour être bien au quotidien (évoquer le sommeil, l'alimentation, le travail, les vacances…) et laisser les apprenants écrire, individuellement, quelques conseils. Inciter les apprenants à utiliser l'impératif pour donner un conseil.
– Ramasser pour corriger.

Proposition de corrigé : Pour être bien, faites du sport tous les jours. Dormez tôt et mangez équilibré. Travaillez régulièrement et faites du yoga. Ne regardez pas trop la télé et passez du temps avec vos amis.

page 117

⏳ 10 minutes

Activité 12

– Constituer des binômes. Expliquer qu'il y a un médecin et un patient dans chaque binôme.
– Laisser les apprenants pratiquer la conversation.
– Proposer à plusieurs binômes de jouer la conversation devant la classe et demander aux apprenants spectateurs de relever les symptômes.

Proposition de corrigé :
– Bonjour Monsieur Durand, qu'est-ce qui vous arrive ?
– J'ai mal au ventre.
– Vous avez de la fièvre ?
– Oui, un peu.
– Vous avez pris froid. Vous avez votre carte vitale ?
– Oui.
– Je vous fais une ordonnance.
– Merci.

> *cahier*
Activités 10 à 12, p. 89

Intro
Unité 1
Unité 2
Unité 3
Unité 4
Unité 5
Unité 6
Unité 7
Unité 8
Outils

LA MINUTE PÉDAGOGIQUE

Pour développer les stratégies en expression, encourager les apprenants à contourner les difficultés lexicales en reformulant plutôt qu'en cherchant systématiquement dans le dictionnaire ou en demandant les mots à l'enseignant.

page 118

⏳ 10 minutes

Activité 1

– Montrer le document 1.
– Dire *Ce sont des objets connectés*.
– Demander aux apprenants quels objets ils utilisent.
– Les laisser montrer les objets sur l'image.
– Dire *J'utilise cet objet*.
– Lire l'encadré pour montrer les différentes manières de désigner un objet.
– Expliquer rapidement la différence entre « ce », « cet », « cette » et « ces ».
– Demander *Quels objets sont intéressants ?*
– Laisser les apprenants réagir.

> **Bonne pratique**
> J'encourage les apprenants à nommer les objets qu'ils connaissent et à décrire ceux dont ils ne connaissent pas le nom en langue cible.

page 118

⏳ 15 minutes

Activité 2

 ⓐ

Laisser les apprenants lire les questions **a**, **b** et **c**, puis proposer une première écoute. Si nécessaire, faire écouter une deuxième fois la conversation, puis corriger.

Corrigé : a. La femme veut acheter un cadeau pour un ami, un objet pratique et nouveau. **b.** Le vendeur propose un bracelet connecté, une montre connectée et un porte-clés connecté. **c.** Finalement, elle achète un porte-clés connecté.

ⓑ

– Laisser les apprenants lire les propositions. Demander aux apprenants de retrouver à quel objet le vendeur associe chaque fonction. Faire écouter de nouveau le dialogue.
– Corriger.

Corrigé : a. ne correspond à aucun objet. **b.** le porte-clés connecté. **c.** la montre connectée. **d.** ne correspond à aucun objet. **e.** le bracelet connecté. **f.** ne correspond à aucun objet. **g.** la montre connectée. **h.** le bracelet connecté. **i.** ne correspond à aucun objet.

> ▶ Piste 158
>
> – Bonjour, vous avez besoin d'aide ?
> – Oui, je cherche un cadeau pour un ami. Je cherche plutôt un objet pratique et nouveau.
> – Alors, je vous conseille un objet intelligent. Pour les sportifs, il y a le bracelet connecté. C'est un bracelet qui indique le nombre de kilomètres, le temps de sommeil…
> – Bah… il n'est vraiment pas sportif.
> – Et la montre connectée ? C'est une montre qui remplace votre téléphone portable. Vous pouvez téléphoner, regarder les mails, les messages. Celle-ci a beaucoup de succès.
> – C'est un peu cher pour moi.
> – Et un porte-clés connecté ? Il y a une application que vous pouvez télécharger pour retrouver facilement vos clés.
> – Oui, c'est pas mal. Celui-là est bien et pas trop cher.

> ❯ *cahier*
> Activités 1 à 2, p. 90

page 118

⏳ 10 minutes

Grammaire : Les pronoms démonstratifs

– Lire les phrases de la partie « Observez ».
– Demander aux apprenants quels sont les mots remplacés par « celui-là » et « celle-ci ». Si nécessaire, leur demander de chercher l'information dans la transcription. Corriger et montrer le lien entre le genre du nom et le choix du pronom.
– Expliquer que, le plus souvent, il n'y a pas de différence dans l'usage de « celle-ci » et « celle-là » (même si « -ci » crée un lien de proximité plus fort que « -là »).

– Laisser les apprenants compléter la conversation de la partie « Appliquez », puis corriger.

Corrigé : « celui-là » remplace « ce porte-clés », « celle-ci » remplace « cette montre connectée ». Celui-là, dans la vitrine, est très efficace. Celle-ci, à côté de vous, n'est pas très chère.

> *cahier*
Activité 3, p. 90

page 118
⏳ 10 minutes

Activité 3

– Constituer des groupes.
– Lire la consigne et laisser les apprenants échanger sur un ou deux objets qu'ils gardent toujours avec eux.
– Faire relever les points communs.

Proposition de corrigé : Je garde toujours mon téléphone portable. J'aime regarder les messages de mes amis et mes photos. Je garde toujours mon agenda pour prendre des rendez-vous et pour ne rien oublier. Je garde mon portefeuille et ma carte bancaire. Je garde les papiers de ma voiture et ma carte d'identité.

page 118
⏳ 10 minutes

Bonne pratique

Je ne corrige pas les erreurs de langue sur une activité de détente mais je privilégie la transmission du sens et l'exposition à la langue.

Activité 4

– Montrer l'image et expliquer *C'est un casque de réalité virtuelle*, puis demander *Qu'est-ce que vous voulez voir avec ce casque ?*
– Laisser plusieurs apprenants partager ce qu'ils veulent voir.
– Les inviter à s'installer confortablement et à décrire le paysage qui leur permet de se détendre.

Proposition de corrigé : Je voudrais voir la montagne avec la neige. Je voudrais être dans un bain chaud et regarder par la fenêtre et voir la montagne.

page 119
⏳ 15 minutes

Activité 5

– Lire le titre et montrer l'image de l'article.
– Lire les questions et laisser les apprenants faire des hypothèses.

Corrigé : a. Le thème est peut-être les robots, les nouvelles technologies, les machines. **b.** Cette femme est un robot.

– Lire l'article, puis laisser les apprenants le lire silencieusement. Demander aux apprenants de reprendre les questions de la partie **a** et de vérifier leurs réponses, puis corriger.
– Lire la question **b** et demander aux apprenants de chercher la réponse dans le texte, puis corriger.

Corrigé : a. Le thème de l'article est le robot Sophia. Sophia est un robot saoudien. Elle ressemble à Audrey Hepburn. **b.** Elle peut marcher et parler, elle peut exprimer des émotions et elle peut apprendre par elle-même. Elle veut faire des études et avoir une famille.

ⓒ

– Lire les questions et laisser les apprenants chercher les réponses. Corriger en montrant les informations dans le texte.
– Lire l'encadré « Donner son opinion » et relever les expressions (*penser que, à mon avis, trouver que*).

Corrigé : a. Le créateur pense que son robot a une intelligence exceptionnelle. **b.** D'autres scientifiques pensent que son intelligence n'est pas suffisante.

page 119

⏳ 10 minutes

Grammaire : Les pronoms relatifs *qui* et *que*

– Lire les phrases de la partie « Observez ».
– Relever les verbes conjugués dans chaque phrase et demander aux apprenants de retrouver les sujets.
– Lire les questions de la partie « Réfléchissez » et laisser les apprenants répondre. Corriger et, si nécessaire, écrire deux phrases pour chaque exemple *(C'est un robot. Il est capable de marcher lentement et de parler. Sophia donne des réponses. Les réponses ne sont pas toujours naturelles.)*
– Laisser les apprenants compléter la partie « Appliquez » puis, corriger.

Corrigé : « Qui » est un sujet. « Que » est un complément. Je voudrais une montre que je peux utiliser pour téléphoner. C'est un robot qui chante et qui danse.

Montrer un exemple de mots-croisés. En binôme, demander aux apprenants de faire une liste de mots et de les entrecroiser. Puis, leur demander d'écrire une définition pour chaque mot (avec les pronoms *qui* ou *que*). Si le matériel est disponible, laisser les apprenants utiliser un générateur de mots-croisés sur Internet pour créer leur grille. Si le matériel n'est pas disponible, demander aux apprenants de dessiner la grille de mots-croisés et d'ajouter les définitions. Mélanger les grilles et les répartir entre les binômes. Laisser les binômes faire les mots-croisés.

> *cahier*
Activités 4 et 5, p. 90

page 119

⏳ 10 minutes

Activité 6

– Lire les questions. Donner des exemples de robots (robot aspirateur, robot de cuisine…). Inciter les apprenants à utiliser les expressions de l'opinion.
– Constituer des groupes et laisser les apprenants échanger.

Proposition de corrigé : J'ai des robots chez moi pour faire la cuisine. J'aimerais avoir un robot qui fait le ménage et un robot qui conduit. Je pense que les robots sont positifs pour la science. À mon avis, c'est bien pour la santé et dans les hôpitaux. Mais je trouve que ce n'est pas bien pour le travail. Les robots prennent le travail des employés.

> *cahier*
Activités 6 et 7, p. 90-91

page 119

⏳ 10 minutes

Activité 7

ⓐ

– Lire les sons /R/ et [l]. Faire écouter les mots et laisser les apprenants indiquer quel son ils ont entendu.
– Écouter de nouveau pour corriger.

Corrigé : a. /R/ **b.** /R/ **c.** [l] **d.** /R/ et [l] **e.** /R/ et [l]

▶ Piste 159

a. je trouve
b. je crois
c. exceptionnel
d. naturel
e. artificiel

ⓑ

– Faire écouter et répéter les sons.
– Laisser les apprenants associer une proposition à chaque son. Corriger.

Corrigé : /R/ - pointe de la langue en bas ⬎┇ [l] – pointe de la langue en haut ⬈┇

▶ Piste 160

/R/ – [l]

> *cahier*
Activités 8 et 9, p. 91

page 119

⏳ 10 minutes

Activité 8

– Lire l'exemple. Demander aux apprenants de rédiger une devinette.
– Constituer des binômes et laisser les apprenants lire leur devinette à leur binôme et trouver les inventions.
– Demander aux apprenants de réagir pour donner leur opinion sur l'invention (*À mon avis, c'est une invention exceptionnelle.*).

Proposition de corrigé : C'est un objet qui peut être électronique. C'est un livre que j'utilise parfois dans la classe. (un dictionnaire)

page 119

⏳ 10 minutes

Activité 9

– Lire la consigne. Demander aux apprenants de répondre oralement en relevant plusieurs opinions. Laisser les apprenants rédiger une opinion pour un forum. S'assurer qu'ils ont utilisé des expressions pour donner l'opinion.
– Ramasser pour corriger.

Corrigé : Je pense que les objets connectés sont très utiles. À mon avis, il y a quelques objets qui ne sont pas vraiment nécessaires mais un GPS, par exemple, est très utile pour les conducteurs ou pour des services d'urgence. Les objets connectés peuvent être très utiles pour des personnes malades ou âgées.

page 119

⏳ 10 minutes

Activité 10

– Lire la consigne et expliquer.
– Constituer des binômes. Leur demander de choisir une personne à qui ils veulent offrir le cadeau et les laisser échanger sur le type de cadeau et pourquoi.
– À la fin de l'activité, demander à chaque binôme quel cadeau il a choisi et pour qui.

Proposition de corrigé : Pour Fabienne, nous avons choisi un stylo électronique. C'est un stylo qui copie les mots en format numérique. C'est un objet qui est très pratique pour prendre des notes. C'est très utile pour les personnes qui lisent et écrivent beaucoup.

> *cahier*
Activités 10 à 12, p. 91

---

p. 120-121

Ⓢ ITUATION ❸ Exprimer son accord et son désaccord

LA MINUTE PÉDAGOGIQUE

Certains actes de parole exigent des apprenants qu'ils changent leurs habitudes culturelles. Exprimer son opinion ou son désaccord en public n'est pas un acte habituel dans toutes les cultures, il est donc nécessaire d'accompagner les apprenants vers un changement d'habitudes comportementales.

PRÉPARER SA CLASSE

Préparer des post-it, si possible de différentes couleurs.

page 120

⏳ 5 minutes

Activité 1

– Montrer les logos. Demander aux apprenants s'ils les connaissent.
– Demander s'ils connaissent d'autres médias francophones et de quels pays.
– Laisser les apprenants réagir.

Proposition de corrigé : Je connais TV5 monde. Je regarde aussi RTBF (Belgique) et j'écoute Radio Canada.

<table>
<tr><td>

page 120

⏳ 10 minutes

</td><td>

Activité 2

 ⓐ

– Demander aux apprenants de regarder le document 1 et de répondre aux questions.
– Corriger et montrer les informations dans le document.

Corrigé : Le site s'appelle LingQ. Passanstoi et Jhonatangm écrivent. Passanstoi voudrait apprendre le français et Jhonatangm voudrait faire un échange français-espagnol.

ⓑ

– Demander aux apprenants de lire les messages et d'associer les propositions à une personne.
– Demander à un apprenant de lire les messages à voix haute et corriger.

Corrigé : 1. c. d. e. – **2.** a. b.

</td></tr>
</table>

page 120

⏳ 10 minutes

Activité 3

– Laisser les apprenants lire les propositions, puis faire écouter le dialogue.
– Demander aux apprenants de choisir si les propositions sont vraies ou fausses. Si nécessaire, proposer une deuxième écoute.
– Corriger.
– Écouter de nouveau le dialogue en lisant la transcription.

Corrigé : a. faux, pas encore. **b.** vrai. **c.** faux, elle utilise LingQ pendant le week-end. **d.** vrai. **e.** faux, elle utilise LingQ depuis deux mois.

> ▶ Piste 161
>
> – Alors Paco, tu as trouvé quelqu'un pour parler en français ?
> – Non, pas encore… J'ai mis une annonce à la fac mais pas de réponse.
> – Tu as essayé sur les réseaux sociaux ?
> – Non.
> – Tu peux t'inscrire sur LingQ. Il y a souvent des annonces pour tchatter en français. Moi, je suis inscrite depuis deux mois et je pratique le russe pendant le week-end. C'est génial ! Il y a des discussions en ligne pour prendre contact et ensuite, tu peux utiliser Skype ou Facetime.

> ***cahier***
> Activités 4 et 5, p. 92

page 120

⏳ 10 minutes

Grammaire : La durée avec *pendant* et *depuis*

– Lire les phrases de la partie « Observez ».
– Demander aux apprenants d'associer une expression à une explication, puis corriger.
– Laisser les apprenants compléter la partie « Appliquez ».

Corrigé : *pendant* : on connaît la fin de la durée – *depuis* : on ne connaît pas la fin de la durée. Je suis parti en vacances au Maroc pendant deux semaines. Il habite en Italie depuis 2016.

> ***cahier***
> Activités 4 et 5, p. 92

page 120

⏳ 10 minutes

Activité 4

– Lire l'encadré lexical « Les réseaux sociaux » et lire les questions.
– Constituer des groupes et laisser les apprenants échanger sur les réseaux sociaux et applications connus, ceux qui sont utilisés et sur leur utilité.

Proposition de corrigé : J'utilise Facebook. C'est un réseau qui sert à tchatter avec des amis et à partager des publications. J'utilise aussi WhatsApp. C'est une application qui permet de communiquer avec des personnes à l'étranger. Pour le travail, j'utilise LinkedIn. C'est une application qui permet de contacter des professionnels.

page 121

⏳ 5 minutes

Activité 5

Lire la question et laisser les apprenants réagir à l'oral. Laisser les apprenants évoquer plusieurs points (le lexique, la prononciation, comprendre, mémoriser…).

Proposition de corrigé : En français, la grammaire est difficile. Pour moi, la prononciation est difficile.

page 121
⏳ 10 minutes

Activité 6

– Demander à des apprenants de lire les post-it à voix haute.
– Poser la question **a** et laisser les apprenants répondre à l'oral.
– Pour chaque post-it, demander quel est le conseil. Lire l'encadré « Exprimer son accord et son désaccord » et expliquer le sens des expressions.
– Poser la question **b**. Pour chaque post-it, laisser les apprenants dire s'ils sont d'accord ou non.

Corrigé : a. Ce sont des conseils pour bien apprendre le français. **b.** Écouter la radio française : Je suis d'accord. Remplacer ses vieux amis par des amis francophones : Je ne suis pas d'accord. Afficher un joli alphabet sur le frigo : Je ne suis pas d'accord. Acheter un gros dictionnaire et trouver un bon chanteur français : Je suis d'accord. Coller partout des post-it jaunes, verts et roses avec du vocabulaire : Je suis d'accord.

> **Bonne pratique**
> Je laisse les apprenants peu sûrs d'eux répéter des opinions déjà formulées.

page 121
⏳ 10 minutes

Activité 7

a

Faire écouter les dialogues. Demander aux apprenants de relire les post-it et les laisser associer un post-it à chaque dialogue.

Corrigé : 1. Coller partout des post-it jaunes, verts et roses avec du vocabulaire.
2. Remplacer ses vieux amis par des amis francophones. **3.** Acheter un gros dictionnaire et trouver un bon chanteur français. **4.** Écouter la radio française tous les jours.

b

– Demander, *Est-ce que les personnes sont d'accord ?* et faire écouter les dialogues.
– Laisser les apprenants répondre.
– Écouter de nouveau les dialogues en lisant la transcription.

Corrigé : 1. La personne est d'accord. **2.** La personne n'est pas d'accord. **3.** La personne n'est pas d'accord. **4.** La personne n'est pas d'accord.

▶️ Piste 162

1.
– Moi, pour le vocabulaire, j'ai collé partout des post-it de toutes les couleurs. Comme ça, je révise le vocabulaire tous les jours !
– Ah oui, tu as raison ! Moi aussi, je vais faire ça.
2.
– Pour progresser en français, il faut pratiquer. Moi, j'ai changé d'amis. Je parle seulement avec des francophones.
– C'est vrai qu'il faut pratiquer, mais je ne suis pas d'accord. Changer d'amis, c'est ridicule !
3.
– Moi, j'ai acheté un gros dictionnaire et j'apprends des mots tous les jours.
– Tu crois vraiment que ça peut t'aider ? Moi, je préfère mémoriser les paroles des chansons.
4.
– Moi, j'écoute la radio française tous les jours.
– Ah bon ? Moi, je ne comprends rien à la radio.
– C'est pas grave. Tu peux écouter l'intonation et la prononciation. Et puis, au début, tu ne comprends pas et petit à petit, tu commences à comprendre.

---

page 121
⏳ 5 minutes

Grammaire : La place des adjectifs

– Faire lire les groupes de mots.
– Demander aux apprenants de souligner ou relever les adjectifs et de compléter le tableau de la partie « Réfléchissez ».
– Corriger. Faire remarquer que les adjectifs de couleur et de nationalité se placent après le nom.
– Demander aux apprenants de compléter la partie « Appliquez ».

Corrigé : avant le nom : vieux, gros, bon, joli ; après le nom : française, verts. J'ai acheté un petit cahier. Il a besoin d'un crayon bleu.

Séparer les apprenants en deux groupes. Dans le premier groupe, les apprenants choisissent un nom commun (*une table*, *un dictionnaire...*). Dans le second groupe, les apprenants choisissent un adjectif. Demander aux apprenants de circuler dans la classe. Laisser les noms et adjectifs s'associer. Lorsque les groupes de mots sont formés, demander si les adjectifs doivent s'accorder au féminin ou au pluriel. Répéter l'activité en demandant aux apprenants de changer les combinaisons et en associant deux adjectifs à un même nom lorsque c'est possible.

> cahier
Activités 6 à 8, p. 93

page 121
⧖ 10 minutes

Activité 8

ⓐ
– Laisser les apprenants lire les groupes de mots.
– Faire écouter les groupes de mots et laisser les apprenants dire si les mots sont liés ou non.
– **Explication pour l'enseignant :** la liaison correspond au fait de prononcer une lettre qui ne l'est pas habituellement. On fait la liaison lorsque le mot qui suit commence par une voyelle.
– Corriger.

Corrigé : Oui, on entend la liaison entre les mots.

▶ Piste 163

a. mes vieux amis
b. des amis exceptionnels
c. les bons artistes
d. des artistes engagés

ⓑ
– Demander aux apprenants d'indiquer les liaisons qu'ils entendent.
– Corriger et écouter de nouveau.

Corrigé : a. mes vieux‿amis. **b.** un petit‿ami. **c.** un bon‿ami. **d.** les bons‿amis.

▶ Piste 164

a. mes vieux amis
b. un petit ami
c. un bon ami
d. les bons amis

> cahier
Activités 10 et 11, p. 93

page 121
⧖ 10 minutes

Activité 9

Constituer des petits groupes. Lire la question et laisser les apprenants y répondre. Inciter les apprenants à utiliser des adjectifs.

Proposition de corrigé : J'utilise un petit ordinateur, des sites internet en français. J'utilise un grand cahier, un bon dictionnaire, des stylos bleus, verts et rouges. J'utilise un gros livre et des post-it.

page 121
⧖ 10 minutes

Activité 10

– Lire et expliquer la consigne.
– Laisser les apprenants écrire le message individuellement.
– Ramasser pour corriger.

Proposition de corrigé : Je voudrais progresser en français. Je m'appelle Grégoire, j'ai 20 ans, je suis russe. J'apprends le français depuis 8 mois. Je voudrais parler avec des francophones et communiquer par messagerie. Je suis disponible toute la semaine, le soir et le week-end.

page 121

⏳ 15 minutes

Activité 11

a

– Constituer des binômes.
– Montrer de nouveau l'encadré « Exprimer son accord et son désaccord ».
– Lire les deux propositions et laisser les apprenants échanger.

Proposition de corrigé : Les réseaux sociaux sont inutiles – Je ne suis pas d'accord. Les réseaux sociaux sont utiles mais on doit les utiliser correctement. Les robots sont dangereux – Je ne suis pas d'accord.
Les robots sont pratiques. L'intelligence artificielle n'est pas encore dangereuse.

b

– Distribuer des post-it et laisser les binômes écrire des affirmations.
– Afficher tous les post-it au tableau. Inviter les apprenants à venir les lire et à réagir en disant s'ils sont d'accord ou non.

Proposition de corrigé : Le français est une langue facile. Les objets connectés sont trop chers. Le sommeil est important pour bien travailler.

> ❯ *cahier*
> **Activités 9, 12 à 14, p. 93**

---

p. 122-123

LAB' LANGUE & CULTURE

page 122

⏳ 10 minutes

La grippe

– Faire observer le document. Montrer les deux parties « Symptômes de la grippe » et « Prévention ». Expliquer « prévention = faire quelque chose pour ne pas être malade ».
– Lire l'exemple pour chaque partie et laisser les apprenants compléter les phrases en observant les dessins de la brochure.
– Corriger en montrant les dessins associés.

Corrigé : Symptômes : Vous avez de la fièvre. Vous avez mal à la gorge. Vous avez mal à la tête. Vous avez des douleurs musculaires. Vous toussez. Vous avez le nez qui coule. **Prévention :** Portez un masque. Buvez beaucoup d'eau. Mouchez-vous. Faites du sport. Lavez-vous les mains. Mangez des fruits et des légumes.

page 122

⏳ 10 minutes

Le système de santé en France

– Laisser les apprenants lire les propositions. Expliquer « consultation = rendez-vous avec le médecin ».
– Faire écouter le document et laisser les apprenants choisir si les propositions sont vraies ou fausses.
– Corriger.

Corrigé : a. Vrai. **b.** Vrai. **c.** Faux, la carte vitale sert à être remboursé. **d.** Faux, il y a des médicaments sans ordonnance. **e.** Faux, je peux prendre directement rendez-vous chez le dentiste.

> ▶ Piste 165
>
> **a.** – Oh ! J'ai encore mal au ventre. Je vais aller chez le médecin.
>   – Téléphone d'abord pour prendre rendez-vous !
> **b.** – Tu as payé combien chez le médecin ?
>   – 25 euros.
> **c.** – Je voudrais voir un médecin mais je n'ai pas reçu ma carte vitale.
>   – C'est pas grave ! Le médecin va te donner un document à remplir.

d. – J'ai mal à la gorge.
  – Va chez le médecin !
  – Oh non, je vais juste passer à la pharmacie pour acheter des pastilles pour la gorge.
e. – J'ai vraiment mal aux dents !
  – Prends rendez-vous chez le dentiste !
  – Mais je n'ai pas d'ordonnance du médecin.
  – Tu n'as pas besoin d'ordonnance pour aller chez le dentiste.

page 122
⏳ 10 minutes

Le son [a]

– Faire écouter les questions les unes après les autres et laisser plusieurs apprenants répondre à chaque fois.
– Insister sur la prononciation du son [a].

Proposition de corrigé : a. J'ai mal au ventre. **b.** Oui, j'ai mal à la gorge. **c.** Oui, j'ai mal à la tête. **d.** Oui, j'ai de la température. **e.** Oui, j'ai ma carte vitale.

> ▶ Piste 166
>
> **a.** Vous avez mal où ?
> **b.** Vous avez mal à la gorge ?
> **c.** Vous avez mal à la tête ?
> **d.** Vous avez de la température ?
> **e.** Vous avez votre carte vitale ?

page 122
⏳ 10 minutes

Les objets connectés

– Montrer les objets.
– Demander aux apprenants de lire les définitions et de les compléter par « qui » ou « que ».
– Corriger et demander à quel objet du dessin correspond chaque définition.

Corrigé : a. C'est un objet qui ressemble à une montre et que j'utilise pour courir (un bracelet connecté). **Attention !** Le bracelet connecté n'apparaît pas sur l'image. Il faudra que les élèves devinent ce que c'est à partir de la question. **b.** C'est un objet que j'ai toujours dans la poche pour rentrer chez moi. (une clé). **c.** C'est un objet qui a beaucoup d'« applis » (un téléphone).

page 122
⏳ 10 minutes

Le robot Buddy

– Montrer l'image et lire le titre du document.
– Lire les adjectifs et laisser les apprenants compléter le texte en choisissant le bon adjectif et la bonne place dans la phrase.
– Corriger.

Corrigé : C'est un petit robot français – ce robot intelligent – un gros chien – un bon ami.

page 122
⏳ 10 minutes

La liaison

– Laisser les apprenants lire les groupes de mots.
– Faire écouter le document et laisser les apprenants indiquer les liaisons et le son entendu.
– Corriger en faisant lire les liaisons.

Corrigé : a. un petit animal de compagnie – [t]. **b.** un grand artiste – [t].
c. des bonnes émissions – [z]. **d.** des nouveaux amis – [z]. **e.** des gros ennuis – [z].

> ▶ Piste 167
>
> **a.** Un petit animal de compagnie.
> **b.** Un grand artiste.
> **c.** Des bonnes émissions.
> **d.** Des nouveaux amis.
> **e.** Des gros ennuis.

page 123
⏳ 10 minutes

TV5 monde
– Expliquer la consigne. Rappeler que «pendant» est utilisé quand on connaît la fin de la durée et «depuis» est utilisé quand on ne connaît pas la fin de la durée.
– Laisser les apprenants lire le texte et le compléter.
– Corriger en rappelant la règle.

Corrigé : TV5 existe depuis 1984… depuis 21 ans – depuis 2005 – depuis 2009 – pendant quelques minutes.

page 123
⏳ 5 minutes

Les pensées de Ben
– Lire la citation de Ben.
– Laisser les apprenants réagir oralement.

Proposition de corrigé : L'art m'ennuie. Je suis d'accord. Je n'aime pas l'art.

> #### #culture
> **Benjamin Vautier**, dit «Ben», est un artiste contemporain franco-suisse faisant partie du mouvement Fluxus. Nombre de ses œuvres exposent une réflexion résumée en une phrase qui a pour but de faire réagir le spectateur.

page 123
⏳ 5 minutes

Je suis…
– Montrer le portrait et laisser les apprenants lire la présentation.
– Expliquer «vaccin = médicament qu'on prend pour ne pas être malade» et mimer une piqûre.
– Demander aux apprenants de proposer des réponses.

Corrigé : Louis Pasteur.

> #### #culture
> **Louis Pasteur** est un scientifique français du XIXe siècle, connu pour avoir inventé le vaccin contre la rage. Il est aussi à l'origine du principe de «pasteurisation» qui permet de conserver et transporter des aliments. Aujourd'hui, l'institut Pasteur, établissement consacré à la recherche contre les maladies infectieuses porte son nom.

page 123
⏳ 5 minutes

Les Français disent…
– Demander aux apprenants de regarder l'image.
– Lire «poser un lapin» et demander *Qu'est-ce que c'est ?*
– Lire les propositions et demander aux apprenants d'en choisir une.

Corrigé : Ne pas aller à un rendez-vous.

page 123
⏳ 5 minutes

Jouons avec les sons !
– Faire écouter la première phrase puis demander aux apprenants de s'entraîner à la dire en binôme.
– Répéter la démarche avec la deuxième phrase.
– Faire relever le nom des deux animaux et les deux problèmes (mal à la rate, avoir de la fièvre).

> ▶ Piste 168
> Ce lama a mal à la rate.
> La pauvre chèvre a de la fièvre.

Vidéo lab'

PROJET

Regarder la vidéo et demander aux apprenants de dire quels objets ils ont vus.

▶ À deux

Constituer des binômes et laisser les apprenants faire une liste des difficultés pour apprendre le français.

▶ Ensemble

– Constituer des groupes et demander aux apprenants d'imaginer un objet connecté qui résout un ou plusieurs problèmes.
– Demander aux groupes de décrire leur objet à la classe (à quoi il sert, comment il fonctionne). Demander à la classe d'exprimer leur opinion sur l'objet.

Proposition de corrigé :

Problèmes : prononcer correctement, conjuguer les verbes, choisir les articles, vérifier l'orthographe.

Objet : C'est un objet qui corrige la prononciation. Quand je parle français, l'objet réagit. Il y a une lumière verte, c'est-à-dire que l'objet comprend. Il y a une lumière orange. L'objet va corriger la prononciation. La lumière rouge indique que l'objet ne comprend pas. Je dois encore essayer de prononcer.

---

p. 124-125

Ateliers — Exposer un problème

---

page 124

⏳ 5 minutes

Activité 1

– Montrer le document 1. Expliquer que c'est une publicité pour un forfait de téléphone.
– Faire repérer le nom du forfait « B&YOU ».
– Demander aux apprenants de compléter la fiche et corriger en expliquant les mots « engagement » et « illimité ».

Corrigé : Coût : 9,99 €/mois – appels/SMS/MMS illimités – sans engagement – 30 Go.

> #### #culture
> **Bouygues Telecom** est la troisième compagnie téléphonique de France après **SFR** et **Orange**. **Free** est une compagnie qui prend de l'ampleur en France grâce à des forfaits très bon marché et sans engagement.

---

page 124

⏳ 10 minutes

Activité 2

a

– Demander aux apprenants d'écouter le dialogue et de retrouver les problèmes et les solutions proposées dans la conversation.
– Proposer une ou deux écoutes selon les besoins. Corriger.

Corrigé :

Problèmes : 1. La personne n'a pas accès au WIFI. **2.** La personne a un problème avec la facture.

Solutions : 1. La personne doit choisir le réseau. **2.** L'employé va changer la facture.

b

– Lire l'encadré sur « Le téléphone portable » et expliquer les mots difficiles.
– Montrer les phrases et demander aux apprenants de les compléter. Faire écouter le dialogue.
– Corriger.
– Lire l'encadré « Exposer un problème ».

Corrigé : a. J'ai choisi le forfait B&YOU mais j'ai quelques problèmes. **b.** Oui, mais ça ne marche pas. **c.** Et puis, j'ai un problème avec ma facture.

> **▶ Piste 169**
>
> – Bonjour monsieur ! Je peux vous aider ?
> – En fait, j'ai choisi le forfait B&YOU mais j'ai quelques problèmes.
> – D'accord, qu'est-ce qui ne va pas ?
> – D'abord, je n'ai pas accès au wi-fi.
> – Ah… Vous avez essayé d'éteindre et de rallumer votre portable ?
> – Oui, mais ça ne marche pas !
> – Attendez, je vais regarder. Ah mais ce n'est rien ! Vous n'avez pas sélectionné votre réseau. Vous devez choisir votre réseau.
> – Merci. Et puis, j'ai un problème avec ma facture. Le forfait est à 9 euros 99 mais ma facture est de 15 euros 99.
> – Attendez, je regarde… Ah oui, c'est une erreur mais ne vous inquiétez pas, je vais arranger ça.
> – Merci beaucoup ! Au revoir !

page 124

⏳ 5 minutes

Activité 3

– Au tableau, dessiner une colonne « Problèmes » et une colonne « Solutions ». Dans la colonne « Problèmes », indiquer « Je n'ai pas accès au WIFI », dans la colonne « Solutions », indiquer « Vous devez choisir le réseau ».
– Demander aux apprenants de penser aux nouvelles technologies et de compléter les deux colonnes.

Proposition de corrigé :
Problèmes : Internet ne marche pas. Mon ordinateur ne s'allume pas. J'ai oublié mon mot de passe.
Solutions : Vous devez éteindre et rallumer la box. Vous devez recharger la batterie. Vous devez réinitialiser le mot de passe.

page 124

⏳ 10 minutes

Activité 4

– Constituer des binômes.
– Expliquer qu'une des personnes est un client et l'autre un employé. Il y a un problème avec une machine.
– Laisser les apprenants pratiquer la conversation.
– Proposer à plusieurs binômes de jouer la situation devant la classe.
– Pour une écoute active, demander aux apprenants spectateurs de comprendre quel est le problème et quelle solution est proposée.

Proposition de corrigé :
– Bonjour Monsieur ! Je peux vous aider ?
– Oui, j'ai un problème avec ma box. Depuis deux jours, je n'ai pas Internet.
– Et vous avez le téléphone ?
– Non.
– Alors, essayez d'éteindre et rallumer votre box.
– D'accord. Merci.

Ateliers Écrire une invitation par courriel

page 125

⏳ 10 minutes

Activité 1

– Montrer le document 1 et dire *C'est un courriel*. Évoquer les éléments qui permettent de voir que c'est un courriel (adresses, objet).
– Demander aux apprenants de lire le message et de répondre aux questions.
– Corriger en montrant les informations dans le message.

Corrigé : a. L'objet est le salon des nouvelles technologies. **b.** Le rendez-vous est samedi à 14 h 30 place de la République. **c.** Ça coûte 6 euros.

Activité 2

– Laisser les apprenants relire le message et trouver les formules de salutation et les formules pour terminer le message.
– Corriger et lire l'encadré « Inviter ».

Corrigé : **a.** « Salut ». **b.** « J'attends ta réponse. Bises »

Activité 3

– Montrer le document 2 et faire repérer qui écrit à qui.
– Laisser les apprenants lire le message et répondre aux questions.
– Corriger en montrant les informations dans le message. Rappeler qui invite qui et pour faire quoi.
– Relire l'encadré « Inviter ».

Corrigé : **a.** Céline refuse l'invitation. **b.** Elle n'est pas disponible. **c.** Elle propose d'y aller dimanche.

Activité 4

– Constituer des binômes.
– Lire la consigne et laisser les apprenants faire une liste d'activités.

Proposition de corrigé : aller au cinéma, aller se promener, aller à la piscine, aller au marché de Noël, aller à une soirée, aller au théâtre…

Activité 5

a

– Individuellement, demander aux apprenants de choisir une activité et de réfléchir aux informations pratiques.
– Les laisser rédiger le message en indiquant les adresses, l'objet et les informations pratiques.

b

– Lire la rubrique « Apprendre ».
– Demander aux apprenants de relire leur message et de vérifier la forme et le fond de leur travail. Les aider à apporter les corrections nécessaires.
– Ramasser les messages.

c

– Mélanger les textes et les redistribuer dans la classe. Demander aux apprenants de répondre par écrit à l'invitation reçue.
– Rendre la réponse à la personne qui l'a écrite pour qu'elle en prenne connaissance.
– Ramasser l'ensemble des productions pour corriger.

Propositions de corrigé :

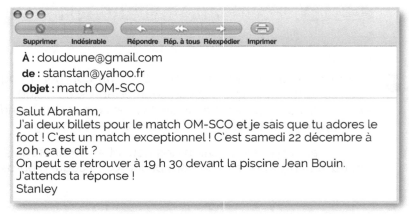

À : doudoune@gmail.com
de : stanstan@yahoo.fr
Objet : match OM-SCO

Salut Abraham,
J'ai deux billets pour le match OM-SCO et je sais que tu adores le foot ! C'est un match exceptionnel ! C'est samedi 22 décembre à 20 h. ça te dit ?
On peut se retrouver à 19 h 30 devant la piscine Jean Bouin.
J'attends ta réponse !
Stanley

À : stanstan@yahoo.fr
de : doudoune@gmail.com
Objet : match OM-SCO

Salut Stan,
C'est vraiment génial ! Je n'ai pas de billet pour samedi et je veux voir ce match ! Je vais venir à 19 h 30 devant la piscine. J'apporte des hot-dogs !
Merci beaucoup !
À samedi
Abraham

p. 126-127   mémo

page 126

⏳ 10 minutes

Activité 1

– Demander aux apprenants de lire le point lexical sur les parties du corps, ainsi que le point phonétique sur le son [a].
– Nommer une partie du corps (la tête). Désigner un apprenant qui répète et ajouter un élément (la tête, les yeux…).
– Une fois que l'activité est comprise, constituer des groupes et laisser les apprenants répéter la démarche.

page 126

⏳ 10 minutes

Activité 2

– Demander aux apprenants de lire le point grammatical sur l'impératif, ainsi que le point lexical sur les réseaux sociaux et le téléphone.
– Lire les deux phrases d'exemples.
– Constituer des groupes et demander aux apprenants de rédiger les autres points de la charte.
– Lire les chartes et comparer les propositions.

Proposition de corrigé : N'utilisez pas votre téléphone pendant le cours ! Ne prenez pas de photo de votre professeur ! Ne publiez pas vos tests sur les réseaux sociaux ! Ne laissez pas votre profil public !

page 126

⏳ 5 minutes

Activité 3

– Demander aux apprenants de lire le point lexical « Chez le médecin », ainsi que le point phonétique sur les sons /R/ et [l].
– Lire les phrases doucement.
– Constituer des binômes et laisser les apprenants pratiquer pour être capables de les dire le plus vite possible.

page 126

⏳ 10 minutes

Activité 4

– Demander aux apprenants de lire le point grammatical sur les pronoms relatifs *qui* et *que*, ainsi que le point sur « Pendant et depuis ».
– Lire la phrase et expliquer que c'est une publicité pour un robot.
– En binôme, demander aux apprenants de choisir un objet connecté et d'écrire une phrase ou deux phrases pour en faire la publicité.
– Proposer aux binômes de lire leur phrase à la classe.

Proposition de corrigé : C'est un ordinateur qui est autonome. Je l'ai depuis deux jours et il s'allume chaque matin quand je me réveille.

Intro
Unité 1
Unité 2
Unité 3
Unité 4
Unité 5
Unité 6
Unité 7
Unité 8
Outils

Activité 5

– Demander aux apprenants de lire le point grammatical sur les pronoms démonstratifs, ainsi que le point sur la place des adjectifs et le point phonétique sur la liaison.
– Expliquer la situation : *Dans un magasin, une personne compare deux produits.*
– Demander aux apprenants de choisir deux objets dans la classe et de jouer la situation.

Proposition de corrigé : Ce dictionnaire est plus vieux que celui-là. Celui-ci est plus gros et plus cher. Je vais prendre celui-là.

> *cahier*
Activités du Mémo, p. 94 et 95

⇨ Mission

LA MINUTE PÉDAGOGIQUE

La mission reprend l'ensemble des objectifs communicatifs étudiés dans l'unité. Les apprenants les mettent en œuvre pour répondre à un besoin concret en contexte. Elle favorise la collaboration entre les apprenants.

– Demander aux apprenants *Il y a un problème ?* Si les apprenants répondent « non », dire *Moi, j'ai un problème. La WiFi ne marche pas.* Puis, inciter les apprenants à évoquer des problèmes. Si les apprenants répondent « oui », les laisser exprimer les problèmes. Demander *Qu'est-ce qu'on peut faire ?* avec un geste désemparé.
– Au tableau, catégoriser les problèmes évoqués (santé, Internet…).
– Demander aux apprenants de se regrouper en fonction des problèmes et d'exposer leur problème dans leur groupe, puis de trouver des solutions en groupe.
– Expliquer aux apprenants qu'ils vont créer un poster pour présenter les solutions.
– Faire une liste de symboles au tableau (attention, flèche…) et demander de présenter leurs solutions sous forme d'un schéma.
– Afficher les posters et demander aux apprenants de réagir en collant un post-it « D'accord », « pas d'accord »… en face des propositions.

Proposition de corrigé :

> *cahier*
Bilan linguistique, p. 96 et 97
Préparation au DELF, p. 98 et 99

Intro

Unité 1

Unité 2

Unité 3

Unité 4

Unité 5

Unité 6

Unité 7

Unité 8

Outils

TEST

GRAMMAIRE

1 Écrivez les phrases à l'impératif.   5 points

1. (Tu – dormir) .... tôt le soir !

2. (Vous – acheter) .... une montre connectée !

3. (Tu – ne pas faire) .... de sport !

4. (Tu – travailler) .... moins !

5. (Vous – éviter) .... les écrans !

2 Complétez avec le pronom relatif *qui* ou *que*.   5 points

1. C'est un robot .... peut parler.

2. C'est un objet .... j'utilise souvent.

3. C'est un ami .... apprend le français.

4. C'est le pays .... je préfère.

5. C'est un vêtement .... est connecté.

3 Complétez avec *pendant* ou *depuis*.   5 points

1. J'utilise Internet .... 3 heures par jour.

2. Il fait du sport .... deux heures mais il n'est pas fatigué !

3. Elle joue au foot .... l'âge de 10 ans.

4. .... 2018, elle vit en Italie.

5. .... les deux semaines de vacances, je vais voyager.

4 Mettez les adjectifs à la bonne place.   5 points

1. C'est une .... ville .... (italienne – petite)

2. J'ai une .... robe .... (belle-rouge)

3. Elle a acheté une .... maison .... (grande)

4. C'est un .... acteur .... (grec – jeune)

5. Vous avez une .... voiture ....(vieille – allemande)

6. C'est un .... objet .... (connecté)

LEXIQUE

1 Complétez avec les parties du corps.   5 points

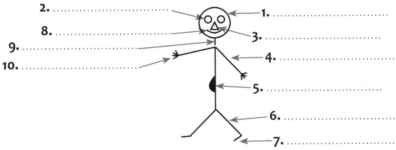

2 Associez une situation à un lieu. Attention, un des lieux est utilisé deux fois.   5 points

1. Je veux acheter des médicaments.

2. J'ai mal au ventre.

3. J'ai mal aux dents.

4. J'ai eu un accident.

5. J'ai une ordonnance.

a. Je vais à l'hôpital.

b. Je vais à la pharmacie.

c. Je vais chez le médecin.

d. Je vais chez le dentiste.

3 Associez un verbe à une action.   5 points

1. Je donne mon opinion sur un réseau social.

2. Je publie une photo sur un réseau social.

3. Je parle sur une messagerie.

4. Je crée un compte sur un réseau social.

5. J'utilise Internet.

a. se connecter

b. partager

c. s'inscrire

d. commenter

e. tchatter

PHONÉTIQUE

1 ▶26 | **Indiquez combien de [a] vous entendez.**   5 points

1. .... **2.** .... **3.** .... **4.** .... **5.** ....

2 ▶27 | **Écoutez et dites quels sons vous entendez : /R/ ou [l].**   5 points

1. .... **2.** .... **3.** .... **4.** .... **5.** .... **6.** .... **7.** .... **8.** .... **9.** .... **10.** ....

3 **Indiquez les liaisons.**   5 points

1. J'utilise cet objet.   **4.** Je regarde des images.
2. Elle est exceptionnelle.   **5.** Elle voudrait faire des études.
3. C'est très utile.

Compréhension de l'oral   **10 points**

▶28 | **Écoutez le document et répondez aux questions.**

1. Quel est le problème des Français ?

....

2. Quels sont les conseils de Valentine ?

....

3. Quel est le premier conseil de Roxane ?

....

4. Pour Roxane, quel est le problème ?

....

5. Qu'est-ce qu'on ne doit pas faire ? Quel est son deuxième conseil ?

....

6. Les Français dorment mal. C'est vrai ou faux ?

....

7. Est-ce que Roxane et Valentine sont d'accord ? Quelle est l'expression utilisée ?

....

Compréhension des écrits   **10 points**

Lisez le blog et répondez aux questions.

| ACCUEIL | À PROPOS | CONTACT | FORUM |

Bien manger, c'est essentiel pour la santé !

Vous faites du sport, vous vous couchez tôt, vous faites des massages et vous prenez des vitamines… mais vous êtes toujours fatigué et vous avez souvent mal au ventre ou à la tête ?
Faites attention à votre alimentation !
Les médecins sont tous d'accord : les personnes qui mangent équilibré sont moins souvent malades. Manger équilibré ne signifie pas arrêter de manger de la viande ou des pâtisseries. Pour bien manger, il faut un peu de tout !

Lili	Vous avez raison ! Manger équilibré, c'est le plus important !
Cosmo	Je ne suis pas d'accord ! Moi, j'ai toujours mangé équilibré et je suis souvent malade. Pourtant, je mange de la viande, des fruits et des légumes !
Momo	Je suis d'accord. Je pense que l'alimentation est importante mais le sport est plus important ! Avec le sport, on peut toujours être en bonne santé. Il y a des sportifs qui mangent mal mais ils sont en bonne santé.

1. L'article donne des conseils pour : (1 point)

❑ **a.** faire la cuisine

❑ **b.** prendre des vitamines

❑ **c.** être en bonne santé

2. Qui est d'accord avec l'article ? (1,5 point)

....

Qui n'est pas d'accord avec l'article ? (1,5 point)

....

3. Vrai ou faux ? **Cochez la bonne réponse.** (5 points)

	Vrai	Faux
a. Les médecins pensent que l'alimentation est moins importante que le sport.		
b. Il ne faut pas manger de pâtisseries.		
c. Si on mange bien, on n'est pas souvent malade.		
d. Cosmo ne mange pas correctement.		
e. D'après l'article, il ne faut pas prendre de vitamines.		

4. Pourquoi Cosmo n'est pas d'accord avec l'article ? (1 point)

....

Production écrite   **15 points**

Vous avez vu le robot Sophia au salon des nouvelles technologies. Vous écrivez un message à un(e) ami(e). Vous décrivez le robot et vous donnez votre opinion sur ce robot.

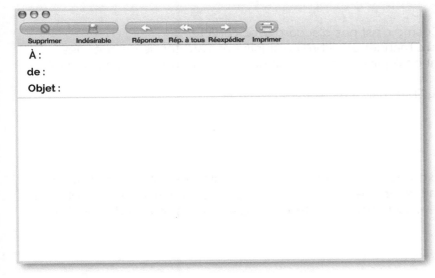

Production orale   **15 points**

Vous voulez choisir un abonnement de téléphone. Vous allez dans un magasin de téléphonie et vous demandez des informations. L'examinateur joue le rôle de l'employé.

Total : ...... /100 points

Corrigés du test

GRAMMAIRE

1 **1.** dors **2.** achetez **3.** ne fais pas **4.** travailles **5.** évitez

2 **1.** qui **2.** que **3.** qui **4.** que **5.** qui

3 **1.** pendant **2.** depuis **3.** depuis **4.** Depuis **5.** Pendant

4 **1.** une petite ville italienne **2.** une belle robe rouge **3.** une grande maison **4.** un jeune acteur grec
5. une vieille voiture allemande **6.** Un objet connecté

LEXIQUE

1 **1.** la tête **2.** l'œil/les yeux **3.** le nez **4.** le bras **5.** le ventre **6.** la jambe **7.** le pied **8.** la bouche
9. le cou **10.** la main

2 **1.** b **2.** c **3.** d **4.** a **5.** b

3 **1.** d **2.** b **3.** e **4.** c **5.** a

PHONÉTIQUE

1 **1.** 1 **2.** 3 **3.** 2 **4.** 1 **5.** 3

2 **1.** /R/ **2.** [l] **3.** /R/ **4.** [l] **5.** /R/ **6.** [l] **7.** /R/ **8.** /R/ **9.** [l] **10.** /R/

3 **1.** J'utilise cet objet.

2. Elle est exceptionnelle.

3. C'est très utile.

4. Je regarde des images.

5. Elle voudrait faire des études.

COMPRÉHENSION DE L'ORAL

1. Beaucoup de Français ont mal au dos. **2.** On doit faire de la natation et bien choisir sa chaise au travail.
3. Bien choisir son lit. **4.** Le stress est mauvais pour le dos. **5.** On ne doit pas utiliser les écrans toute la
journée. On doit passer du temps avec sa famille et ses amis. **6.** Vrai. **7.** Oui. « C'est vrai ! »

COMPRÉHENSION DES ÉCRITS

1. **c.** être en bonne santé.
2. Lili et Momo sont d'accord avec l'article. Cosmo n'est pas d'accord avec l'article.
3. **a.** Faux, c'est essentiel pour la santé. **b.** Faux, manger équilibré ne signifie pas arrêter de manger des
pâtisseries. **c.** Vrai. **d.** Faux, il a toujours mangé équilibré. **e.** Faux, on peut prendre des vitamines mais il
faut aussi manger équilibré.
4. Il n'est pas d'accord parce qu'il mange équilibré mais il est souvent malade.

PRODUCTION ÉCRITE

Proposition de corrigé :
Bonjour Ulysse,
Hier, je suis allé au salon des nouvelles technologies. J'ai vu le robot « Sophia ». Elle ressemble à une femme.
C'est un robot qui peut parler et marcher. C'était très intéressant ! Mais je pense que les nouvelles technologies
peuvent aussi être dangereuses. Sophia veut avoir une famille et étudier mais les robots veulent détruire les
humains ! Pour moi, c'est un peu bizarre…
À bientôt
Agathe

Grille d'évaluation

L'apprenant est capable d'utiliser une formule de salutation au début et à la fin du message.	…. /2
L'apprenant est capable de raconter brièvement une expérience passée.	…. /5
L'apprenant est capable d'exprimer son opinion.	…. /4
L'apprenant peut décrire brièvement un robot.	…. /4

PRODUCTION ORALE

Proposition de corrigé :

– Bonjour, je voudrais des informations sur les forfaits de téléphone.
– Oui, d'accord. Qu'est-ce que vous voulez savoir ?
– Quel est le prix des forfaits ?
– Nous avons un forfait à 10 euros et un forfait à 15 euros par mois.
– D'accord. Avec le forfait à 10 euros, je peux téléphoner combien de temps ?
– C'est illimité en France.
– Est-ce que les SMS sont illimités ?
– Oui mais seulement en France.
– Oui, c'est bien pour moi. Et quelle est la différence avec le forfait à 15 euros ?
– Avec le forfait à 15 euros, vous pouvez aussi téléphoner en Europe.
– D'accord, merci.

Grille d'évaluation

L'apprenant est capable de poser des questions.	…. /4
L'apprenant peut comprendre et utiliser le vocabulaire de la téléphonie.	…. /4
L'apprenant est capable de comparer des abonnements et de faire des choix.	…. /4
L'apprenant est capable de prendre contact avec des personnes pour la première fois.	…. /3

Transcriptions du test

PHONÉTIQUE

1 ▶ Piste 26

1. J'ai regardé l'heure.
2. Elle a acheté un bracelet.
3. Celle-là est moins pratique.
4. C'est très efficace.
5. J'utilise ma carte vitale.

2 ▶ Piste 27

1. une brosse
2. des lunettes
3. une vitrine
4. une liseuse
5. le pharmacien
6. l'hôpital
7. pratique
8. une ordonnance
9. une maladie
10. une grippe

COMPRÉHENSION DE L'ORAL

▶ Piste 28

- Valentine, vous êtes coach sportif. Alors, quelques conseils pour ne pas avoir mal au dos ?
- Oui, les Français ont souvent mal au dos et ils ne dorment pas bien. Le dos, c'est important !
- Oui, alors qu'est-ce qu'on doit faire ?
- D'abord, on fait de la natation !
- Souvent ?
- Une ou deux fois par semaine. Et puis, au travail, on choisit une bonne chaise, bien confortable. On passe beaucoup de temps au bureau, donc c'est important.
- Oui, vous êtes d'accord avec ça, Roxane ?
- Oui, c'est vrai ! Le sport, c'est important. Mais on doit aussi bien choisir son lit pour bien dormir. Le mal de dos, c'est aussi un problème de stress. On doit éviter le stress et passer du temps en famille et avec ses amis. Évitez de regarder les écrans toute la journée !

CORRIGÉS DE L'ÉPREUVE
du DELF A1

p. 128-129

Compréhension de l'oral
25 points

page 128

Exercice 1 **4 points**

Corrigé :
1. Samedi. — 1 point
2. c. La voiture. — 1 point
3. Le pain — 1 point
4. a. Du soleil. — 1 point

▶ Piste 172

Salut ! C'est Nathalie ! Ça va ? Samedi, je passe te chercher à 10 heures en voiture. Nico et Aline viennent en train avec le repas. J'apporte le pain, tu achètes les boissons ? Et prends ton chapeau ! Il va faire très chaud.
À samedi !

page 128

Exercice 2 **5 points**

Corrigé :
1. 8673. — 1 point
2. A. — 1 point
3. c. en retard. — 1 point
4. À l'accueil de la gare. — 2 points

▶ Piste 173

– Mesdames, messieurs, le train TGV n° 8673 à destination de Montpellier va partir. Les passagers de première classe doivent monter dans les wagons situés à l'avant du train. Nous nous excusons pour le retard dû à la pluie.
– Attention ! Le petit Théo attend ses parents à l'accueil de la gare. Merci.

page 129

Exercice 3 **6 points**

Corrigé :
1. Il est malade. — 2 points
2. c. La campagne. — 1 point
3. a. Envoyer un courriel. — 1 point
4. 06 54 23 21 90 (0 ou 2 points). — 2 points

▶ Piste 174

Bonjour ! Je suis malade, je ne viens pas aujourd'hui. Une cliente, Mme Lambert, veut réserver notre voyage « Champs et chemins d'Auvergne » du 2 au 7 juillet. Tu peux lui envoyer le programme par courriel ? C'est lambert@gmail.com. Et l'appeler au 06 54 23 21 90. Merci !

page 129

Exercice 4 **10 points** (2 points par bonne réponse)

Corrigé :
Image A : Situation n°3
Image B : XXXXXXXXX
Image C : Situation n°4
Image D : Situation n°2
Image E : Situation n°1
Image F : Situation n°5

Situation n°1 :
– Bonjour ! Je voudrais m'inscrire au cours de chinois.
– D'accord. Merci de remplir ce document.
– Entendu.
Situation n°2 :
– Tiens, je te rends le livre que tu m'as prêté.
– Tu as aimé ?
– Oui, beaucoup !
Situation n°3 :
– Excuse-moi, tu sais où se trouve la salle 32 ?
– Oui, c'est par ici. Continue tout droit et au bout du couloir, tu tournes à droite.
– Merci !
Situation n°4 :
– Bonjour Mme Durand !
– Ah Nicolas ! Entre ! Je t'attendais.
– Merci.
Situation n°5 :
– Tu prends le bus avec moi ?
– Non, j'ai encore un cours, celui de littérature française.
– Ah d'accord. Alors à demain !

p. 130-133 Compréhension des écrits 25 points

page 130

Exercice 1 6 points

Corrigé :
1. (C'est) L'anniversaire de Marc. 2 points
2. **c.** Le 5 juillet. 1 point
3. **c.** M. Bateau. 1 point
4. 150 €. 1 point
5. A. 1 point

page 131

Exercice 2 6 points

Corrigé :
1. Il y a des travaux (de peinture). 1 point
2. **a.** 15 avril. 1 point
3. Lundi et dimanche (0,5 point par bonne réponse). 1 point
4. **a.** Envoyer un colis. 1 point
5. (2 points si le chemin est tracé, 0 point s'il n'y a que l'arrivée.) 2 points

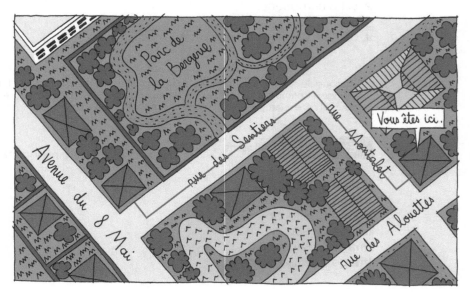

Exercice 3 — 6 points

Corrigé :
1. Le docteur Moreau. — **1 point**
2. **c.** Vendredi. — **2 points**
3. À 15 heures. — **1 point**
4. Le 13 juin. — **1 point**
5. Ses / Des lunettes. — **1 point**

Exercice 4 — 7 points

Corrigé :
1. **a.** Des étudiants. — **2 points**
2. À 18 heures. — **2 points**
3. **a.** L'anglais. — **1 point**
4. Contacter Lise. — **1 point**
5. **b.** — **1 point**

Production écrite — 25 points

Exercice 1 — 10 points

Les transcriptions phonétiques sont acceptées. Si l'orthographe lexicale est défaillante mais que le mot écrit se prononce de la même façon en français que le mot attendu, on attribue 1 point. En revanche, si la transcription phonétique n'est pas correcte, on attribue 0 point.

Informations à donner	Réponses acceptées	Points attribués
Prénom	On attribue 1 point si le candidat écrit un prénom.	**1 point**
Date de naissance	On attribue 1 point si le candidat écrit une date cohérente.	**1 point**
Adresse postale	On attribue 1 point si l'adresse est complète et cohérente.	**1 point**
Code postal	On attribue 1 point si le candidat écrit un code postal.	**1 point**
Ville	On attribue 1 point si le candidat écrit une ville.	**1 point**
Pays	On attribue 1 point si le candidat écrit un pays.	**1 point**
Courriel	On attribue 1 point si le candidat écrit une adresse électronique.	**1 point**
Numéro de téléphone	On attribue 1 point si le candidat écrit une série de chiffres qui ressemble à un numéro de téléphone.	**1 point**
Durée de l'abonnement	On attribue 1 point si le candidat écrit une durée cohérente pour un abonnement (mois ou année).	**1 point**
Quel est votre loisir préféré ?	On attribue 1 point si le candidat écrit un type de loisir.	**1 point**

BULLETIN D'ABONNEMENT

à retourner à Francophone-Magazine - 22, rue maison - 35400 Saint-Malo
accompagné du règlement (par chèque bancaire à l'ordre de Francophone-Magazine)

Nom : XXXXXXXXXXXXXXXXXXXXXXXXXXXXXXXXXXXX
Prénom : Lucas   **Date de naissance :** 19 septembre 1999
Adresse postale : 10, rue des Lices
Code postal : 61 000   **Ville :** Alençon
Pays : France
Courriel : lucpar@gmail.com   **Numéro de téléphone :** .07 65 97 29 06
Durée de l'abonnement : un an.
Quel est votre loisir préféré ? : le rugby

page 133

Exercice 2   **15 points**

Chère Julie,
Ça va ? Il va faire beau dimanche alors je vais aller faire une promenade dans la forêt. Je vais partir vers 15 h. Tu veux venir ? J'ai aussi invité Yannick et Noah. On se retrouve à 14 h 30 chez moi (18, boulevard Montaigne).
J'attends ta réponse.
À bientôt.
Coralie

Grille d'évaluation :

Respect de la consigne Peut mettre en adéquation sa production avec la situation proposée. Peut respecter la consigne de longueur minimale indiquée.	0	0,5	1	1,5	2			
Correction sociolinguistique Peut utiliser les formes les plus élémentaires de l'accueil et de la prise de congé. Peut choisir un registre de langue adapté au destinataire (*tu/vous*).	0	0,5	1	1,5	2			
Capacité à informer et/ou à décrire Peut écrire des phrases et des expressions simples sur soi-même et ses activités.	0	0,5	1	1,5	2	2,5	3	3,5	4
Lexique / orthographe lexicale Peut utiliser un répertoire élémentaire de mots et d'expressions relatifs à sa situation personnelle. Peut orthographier quelques mots du répertoire élémentaire.	0	0,5	1	1,5	2	2,5	3	

Intro
Unité 1
Unité 2
Unité 3
Unité 4
Unité 5
Unité 6
Unité 7
Unité 8
DELF

Morphosyntaxe / orthographe grammaticale Peut utiliser avec un contrôle limité des structures, des formes grammaticales simples appartenant à un répertoire mémorisé.	0	0,5	1	1,5	2	2,5	3			
Cohérence et cohésion Peut relier les mots avec des connecteurs très élémentaires tels que « et », « alors ».	0	0,5	1							

p. 134

page 134

Production orale

25 points

▶ PARTIE 1 — Entretien dirigé

Grille d'évaluation :

Peut se présenter et parler de soi en répondant à des questions personnelles simples, lentement et clairement formulées.	0	0,5	1	1,5	2	2,5	3	3,5	4	4,5	5

Proposition de corrigé :
– Comment vous appelez-vous ?
– Je m'appelle Ahmed.
– Où est-ce que vous habitez ?
– J'habite à Lyon.
– Présentez-moi votre famille.
– J'ai deux grands frères et une sœur. Mes frères travaillent et ma sœur fait des études d'art.
– Et vous aussi, vous aimez l'art ?
– Non, moi je préfère le sport.
– Vous pratiquez un sport ?
– Oui, je pratique le judo depuis 6 ans.

page 134

▶ PARTIE 2 — Échange d'informations

Grille d'évaluation :

Peut poser des questions personnelles simples sur des sujets familiers et concrets et manifester qu'il/elle a compris la réponse.	0	0,5	1	1,5	2	2,5	3	3,5	4

Proposition de corrigé
– Quelle est votre nationalité ?
– Quel est votre prénom ?
– Où est la bibliothèque ?
– Comment vous venez à l'université ?
– Vous avez un ordinateur portable ?
– Comment s'appelle votre collègue ?
– Vous parlez l'anglais ?

– Quelle est votre date de naissance?
– Vous habitez où?
– Quel genre de films vous aimez?
– Vous jouez d'un instrument?
– Vous avez souvent des réunions?
– Vous avez un master?
– Vous travaillez dans quelle école?

page 134

▶ **PARTIE 3 — Dialogue simulé ou jeu de rôle**

Grille d'évaluation:

Peut demander ou donner quelque chose à quelqu'un, comprendre ou donner des instructions simples sur des sujets concrets de la vie quotidienne.	0	0,5	1	1,5	2	2,5	3	3,5	4
Peut établir un contact social de base en utilisant les formes de politesse les plus élémentaires.	0	0,5	1	1,5	2	2,5	3		

Grille d'évaluation pour l'ensemble des 3 parties de l'épreuve:

Lexique (étendue) / correction lexicale Peut utiliser un répertoire élémentaire de mots et d'expressions isolés relatifs à des situations concrètes.	0	0,5	1	1,5	2	2,5	3	
Morphosyntaxe / correction grammaticale Peut utiliser de façon limitée des structures très simples.	0	0,5	1	1,5	2	2,5	3	
Maîtrise du système phonologique Peut prononcer de manière compréhensible un répertoire limité d'expressions mémorisées.	0	0,5	1	1,5	2	2,5	3	

Propositions de corrigé

Sujet 1:
Examinateur: Bonjour, Je peux vous aider?
Candidat: Bonjour, Oui, je cherche un tee-shirt.
Examinateur: D'accord, quel genre de tee-shirt vous voulez?
Candidat: Un tee-shirt avec des manches courtes… Vous avez quelles couleurs?
Examinateur: On a des tee-shirts rayés rouge et blanc ou des tee-shirts noirs avec des motifs verts et bleus.
Candidat: Le tee-shirt rayé est joli. Il coûte combien?

260

Examinateur : Il est à 16 euros.
Candidat : Vous avez la taille M ?
Examinateur : Oui, bien sûr.
Candidat : Je peux l'essayer.
Examinateur : Oui, les cabines sont au fond du magasin.

...

Examinateur : Alors, c'est comment ?
Candidat : C'est parfait. Je vais le prendre.
Examinateur : Très bien. Vous payez comment ?
Candidat : Je vais payer en espèces.
Examinateur : Ça fait 16 euros.
Candidat : Voilà.
Examinateur : Merci.
Candidat : Merci, au revoir !

Sujet 2 :
Candidat : Bonjour Monsieur !
Examinateur : Bonjour Madame !
Candidat : Je voudrais des informations sur les activités à Marseille.
Examinateur : Oui, bien sûr. Qu'est-ce qui vous intéresse ? le sport ? la culture ?
Candidat : Plutôt la culture.
Examinateur : Alors, nous proposons une visite guidée de la ville à pied ou une découverte dans le petit train. Vous pouvez aussi visiter le musée de la ville.
Candidat : À quelle heure est la visite guidée ?
Examinateur : Il y a une visite toutes les heures de 14 h à 18 h.
Candidat : C'est très bien. Et combien ça coûte ?
Examinateur : C'est 8 euros par personne et c'est gratuit pour les enfants de moins de 15 ans.
Candidat : Alors, je voudrais réserver pour deux personnes.
Examinateur : Oui, à quelle heure ?
Candidat : à 15 h.
Examinateur : Très bien. C'est à quel nom ?
Candidat : Lanco.
Examinateur : C'est noté. Ça fait 16 euros. Vous payez comment ?
Candidat : En espèces. Voilà.
Examinateur : Merci.
Candidat : Merci, au revoir !

Intro
Unité 1
Unité 2
Unité 3
Unité 4
Unité 5
Unité 6
Unité 7
Unité 8
DELF

▶ Vidéo lab'

p. 135

UNITÉ **❶**

page 135

⌛ 20 minutes

La langue française dans le monde

❶ Lire les propositions de la partie **a** et demander aux apprenants *C'est correct ou non ?* Laisser les apprenants écrire « vrai » ou « faux ».

Corrigé : a. Vrai **b.** Vrai **c.** Faux (220 millions).

❷ Montrer la vidéo une première fois en entier.
– Corriger en montrant les informations sur la vidéo.
– Écrire « 5 pays » au tableau et montrer de nouveau le début de la vidéo.
– Demander aux apprenants quels noms de pays ils ont vus.
– Dessiner un drapeau au tableau et rappeler le mot « drapeau ». Demander aux apprenants de regarder les drapeaux. Écrire « couleurs » au tableau et montrer de nouveau le début de la vidéo (jusqu'à 0'45).
– Pour corriger, arrêter la vidéo sur chaque drapeau, faire nommer les couleurs et demander *C'est quel drapeau ?* Si nécessaire, regarder sur la carte où se trouvent les pays.
– Au tableau, écrire « La langue française est la langue des arts… » et demander *Complétez.* Montrer la vidéo et laisser les apprenants compléter.
– Corriger en expliquant les mots difficiles (« gastronomie » : faire un geste pour manger, « arts » : citer des noms d'artistes).
– Montrer une dernière fois la vidéo en entier.

Corrigés : b. Haïti, Polynésie française, Madagascar, Guinée, Nouveau-Brunswick…
c. vert et jaune (Mauritanie), vert, bleu, blanc et rouge (Djibouti), rouge et blanc (Canada), rouge et blanc (Suisse), vert, jaune et rouge (Bénin), bleu, rouge, jaune, blanc et vert (Haïti), bleu et blanc (Québec).
d. La langue française est la langue des arts et de la culture, mais aussi de l'amour, de la technologie, des sciences, des affaires, de l'humour…

❸ Constituer des groupes.
– Au tableau, écrire « la langue française, pour vous, c'est quoi ? ». Puis, écrire « Pour moi, c'est… ».
– Laisser les groupes compléter la phrase, puis partager les réponses.

Proposition de corrigé : Pour moi, la langue française, c'est la langue de la gastronomie, des arts, de la musique.

p. 135

UNITÉ **❷**

page 135

⌛ 20 minutes

Bécassine, la bande-annonce du film

❶ Lire le texte de présentation de *Bécassine*.
– Demander aux apprenants de lire les questions de la partie 1 et de chercher les informations dans le texte.
– Corriger et relever les informations dans le texte. Expliquer ce qu'est une bande dessinée et ce que signifie « inventive » (= elle a beaucoup d'idées).

Corrigé :
a. Bécassine est un personnage de bande-dessinée.
b. Sa région est la Bretagne.
c. Elle est inventive.

❷ Montrer la vidéo une première fois.
– Lire les questions avec les apprenants. Expliquer que le nom du travail de Bécassine

est répété plusieurs fois et demander aux apprenants de bien observer ce qu'elle fait. Montrer de nouveau la vidéo.

– Corriger en s'arrêtant sur les images de la vidéo qui montrent l'invention de Bécassine et les marionnettes. Pour le travail, accepter la réponse «baby-sitter» ou d'autres synonymes de nourrice si les apprenants n'ont pas entendu le mot.

Corrigé : a. Elle est nourrice. **b.** Elle invente une machine pour donner le biberon au bébé. **c.** un spectacle de marionnettes

❸ Expliquer le mot « stéréotype » (par exemple, la baguette et le béret pour la France) – Donner des stéréotypes sur le pays des apprenants.

– Dire *Dans le film, il y a des stéréotypes : le coq, le chien, la tour Eiffel...*

– Constituer des groupes et demander aux apprenants *Vos stéréotypes sur la France, qu'est-ce que c'est ?* Laisser les apprenants échanger, puis demander à chaque groupe de présenter ses stéréotypes.

Proposition de corrigé : Mes stéréotypes sur la France sont la baguette, le béret, le pull rayé, les escargots.

UNITÉ ❸

<table>
<tr><td>p. 136</td></tr>
</table>

page 136

⏳ 30 minutes

#feelparis : agir à Paris

❶ Écrire «Paris» au tableau. Demander aux apprenants *Paris, qu'est-ce que c'est ?* et écrire tous les mots et toutes les images qu'ils associent.

Proposition de corrigé : la tour Eiffel, le musée du Louvre, Notre-Dame de Paris, la Seine.

❷ Montrer la vidéo. Puis, écrire la phrase «À Paris, il y a la tour Eiffel...» et laisser les apprenants compléter.

– Corriger en complétant la phrase avec les propositions des apprenants. Si nécessaire, montrer les monuments ou les activités sur la vidéo pour expliquer.

– Lire les verbes de la partie 2 et les propositions. Montrer de nouveau la vidéo et laisser les apprenants associer. Corriger.

Corrigé :

a. À Paris, il y a la tour Eiffel et l'Arc de Triomphe, les marchés, le sport, les parcs, Notre-Dame de Paris, la Seine, la plage, le street art, la pétanque, les festivals, les manèges, la danse, les cafés, les restaurants, le Moulin rouge...

b. S'amuser – Ils jouent au basket-ball.

Aimer – Ils s'embrassent.

S'évader – Ils font un tour en bateau.

S'inspirer – Ils font des graffiti.

Valser – Ils dansent.

Partager – Ils mangent un repas.

❸ Écrire le nom de la ville au tableau. Faire une liste de verbes avec les apprenants.

– Constituer des groupes et demander aux apprenants de choisir 5 verbes (dans la liste ou d'autres verbes) et d'y associer 5 images pour parler de leur ville.

– Demander à chaque groupe de montrer sa présentation à la classe.

Proposition de corrigé :

Ma ville : Angers

Regarder	Le cinéma
Se promener	Le lac de Maine
S'amuser	Le festival des accroches-cœurs
Gagner	L'équipe de hockey
Écouter	Le piano à la gare

U NITÉ ❹

⏳ 20 minutes

La recette du gâteau au yaourt

❶ Montrer l'image. Demander *Qu'est-ce que c'est ?* Laisser les apprenants imaginer quels ingrédients sont nécessaires pour faire le gâteau.

❷ Montrer la vidéo une première fois. Montrer la recette et la question **b**. Expliquer « cuire » et « température ». Laisser les apprenants compléter. Si nécessaire, montrer la vidéo une deuxième fois.
– Corriger et expliquer le mot « pot ».
– Demander aux apprenants quels gâteaux ils aiment.

Corrigé : a. 1 pot de yaourt – 2,5 pots de farine – 1,5 pot de sucre – un sachet de sucre vanillé – 3 œufs - ½ pot d'huile – un sachet de levure chimique.
b. Il cuit 30 minutes à 180 degrés.

❸ Constituer des groupes. Demander aux apprenants de partager des recettes simples de gâteaux. Si nécessaire, donner le nom de nouveaux aliments.

Proposition de corrigé : Le gâteau au citron : 125 g de beurre, 125 g de sucre, 125 g de farine, 2 œufs, 2 citrons, un sachet de levure chimique.
Mélanger le beurre et le sucre. Ajouter les œufs. Ajouter le jus des citrons. Mélanger la farine et la levure chimique. Ajouter. Faire cuire 20 minutes à 180 degrés.

U NITÉ ❺

⏳ 20 minutes

Le street art des frères Toqué

❶ Écrire « street art » au tableau et le nom de la ville.
– Demander aux apprenants s'ils connaissent des lieux avec du street art dans leur ville. Les laisser répondre en donnant le nom du lieu ou en parlant de manière plus générale. S'il n'y a pas de street art dans leur ville, leur demander s'ils connaissent des œuvres ou des lieux de street art.

Proposition de corrigé : Dans ma ville, il y a des graffiti sur des murs et des escaliers, il y a une fresque sur un garage, il y a des dessins sur le trottoir.

❷ Regarder une première fois la vidéo. Puis, lire les questions. Expliquer les mots « paysage » et « passant ».
– Montrer de nouveau la vidéo et laisser les apprenants répondre aux questions. Si nécessaire, laisser les apprenants échanger en binôme et montrer de nouveau la vidéo.
– Corriger et expliquer le mot « embellir » (= rendre beau) et l'expression « ça me donne la pêche ». Ne pas s'arrêter sur des mots difficiles que les apprenants auraient entendus dans la vidéo mais insister sur les mots-clés qui permettent de comprendre les informations principales.

Corrigé : a. C'est à Paris, dans le XVIIe arrondissement.
b. Ils s'appellent les frères Toqué (Félix et Marin).
c. Ils peignent sur les murs dans la rue.
d. Pour mettre des couleurs dans la rue, pour embellir la ville et la vie.
e. Ils ont choisi un paysage d'Inde.
f. « L'amour gagne toujours », « Confiance ».
g. Oui, il aime les messages. Il dit : « Ça me donne la pêche et je suis heureux ».

❸ Rappeler les deux phrases positives de la vidéo.
– Constituer des groupes et demander aux apprenants d'écrire deux phrases positives pour décorer les murs de leur ville.
– Si possible, faire écrire ces phrases sur de grandes feuilles et les afficher dans l'établissement.

NITÉ ❻

page 137
⏳ 20 minutes

Le parcours de Mathilde

❶ Lire le titre de la vidéo «Le parcours de Mathilde». Expliquer le mot «parcours» (= études, travail, voyages…).

❷ Montrer la vidéo.
– Montrer le profil à compléter et visionner de nouveau le début de la vidéo. Laisser les apprenants compléter les informations et corriger.
– Laisser les apprenants lire les phrases de la partie **b**. Visionner toute la vidéo et laisser les apprenants remettre les informations dans l'ordre.
– Corriger et expliquer le mot «poste» (= travail).

Corrigé : a. 22 ans. Profession : apprentie pâtissière. Compétences : bilingue.
b. b. **c.** e. **d.** a.

❸ Constituer des groupes. Lire la question et laisser les apprenants échanger.

Proposition de corrigé : Je choisis l'Espagne. Je vais à Barcelone pour travailler dans un musée. Je reste en Espagne pendant 3 ans et je rentre en France. En France, je cherche un travail pour être guide en espagnol dans un musée.

NITÉ ❼

page 138
⏳ 20 minutes

Se loger

❷ Montrer la vidéo sans le son et demander aux apprenants de décrire les images, les couleurs, les personnes, les activités.
– Demander si la vidéo est positive ou négative. Laisser les apprenants donner leurs impressions et justifier.

Corrigé : a. Vert, rouge, gris, jaune, violet, bleu, rose. On voit un couple et un architecte. L'architecte dessine une porte. La porte s'ouvre. On voit un téléphone, une armoire, une pâtisserie bleue, un homme dans un fauteuil, une grande fenêtre, un transat et un parasol, la mer. On voit un couple qui déménage, un salon, une femme qui regarde des portes. Puis, on voit un homme avec une valise. Une femme lance un chiffon. Des hommes déménagent. On voit des cubes pour construire une maison puis un pied qui détruit la maison. Un homme met un panneau «à vendre» puis «vendu». Un jeune homme part de chez ses parents. On voit un ascenseur, une famille.
b. Positive : il y a beaucoup de couleurs, c'est dynamique.

❷ Montrer la vidéo une première fois avec le son.
– Montrer le texte et visionner de nouveau la vidéo.
– Corriger et expliquer les expressions qui posent problème.
– Lire la question **b** et expliquer le mot «slogan».
– Montrer la fin de la vidéo et écrire ensemble le slogan au tableau. Expliquer le verbe *bouger*.

Corrigé : a. La vie, c'est imaginer, faire les bons calculs, réaliser ses rêves, changer d'horizon, trouver le bon plan, comparer différentes options, se tromper, être toujours en mouvement, faire des projets et changer d'avis, oser se lancer, prendre son envol et s'agrandir.
b. «Se loger, avec vous quand la vie bouge»

❸ Constituer des groupes.
Au tableau, écrire «La vie, c'est…» et demander à chaque groupe d'écrire quelques phrases pour compléter.

Proposition de corrigé : La vie, c'est voyager, découvrir d'autres cultures, apprendre des langues, rencontrer des nouvelles personnes, se perdre, découvrir de nouveaux lieux et rentrer.

Intro
Unité 1
Unité 2
Unité 3
Unité 4
Unité 5
Unité 6
Unité 7
Unité 8
Vidéo lab'

U NITÉ ❽

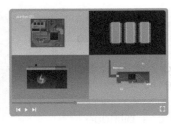

C'est quoi un objet connecté ?

➊ Montrer l'image du manuel et demander *Qu'est-ce que c'est ?*
– Lire les propositions et laisser les apprenants faire des associations.
– Regarder le début de la vidéo (jusqu'à 0'46) et corriger.
– Au tableau, écrire «un ordinateur + une batterie + une mémoire + des capteurs = un objet connecté».

Corrigé : en haut à gauche : un ordinateur – en haut à droite : une mémoire – en bas à gauche : une batterie – en bas à droite : des capteurs.

➋ Montrer toute la vidéo et demander aux apprenants quels objets ils ont vus.
– Lire le nom des objets de la question. Laisser les apprenants lire les définitions et leur demander de souligner ou relever les mots qu'ils comprennent (carte bancaire, billet de train, aliments, protéger les dents, les clés, bien s'alimenter). Les laisser associer.
– Montrer de nouveau la vidéo pour que les apprenants vérifient leurs réponses.
– Corriger ensemble.
– Regarder de nouveau la vidéo avec les sous-titres.

Corrigé : un porte-clés connecté : **d** – une fourchette connectée : **e** – un smartphone : **a** – un frigidaire connecté : **b** – une brosse à dents connectée : **c**

➌ Lire les 10 propositions d'objets.
– Constituer des groupes et demander aux apprenants d'imaginer à quoi servent les objets : *On les utilise pour quoi ?* Laisser les apprenants faire des propositions.
– Dessiner une échelle avec 10 échelons au tableau. Écrire «Très utile» en haut de l'échelle et «peu utile» en bas. Demander aux groupes de discuter pour compléter l'échelle.
– Comparer les propositions des groupes et demander aux apprenants de justifier leurs choix.

Corrigé :

1. Un smartphone (pour contacter les personnes facilement).
2. Une poubelle (pour réduire ses déchets).
3. Un frigidaire (pour vérifier les aliments périmés).
4. Un thermostat (pour bien utiliser les énergies).
5. Une balance (pour surveiller son poids).
6. Une caméra (pour surveiller sa maison à distance).
7. Une montre (pour savoir si on marche beaucoup).
8. Un porte-clés (pour ne pas perdre ses clés).
9. Une brosse à dents (pour ne pas oublier de se laver les dents).
10. Une fourchette (pour mieux manger).

Phonétique 🔊

Exercez-vous !

page 142
⏳ 5 minutes

Activité 1

– Au tableau, écrire « f = ph ». Faire écouter la partie **a** et montrer la réponse.
– Faire écouter les autres situations et laisser les apprenants choisir la bonne réponse. Corriger en faisant écouter les propositions et en demandant aux apprenants de répéter.

Corrigé : b. = **c.** = **d.** = **e.** ≠ **f.** = **g.** ≠ **h.** = **i.** ≠ **j.** =

> ▶ Piste 176
>
> **a.** faux – photo
> **b.** qui – kiwi
> **c.** ci – si
> **d.** car – quatre
> **e.** cœur – ceux
> **f.** cause – treize
> **g.** raison – son
> **h.** agiter – ajouter
> **i.** percussion – perçu
> **j.** kilo – quitter

page 142
⏳ 5 minutes

Activité 2

– Faire écouter la proposition **a**. Demander aux apprenants ce qu'ils ont entendu et les aider à associer les sons aux mots.
– Faire écouter les autres propositions et laisser les apprenants faire les associations.
– Corriger en faisant réécouter et répéter les mots.

Corrigé : a. cinéma : [s] – cabine : [k]. **b.** expliquer : [ks] – examen : [gz]. **c.** wagon : [v] – watt : [w]. **d.** phrase : [z] – défense : [s]. **e.** gare : [g] – genre : [ʒ]. **f.** second : [g] – secours : [k].

> ▶ Piste 177
>
> **a.** cinéma – cabine
> **b.** expliquer – examen
> **c.** wagon – watt
> **d.** phrase – défense
> **e.** gare – genre
> **f.** second – secours

page 142
⏳ 5 minutes

Activité 3

– Écrire « Harold » et « Arthur » au tableau.
– Faire écouter la partie **a** et barrer les « h ».
– Faire écouter et répéter les propositions.
– Montrer que « ph » se prononce « f ».

> ▶ Piste 178
>
> **a.** Harold – Arthur
> **b.** Hortense – Ophélie
> **c.** Hélène – Édith
> **d.** Hippolyte – Ibrahim
> **e.** Hyacinthe – Yasmine

page 142
⏳ 5 minutes

Activité 4

– Faire écouter les trois mots de la partie **a**. Demander aux apprenants de répéter.
– Faire écouter et répéter les autres propositions. Insister sur le fait que la prononciation est identique même si la graphie diffère.

> ▶ Piste 179
>
> **a.** peau – pot – Pau
> **b.** pain – pin – peint
> **c.** scène – Seine – saine
> **d.** quand – Caen – qu'en

Activité 5

– Faire écouter la partie **a** et écrire ensemble le mot entendu.
– Faire écouter les autres propositions et laisser les apprenants reconstituer les mots.
– Corriger en répétant les mots.

Corrigé : a. hôtel – **b.** bateau – **c.** château – **d.** hôpital– **e.** restaurant.

> ▶ Piste 180
>
> **a.** hôtel
> **b.** bateau
> **c.** château
> **d.** hôpital
> **e.** restaurant

Prononcer [o] et demander aux apprenants comment ça s'écrit. Faire repérer les différentes graphies dans les mots et compléter ensemble.

Corrigé : o – ô – au – eau

Activité 6

– Faire écouter la proposition **a** et faire répéter les mots. Montrer que le mot « nuageux » ne correspond pas à la prononciation [o].
– Faire écouter les autres séries et laisser les apprenants barrer les intrus.
– Corriger en distinguant les sons.

Corrigé : b. pied – **c.** socialiser – **d.** bio – **e.** duo.

> ▶ Piste 181
>
> **a.** gauche – chaud – autre – nuageux – faux – pauvre – jauni – haute.
> **b.** neige – peigne – reine – pied – veine – treize – seize – peine.
> **c.** aider – aimer – reconnaître – socialiser – taire – faire – plaire – baigner.
> **d.** croix – doigt – fois – roi – bio – loi – bois – joie.
> **e.** bijou – caillou – chou – genou – hibou – joujou – duo – pou.

Activité 7

a

Faire écouter les mots et montrer le mot « épinard ». Laisser les apprenants retrouver les mots dans la grille.

b

Faire écouter de nouveau et laisser les apprenants retrouver les différentes graphies du son.

Corrigé : a.

e	r	a	n	c	e	l	e	r	i
p	a	p	o	o	p	e	c	h	e
i	s	a	i	u	a	c	l	l	e
n	p	s	s	r	n	t	a	r	f
a	e	t	e	g	a	n	i	a	r
r	r	e	t	e	i	a	t	i	a
d	g	q	t	t	s	v	u	s	i
t	e	u	e	t	e	e	e	i	s
c	l	e	m	e	n	t	i	n	e

b. é – et – ai – è – ê.

> ▶ Piste 182
>
> épinard – courgette – navet – asperge – pastèque – pêche – céleri – clémentine – fraise – laitue – raisin – panais – noisette.

Grammaire

Exercez-vous !

Unité 1
Unité 2
Unité 3
Unité 4
Unité 5
Unité 6
Unité 7
Unité 8

page 145

10 minutes

Activité

– Demander aux apprenants d'entourer la ponctuation (point ou point d'exclamation) pour choisir s'ils doivent écrire une réponse ou une question.
– Si la phrase se termine par un point, leur demander de souligner un mot ou un groupe de mots sur lequel ils vont poser la question.
– Leur laisser quelques minutes pour écrire les questions et les réponses.
– Corriger en acceptant plusieurs réponses.

Proposition de corrigé : a. Quels sports tu fais ? **b.** Non, je ne parle pas japonais. **c.** Pourquoi tu apprends le français ? **d.** Qu'est-ce que tu n'aimes pas faire ? **e.** Oui, je joue souvent du violon.

page 146

⏳ 10 minutes

Activité

– Demander aux apprenants d'observer les phrases et de souligner les verbes de goût (*aimer, préférer…*). Indiquer que ces verbes s'utilisent avec un nom précédé d'un article défini.
– Demander aux apprenants de souligner les noms qui sont précisés.
– Demander aux apprenants si les noms sont masculins, féminins ou pluriel.
– Laisser les apprenants compléter les phrases.
– Corriger en soulignant les liens de parenté des personnages pour faire apparaître le sens du texte. Préciser que « cette fille » ne peut pas être utilisé pour parler de quelqu'un de sa famille.

Corrigé : un message – le message – ce message – mon ami – Sa sœur – Cette fille – la musique – le football – des soirées – des amis.

page 147

⏳ 5 minutes

Activité

– Demander aux apprenants de souligner la fin des mots pour identifier si c'est un nom masculin ou féminin.
– Corriger et rappeler que certains noms peuvent désigner un féminin ou un masculin.

Corrigé :
F – F – M – M – F ou M – M – F ou M – F – M- M

page 148

⏳ 5 minutes

Activité

– Demander aux apprenants de faire une liste d'adjectifs.
– Les laisser lire les phrases et les compléter avec deux adjectifs.
– Leur demander de relire les phrases et de s'assurer que les adjectifs sont bien placés et qu'ils sont à la bonne forme.
– Corriger.

Proposition de corrigé : a. C'est une belle étudiante italienne. **b.** C'est un jeune artiste exceptionnel. **c.** C'est une jolie musique douce. **d.** C'est un bon gros gâteau. **e.** Ces macarons sont beaux et délicieux.

page 149

⏳ 10 minutes

Activité

– Demander aux apprenants de lire les phrases et d'entourer les prépositions.
– Leur demander si les noms soulignés sont des personnes, des objets ou des lieux.
– Les laisser observer la fonction dans la phrase et leur demander de choisir un pronom.
– Corriger.

Corrigé : a. Je la déteste. **b.** J'y vais cet été. **c.** Elle est française. **d.** Je le lis. **e.** Et toi, tu dînes chez lui ?

page 151

⏳ 10 minutes

Activité

– Demander aux apprenants de souligner les noms de villes, d'entourer les noms de pays et de mettre les expressions de temps entre parenthèses.

– Demander quelles sont les autres catégories de noms (lieux, transports).
– Les laisser compléter les phrases.
– Corriger.

Corrigé : à Arequipa – au Pérou – au printemps – à Lima – dans la capitale – depuis trois ans – en avion – en voiture – au restaurant – en face de la mer.

page 153

⏳ **10 minutes**

Activité

– Demander aux apprenants de nommer les aliments de la photo.
– Lire la question **a**. Faire le lien entre « fréquence » et les adverbes de fréquence. Laisser les apprenants répondre à l'oral.
– Lire la question **b**. Faire le lien entre « quantité » et les adverbes de quantité. Laisser les apprenants répondre à l'oral.
– Demander aux apprenants comment on mange en France et les laisser comparer avec leur pays.

Proposition de corrigé : a. Je mange rarement des céréales. Je mange parfois des croissants. Je ne mange jamais de gâteau. Je mange des fruits tous les jours. Je bois souvent du café. **b.** Je mange trois fruits par jour. Je bois trop de café. Je mange peu de croissants. **Question :** En France, on mange plus de pain. On mange moins d'œufs. On mange moins de soupe mais on mange plus de viande.

JEUX

p. 26 UNITÉ ❶ Jeu des 7 familles

ÉTAPE 1

Connaître les objectifs pédagogiques du jeu.
– Reconnaître des lettres de l'alphabet.
– Mettre en relation des sons et des lettres.
– Consolider le vocabulaire des couleurs.
– Découvrir quelques mots pour jouer.
– Avoir plaisir à jouer ensemble, en français.

ÉTAPE 2

Préparer le jeu.
– Photocopier le nombre de jeux nécessaire à la classe.
– Découper les cartes.
– Se familiariser avec le jeu.

ÉTAPE 3

Annoncer et bien montrer le jeu.
– *Nous allons jouer au jeu des 7 familles !*
– *Regardez !*
– *C'est un jeu.*
– *Il y a 7 familles : rouge, jaune, etc.*
– *Quelles couleurs voyez-vous ?*
– *Dans chaque famille, il y a 6 lettres. Quelles lettres voyez-vous dans la famille « Rouge » ?*
– *Quelles lettres lisez-vous ?*
– *On joue ?*

ÉTAPE 4

Dessiner pour expliquer.
Dessiner :
– 4 joueurs en cercle ;
– 1 pioche = le reste des cartes non distribuées ;
– 7 cartes dans la main d'un joueur.

ÉTAPE 5

Annoncer l'objectif et le début du jeu.
Objectif :
avoir beaucoup de familles.
C'est parti !

ÉTAPE 6

Simuler/Mimer pour expliquer.
– *Dans la famille ROUGE, je voudrais le A.*
– *Tiens !* = **Oui.**
– *Désolé, pioche !* = **Non**
– *Bonne pioche !* = **Rejouez.**
– *Famille !* = **Bravo !**

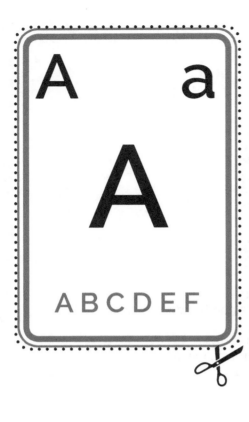

A a

A

ABCDEF

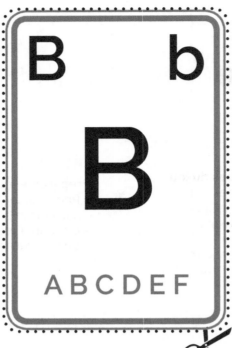

B b

B

ABCDEF

C c

C

ABCDEF

D d

D

ABCDEF

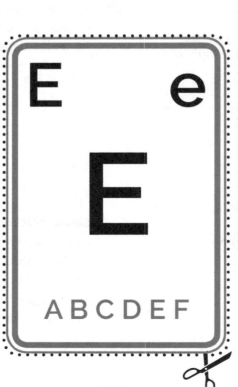

E e

E

ABCDEF

F f

F

ABCDEF

E e

E

EFGHIJ

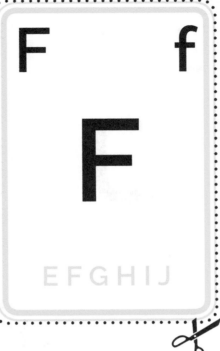

F f

F

EFGHIJ

G g

G

EFGHIJ

H h

H

EFGHIJ

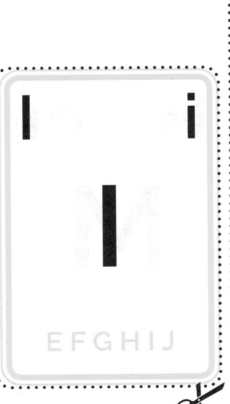

I i

I

EFGHIJ

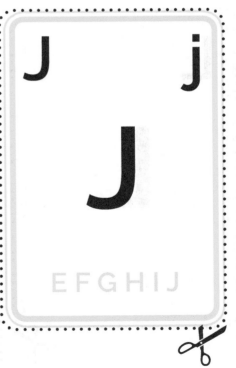

J j

J

EFGHIJ

Intro
Unité 1
Unité 2
Unité 3
Unité 4
Unité 5
Unité 6
Unité 7
Unité 8
Jeux

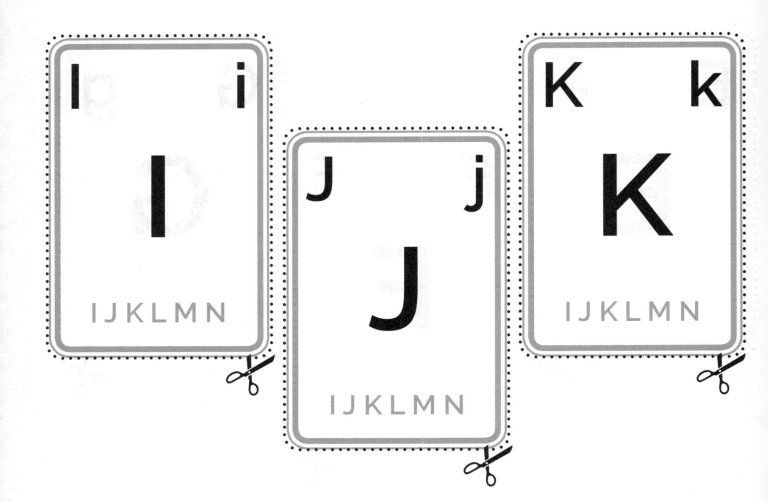

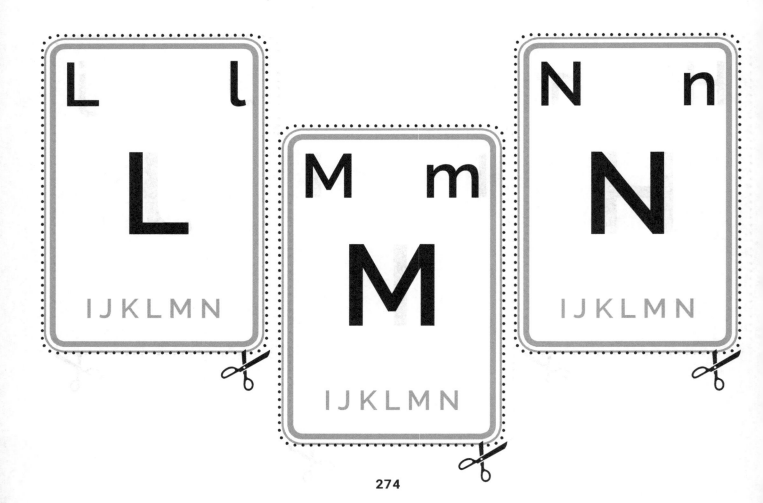

M m

M

MNOPQR

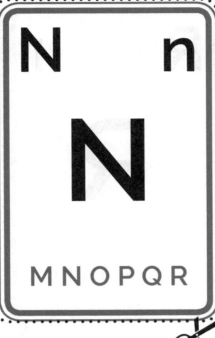

N n

N

MNOPQR

O o

O

MNOPQR

P p

P

MNOPQR

Q q

Q

MNOPQR

R r

R

MNOPQR

Intro
Unité 1
Unité 2
Unité 3
Unité 4
Unité 5
Unité 6
Unité 7
Unité 8
Jeux

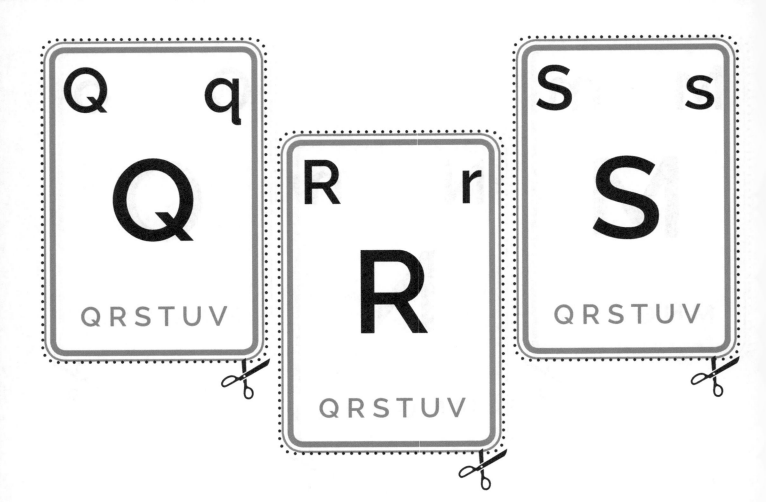

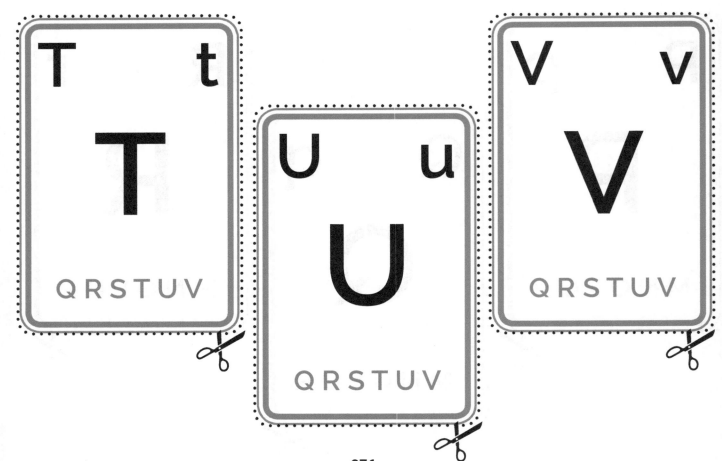

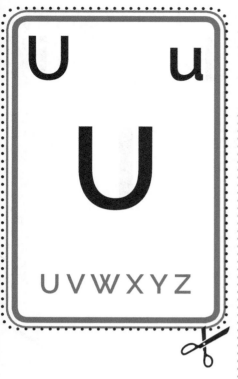

U V W X Y Z

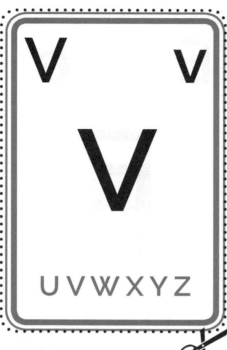

U V W X Y Z

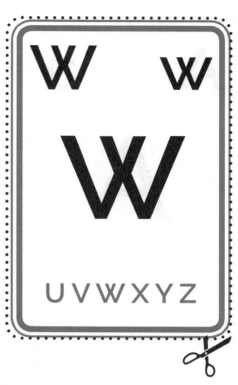

U V W X Y Z

U V W X Y Z

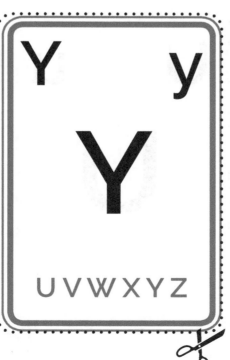

U V W X Y Z

U V W X Y Z

Jeux Intro

Unité 1

Unité 2

Unité 3

Unité 4

Unité 5

Unité 6

Unité 7

Unité 8

Jeux

A a
A
AEIOUY

E e
E
AEIOUY

I i
I
AEIOUY

O o
O
AEIOUY

U u
U
AEIOUY

Y y
Y
AEIOUY

UNITÉ ❹ Le jeu d'observation des aliments

ÉTAPE 1

Connaître les objectifs pédagogiques du jeu.
– Reconnaître des aliments.
– (Re)découvrir le vocabulaire des aliments.
– Découvrir quelques mots pour jouer.
– Avoir plaisir à jouer ensemble, en français.

ÉTAPE 2

Préparer le jeu.
– Photocopier le nombre de jeux nécessaire à la classe.
– Découper les cartes.
– Se familiariser avec le jeu.

ÉTAPE 3

Annoncer et bien montrer le jeu.
– *Nous allons jouer au jeu d'observation des aliments !*
– *C'est un jeu.*
– *Regardez cette carte : il y a des aliments.*
– *Quels aliments voyez-vous ?*
– *Regardez ces deux cartes : Quel aliment est le même entre les deux cartes ?*

ÉTAPE 4

Dessiner pour s'assurer de la compréhension.
Dessiner :
– 1 carte avec des aliments ;
– 1 autre carte avec 1 seul aliment commun.
Entourer l'aliment commun aux deux cartes.

ÉTAPE 5

Annoncer l'objectif et le début du jeu.
Objectif :
avoir beaucoup de cartes.
C'est parti !

ÉTAPE 6

Jouer avec un apprenant pour expliquer.
– Mettre les cartes (face cachée) au milieu. Prendre une carte chacun (face cachée). Retourner la carte du dessus de la pioche.
– Au « **TOP** », les joueurs regardent leur carte et crient le nom de l'aliment en commun avec celle de la pioche :
   BANANE !
– Le gagnant prend la carte du dessus de la pioche. Répéter l'opération.

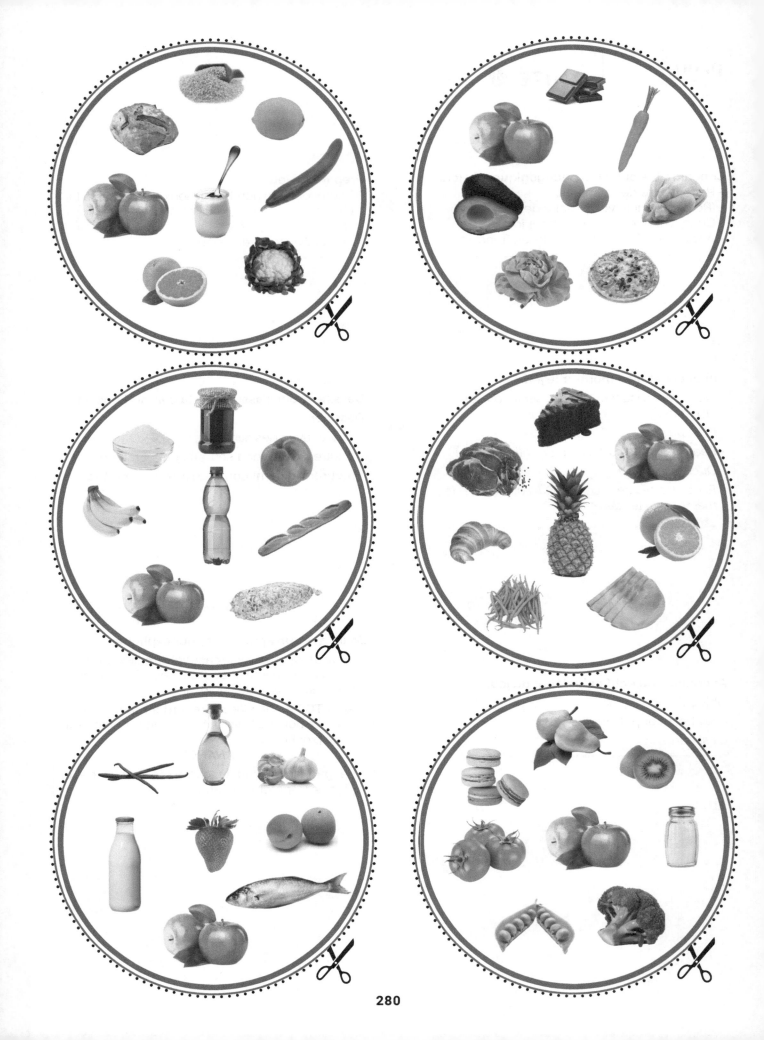

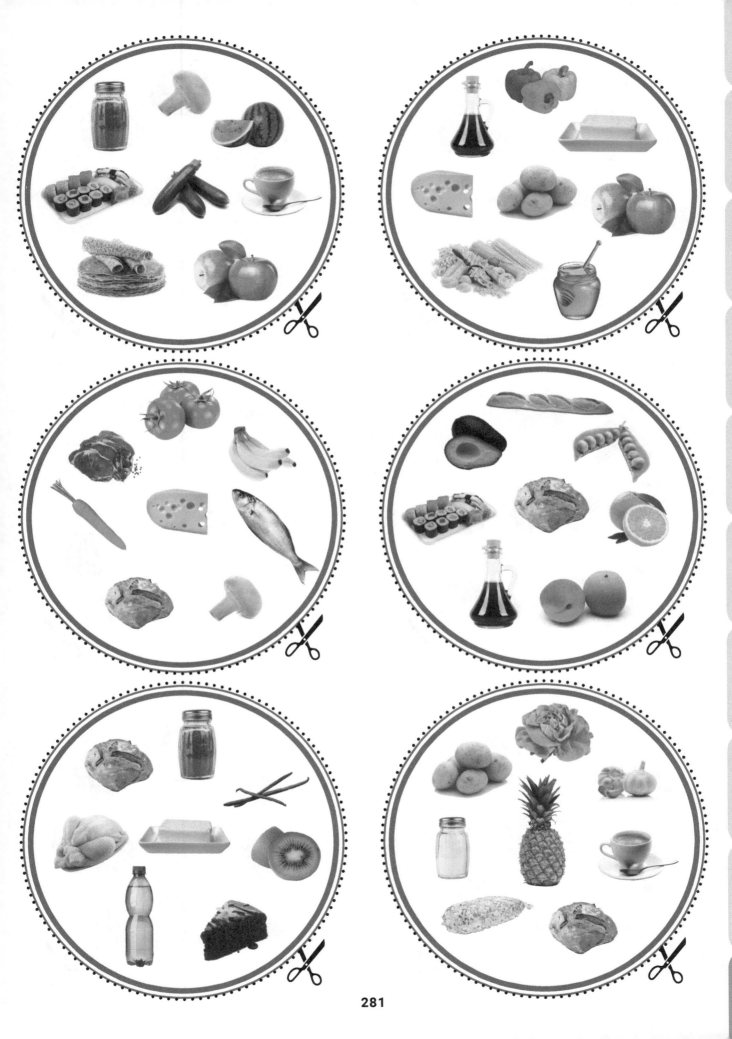

Intro

Unité 1

Unité 2

Unité 3

Unité 4

Unité 5

Unité 6

Unité 7

Unité 8

Jeux

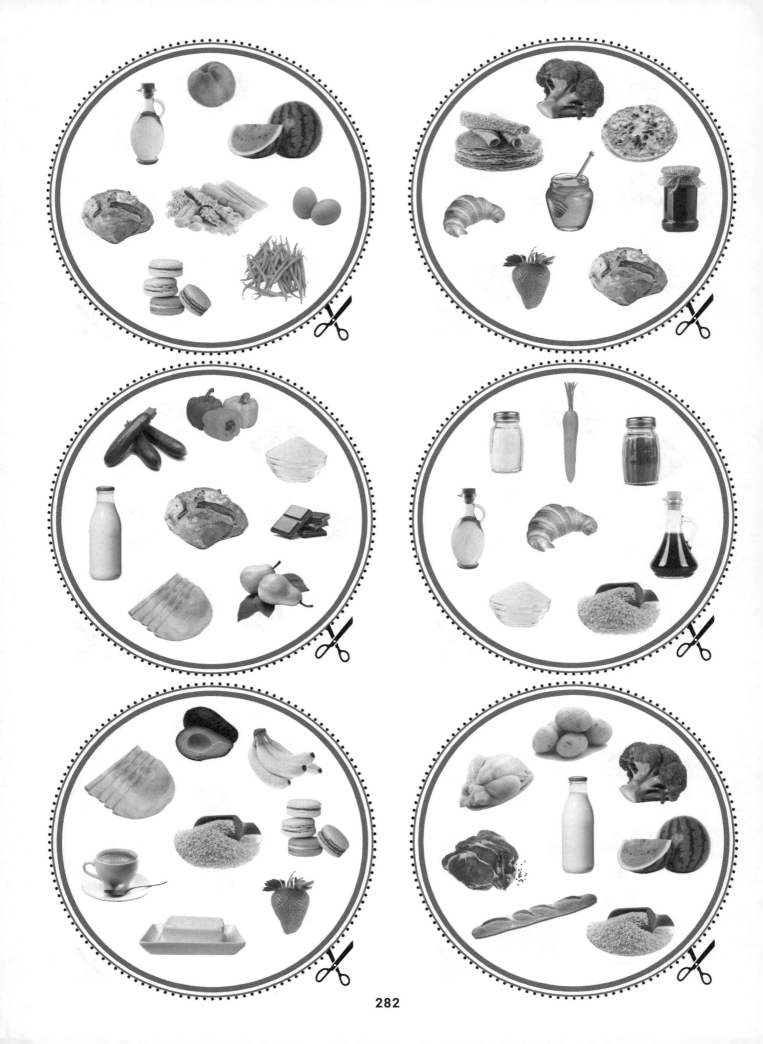

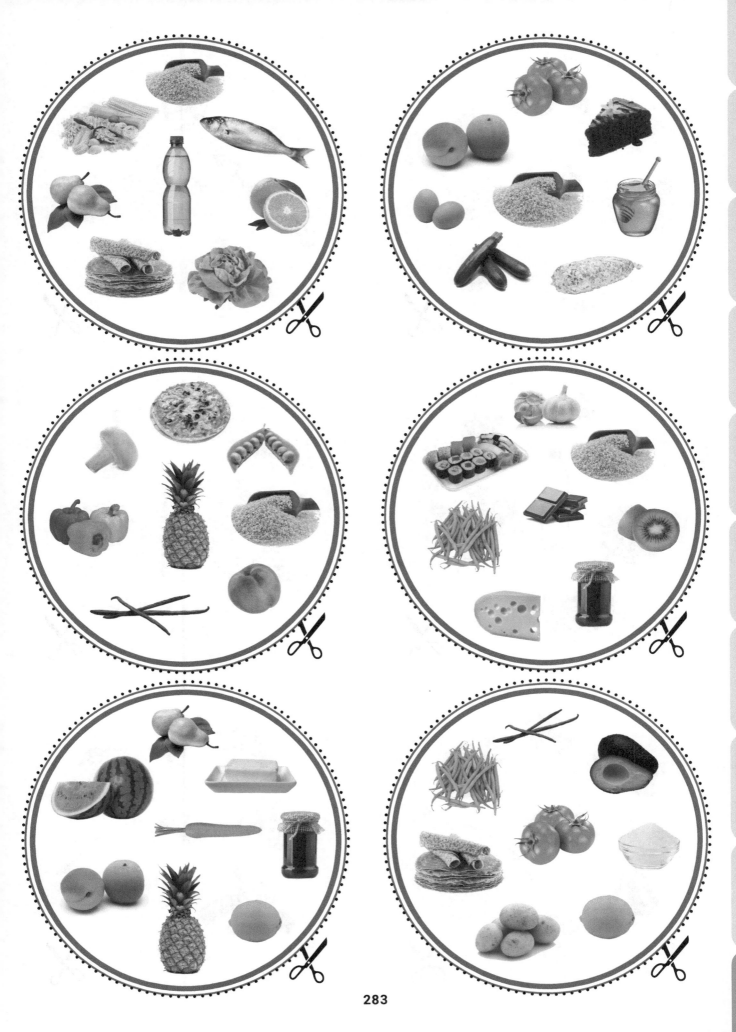

Intro

Unité 1

Unité 2

Unité 3

Unité 4

Unité 5

Unité 6

Unité 7

Unité 8

Jeux

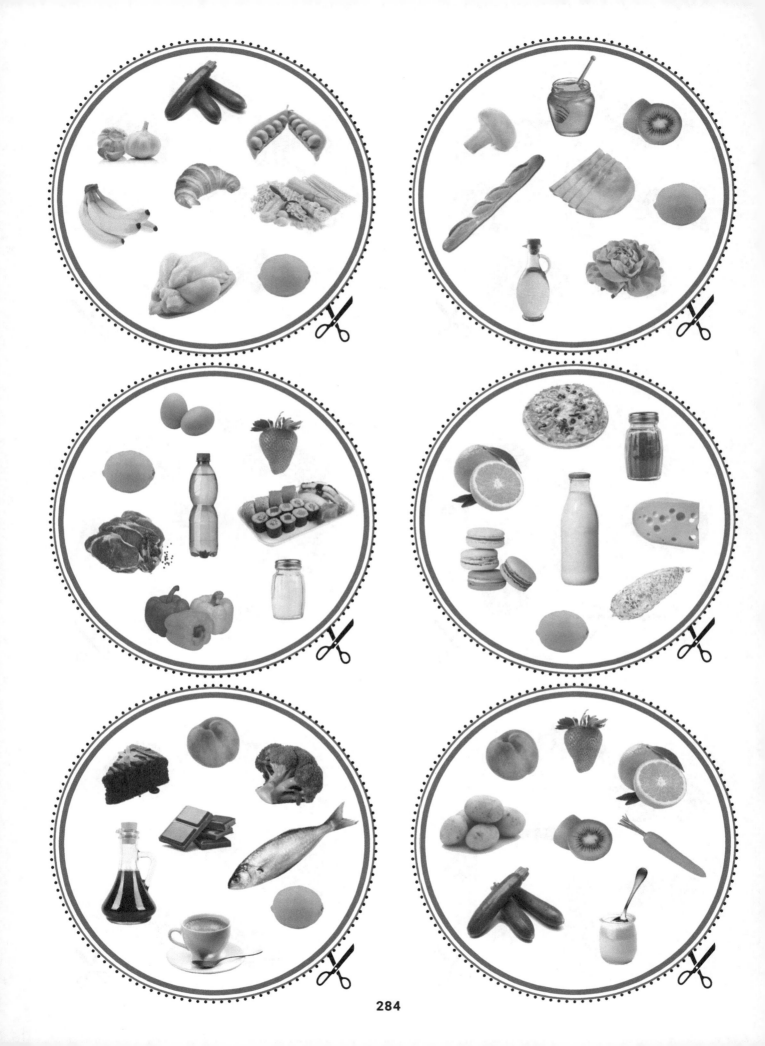

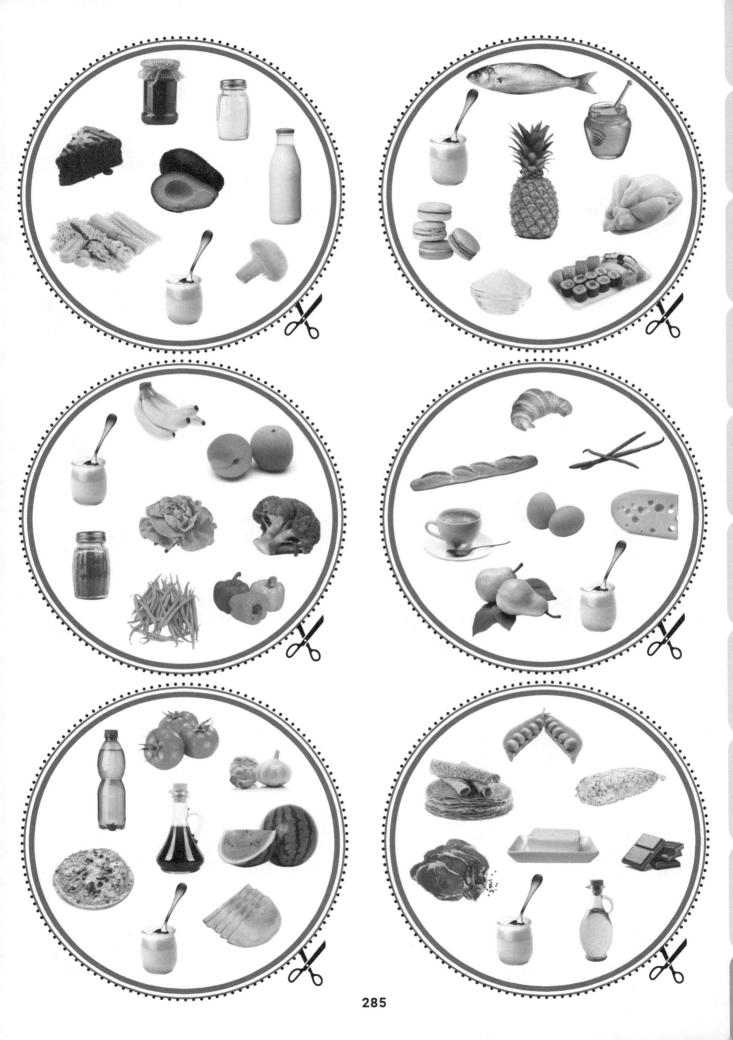

Intro

Unité 1

Unité 2

Unité 3

Unité 4

Unité 5

Unité 6

Unité 7

Unité 8

Jeux

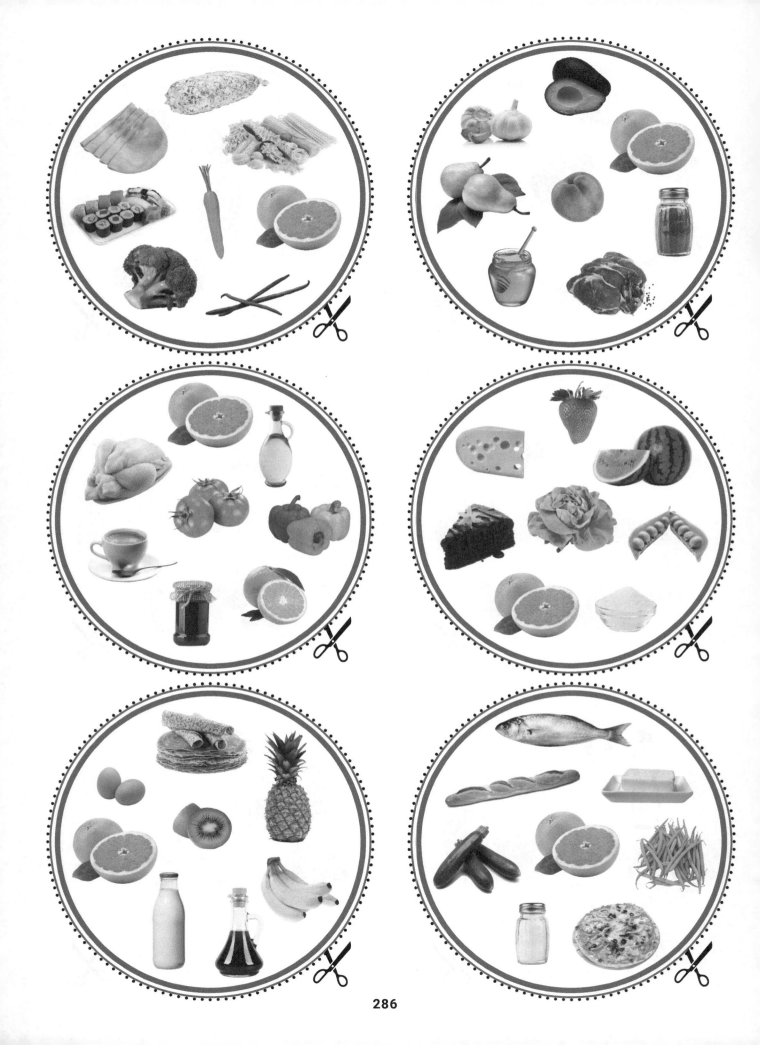

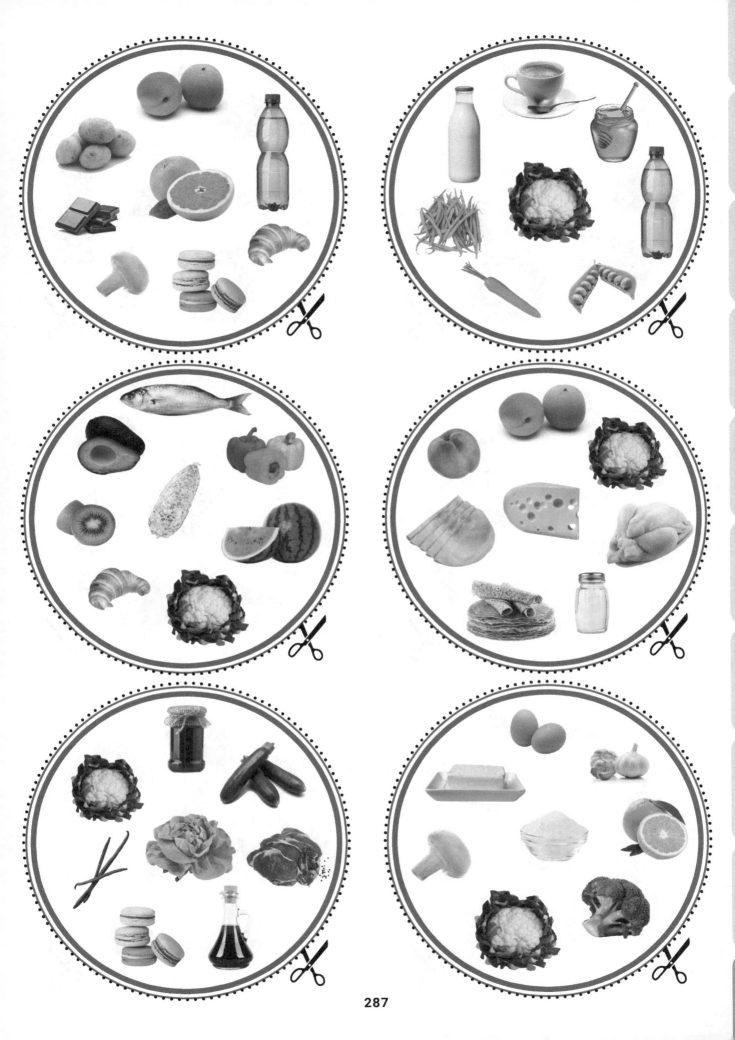

Intro

Unité 1

Unité 2

Unité 3

Unité 4

Unité 5

Unité 6

Unité 7

Unité 8

Jeux

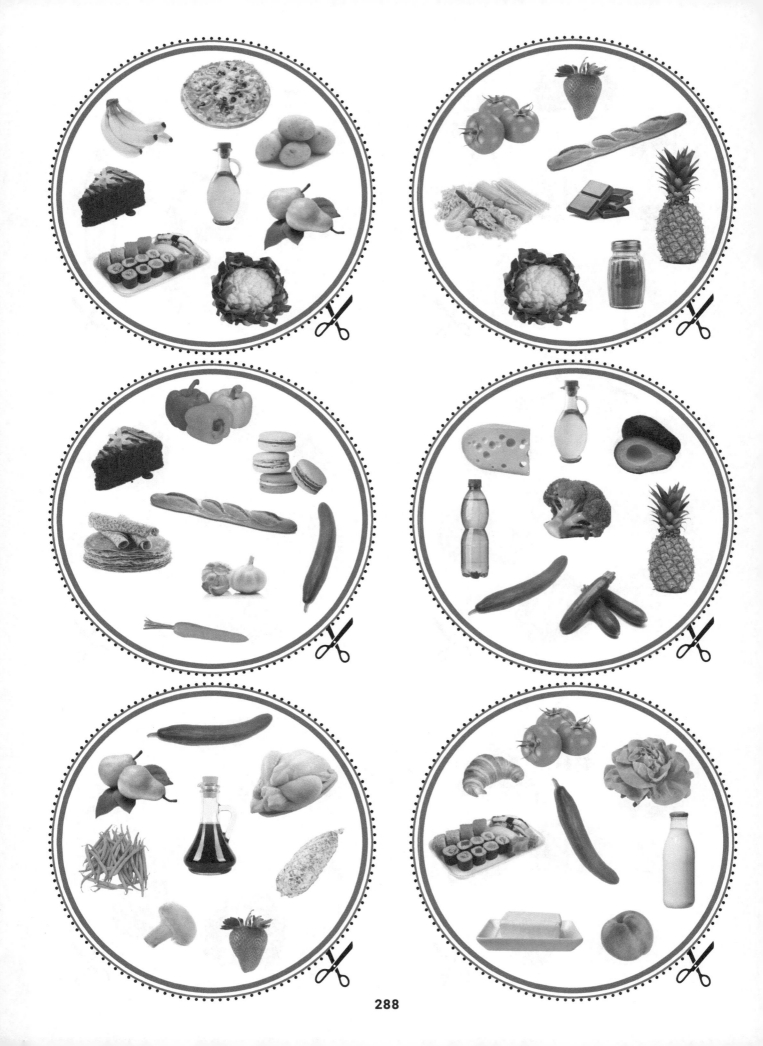

Intro
Unité 1
Unité 2
Unité 3
Unité 4
Unité 5
Unité 6
Unité 7
Unité 8
Jeux

Unité ❺ Jeu des dominos

ÉTAPE 1

Connaître les objectifs pédagogiques du jeu.
– Reconnaître la forme du participe passé.
– Mettre en relation auxiliaire et participe passé.
– Appliquer l'accord du participe passé.
– Avoir plaisir à jouer ensemble et s'entraider !

ÉTAPE 2

Préparer le jeu.
– Photocopier le nombre de jeux nécessaire à la classe.
– Découper les cartes.
– Se familiariser avec le jeu.

ÉTAPE 3

Annoncer et bien montrer le jeu.
– *Nous allons jouer au jeu des dominos !*
– *Regardez !*
– *Il y a des pièces.*
– *Chaque pièce a deux côtés : lesquels ?*
– *Quels verbes vont avec « avoir » / « être » ?*
– *On joue ?*

ÉTAPE 4

Écrire au tableau la forme grammaticale et réexpliquer l'accord.

avoir + chanter

être + sortir...

Il est parti. **Elle** *est parti**e**.*

ÉTAPE 5

Annoncer les deux objectifs du jeu en montrant un exemple.
1. Associer un auxiliaire et un participe passé pour former une chaîne.

eu/est   allée/sommes

2. Donner un exemple en posant le domino.

*Elle **est allée** au cinéma hier.*

ÉTAPE 6

Distribuer les dominos et annoncer le début du jeu.
C'est parti !

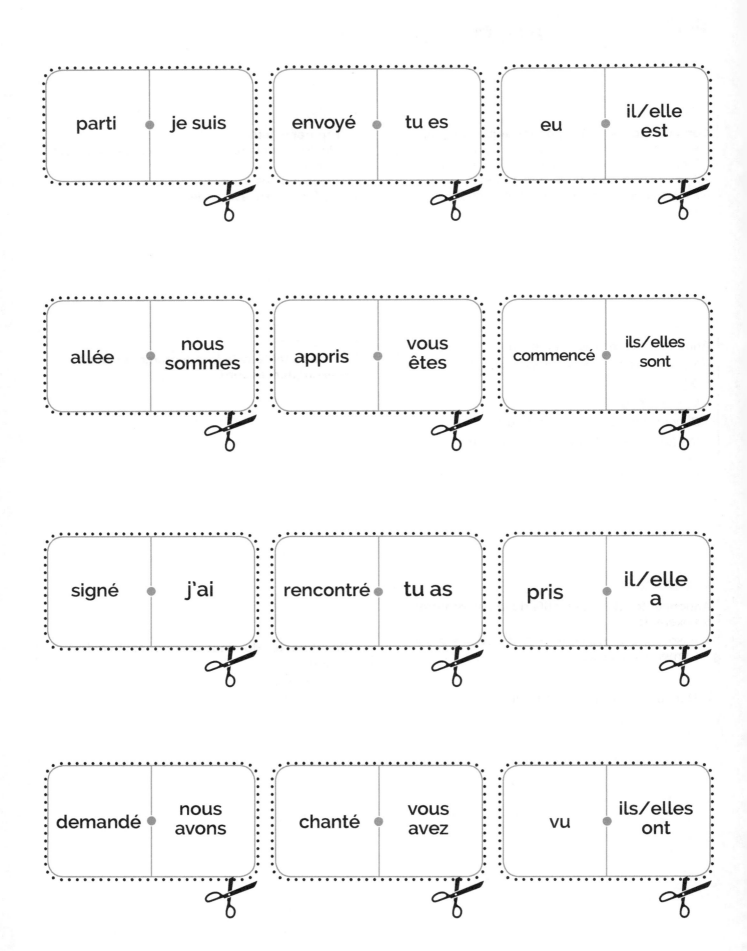

parti	je suis
envoyé	tu es
eu	il/elle est
allée	nous sommes
appris	vous êtes
commencé	ils/elles sont
signé	j'ai
rencontré	tu as
pris	il/elle a
demandé	nous avons
chanté	vous avez
vu	ils/elles ont

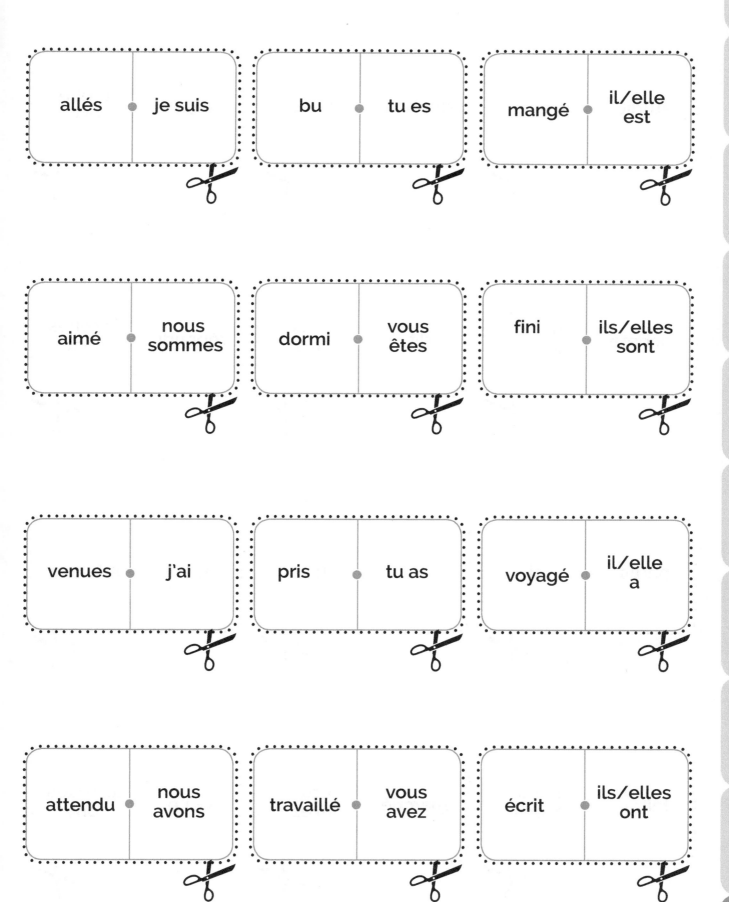

allés	je suis
bu	tu es
mangé	il/elle est
aimé	nous sommes
dormi	vous êtes
fini	ils/elles sont
venues	j'ai
pris	tu as
voyagé	il/elle a
attendu	nous avons
travaillé	vous avez
écrit	ils/elles ont

étudié	je suis
téléphoné	tu es
joué	il/elle est
acheté	nous sommes
dit	vous êtes
répondu	ils/elles sont
partis	j'ai
arrivé	tu as
allées	il/elle a
fait	nous avons
marché	vous avez
visité	ils/elles ont

UNITÉ ❽ Il y a un problème ?

ÉTAPE 1

Connaître les objectifs pédagogiques du jeu.
– Réviser le lexique du niveau A1.
– Poser des questions.
– Comprendre et répondre à des questions.
– S'amuser.

ÉTAPE 2

Préparer le jeu.
– Photocopier le nombre de jeux nécessaire à la classe.
– Découper les cartes.
– Se familiariser avec le jeu.

ÉTAPE 3

Annoncer et bien montrer le jeu.
– *Nous allons jouer à un jeu qui s'appelle « Il y a un problème ? »*
– *Dans chaque groupe, il y a un psychologue (= un docteur de la tête) et des patients.*
– *Chaque patient a un problème. Le docteur pose des questions pour connaître le problème de chacun.*

ÉTAPE 4

Écrire la légende des problèmes au tableau.
Dessiner :
● langage
● santé
● peur
● identité
● comportement
● activité

ÉTAPE 5

Jouer avec un apprenant pour expliquer.
– *Tu es le docteur. Je suis le patient. Voici mon problème : « **Vos réponses commencent par OUI** ». Pose-moi des questions !*
– *Qu'est-ce que vous aimez ?*
– ***OUI.** J'aime nager, dormir, sortir.*
– *Vous lisez quoi ?*
– ***OUI.** Je lis* L'Atelier.

ÉTAPE 6

Énoncer les modalités de travail.
– *C'est parti : X groupes.*
– *Dans chaque groupe, un docteur et des patients !*
– *Amusez-vous bien !*

Intro
Unité 1
Unité 2
Unité 3
Unité 4
Unité 5
Unité 6
Unité 7
Unité 8
Jeux

Vous avez peur
du docteur.

Vous avez un
rhume.

Vos réponses
commencent par
« Euh... ».

Vous croyez être
une star.

Vous êtes impatient.

Vous dessinez.

Vous croyez être un
extraterrestre.

Vous êtes nerveux.

Vous regardez
le tableau ou la
fenêtre quand le
docteur parle.

Vous avez peur
de votre voisin
de gauche.

Vous avez mal
à la tête.

Vos réponses
commencent
par OUI.

Vous avez peur
du silence.

Vous avez mal
au ventre.

Vos réponses
commencent
par NON.

Vous croyez être
le docteur.

Vous êtes triste.

Vous vous touchez
parfois les cheveux.

Vous avez peur
d'être observé.

Vous respirez fort.

Vos réponses
commencent
par « Merci ».

Vous croyez être
votre professeur.

Vous regardez
toujours dans la
même direction.

Vous fixez
le docteur.

Intro
Unité 1
Unité 2
Unité 3
Unité 4
Unité 5
Unité 6
Unité 7
Unité 8
Jeux

Vous croyez être un animal.

Vous aimez crayonner sur votre feuille.

Vous jouez avec votre téléphone.

Vous avez peur du jour.

Vous êtes toujours fatigué(e).

Vous répondez par des questions.

Vous avez peur de tomber de votre chaise.

Vous dormez toute la journée.

Toutes vos réponses ont un chiffre.

Vous croyez être un fruit.

Vous faites des grimaces.

Vous vous grattez le bras.

Vous croyez être
le Père Noël.

Vous avez
la banane !

Vous levez les yeux
au ciel.

Vous avez peur
de répondre aux
questions.

Vous avez des
problèmes pour
entendre.

Le premier mot
de votre réponse
commence toujours
par A.

Vous avez peur du
tableau.

Vous avez une forte
toux.

Vous répétez la
question du docteur
avant de répondre.

Vous croyez être
malade.

Vous vous aimez.

Vous chantonnez
de temps en temps.

Intro

Unité 1

Unité 2

Unité 3

Unité 4

Unité 5

Unité 6

Unité 7

Unité 8

Jeux

Couverture : Primo & Primo
Principe de maquette : DVN communication
Déclinaison maquette : Primo & Primo
Mise en page : Franck Delormeau — Atelier DES 2 ORMEAUX
Coordination éditoriale : Fabienne Boulogne
Édition : Christine Delormeau
Iconographie : Aurélia Galicher

© Les Éditions Didier, 2019
ISBN 978-2-278-09443-1
Dépôt légal : 9443/02

Achevé d'imprimer en France en mai 2020 par Dupliprint Mayenne (Mayenne).